特進

最高水準問題集

中学国語

[文章問題]

文英堂

本書のねらい

いろいろなタイプの問題集が存在する中で、**トップ層の中学生に特化した問題集**は意外に少ないといわれます。本書はこの要望に応えて、難関高校を目指す皆さんの実力練成のための良問・難問をそろえました。

本書を大いに活用して、どんなに難しい問題にぶつかっても対応できる**最高レベルの実力**を身につけてください。

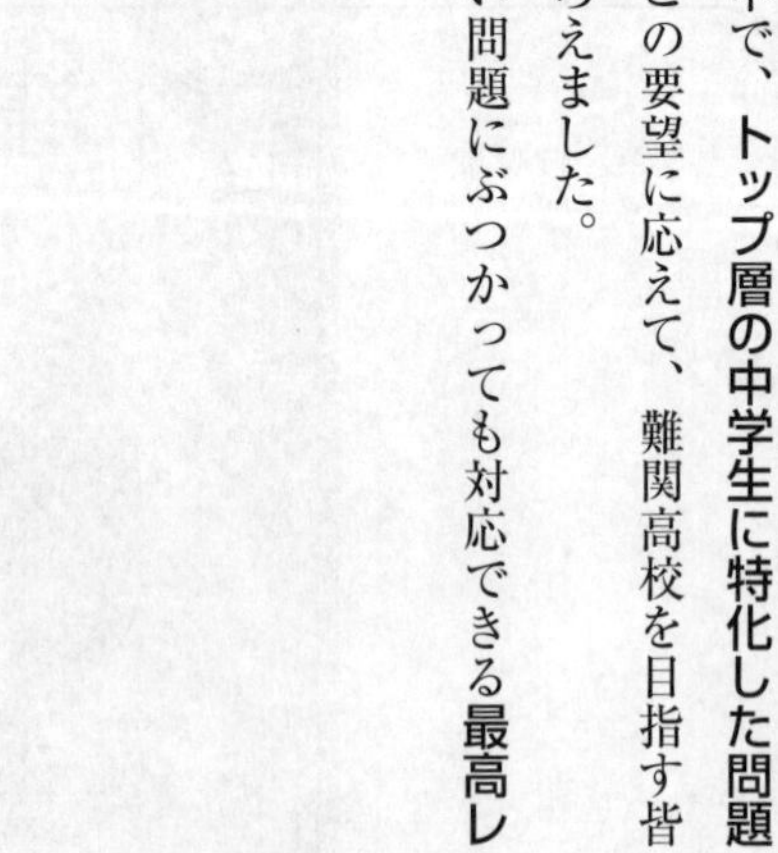

本書の特色と使用法

1 国立・私立難関高校を目指す皆さんのために、質の高い良問・難問を集めました。

▼「難問」といっても「ひっかけ問題」などの奇問はのぞいていますので、日常学習と並行して学習できます。もちろん、入試直前にひとつの章を深く掘り下げて学習することも可能です。

▼難関高校の入試では、学習指導要領にとらわれない問題が出題されることがあります。本書はそうした**難関高校の入試にも十分対応できる**ような内容にしました。ですから、かなりの難問もありますが、頑張ってチャレンジしてみてください。

2 各編は単元ごとにテーマ設定し、段階を踏んで学習していけるようにしています。

▼ジャンル別に分けた各編には、「細部を読み取る」「段落・構成をとらえる」等、**テーマを設定**しています。それぞれのテーマの問題を解き、段階を踏んで実力を身につけることができます。

▼各編の終わりには**「実力テスト」**を設けました。各ジャンルの総復習として、40分で70点とれることを目標に取り組んでください。

3 時間やレベルに応じて学習しやすいようにさまざまな工夫をしています。

▼重要な問題には**頻出**マークをつけました。この問題だけを選べば短期間での学習も可能です。

▼各問には一個から三個の★をつけてレベルを表示しました。★の数が多いほどレベルは高くなります。学習初期の段階では★一個の問題を、学習後期では★三個の問題を選んで学習するということも可能です。

▼とくに難しい設問には**難**マークをつけました。あきらめずにチャレンジしてみてください。

▼問題の最後にヒントとして**着眼**を設けました。解き方がわからないときはこれを頼りにしてください。

4 くわしい解説つきの別冊「解答と解説」。どんな難問でも解き方が必ずわかります。

▼別冊の**「解答と解説」**では、各問題の考え方や解き方をわかりやすく解説しています。答えだけではなく、**解説**もじっくりと読むようにしましょう。

▼必要に応じて**トップコーチ**を設けました。知っているとためになる知識や、高校入試に関する情報を載せています。

もくじ

3編 随筆文の読解

4編 韻文の読解

5編 古典の読解

別冊 解答と解説

1編

論説文の読解

1 細部を読み取る

★1 次の文章を読んで、あとの問いに答えよ。　解答 別冊 *P.2*

私が目にしたのは、いうまでもなく、「先進国」と「後進国」との差であった。それでいて、それは、けっして「先進国」と「後進国」の差で片づけられるべきものではなかった。日本人の私は、インド人と同様、西洋人ではなかったからである。日本とインドの差は、「先進国」と「後進国」の差であると同時に、非西洋文化圏内――①「東洋」（East）と呼ばれるところでの、「優等生」と「劣等生」の差なのであった。

インドはかつて天竺《てんじく》であった。日本とインドの関係は古い。だが、これだけの言語、文化、宗教、人種の垣根を越えて歴史を共有するようになったのは、西洋が世界で覇権をにぎり、非西洋としての「東洋」という概念が創られ、その「東洋」という概念を、日本やインドも含む、非西洋側の人間が積極的に受け入れるようになったときからである。そしてその時からすでに、日本の「優位」とインドの「劣位」が始まっていた。日本は植民地となる運命を逃れたのに、インドは実に長いあいだイギリスの植民地だったからである。インドが独立したあと、今度は、日本の驚異的といわれた経済発展を背景に、「優等生」としての日本と「劣等生」としてのインドとの間の開きは、いよいよ開いていった。

だが歴史は、私たちのあずかり知らぬところで、ひっそりと、そして長いあいだかけて、この「優劣」の逆転を準備していたのである。もちろん私のいう逆転とは、あの、よくいわれる価値の転倒――飽食している人間が、死と隣りあわせに生きている人間に尊厳や美を感じるといった類いの逆転ではない。私にはどう考えても日本がインドの貧しさを羨むべきだとは思えない。ここでいう逆転とは小説の言葉の問題である。

ここ数年来の思いをますます強くしたのは、日本に戻ってから、ナイポールの『India』を読み終わったせいである。もう少しインドのことを理解したいと、最後に泊まったニューデリーのホテルの、うす暗い小さな書店で買ったのが、この*憂国の書であった。インド人の血を引きながら、遠くはなれた英連邦のトリニダードで生まれ育ち、インドに対する想いを一人でふくらましていった作家ナイポールが、現実のインドに直面してあれこれ思い悩んだところを書いたものである。ありとあらゆる階層、地域、言語圏、宗教、職業に属すインド人との対話を通じて浮き彫りになるのは、複雑な歴史をもつ国をさらに分裂させ、近代国家として機能するのを妨げている数々の問題である。いわく、カースト制度、狂信、無知。もちろんあの果てしない貧困。そして、ところどころ言葉の問題が出るたびに、そこからもナイポールの憂国の嘆きが聞こえてくるのである。言葉が堕落してしまったと。ヒンディー語、ベンガル語、パンジャーブ語、ウルドゥー語、タミル語、マラーティー語——かつては偉大な詩を生みだしてきたさまざまなインドの言葉は、近代にふさわしいものに変貌できずに、堕落し、幼稚なイデオロギーの温床となってしまったとナイポールはいう。タゴールのような存在は例外であった。

インドでは、両手で数え切れないほどの貧しさに加えて、近代文学の貧しさというものさえあったのだった。

言葉が貧しくなる——言葉から命がなくなるということは哀しい現実感をもって想像できた。それでいて、『India』を読んでいた私は、憂国の徒ナイポールに同情する気にはならなかった。インドの言葉の貧しさを嘆くナイポール自身、英語という言葉で書いていたからである。英語という言葉で書いていたからこそ、私がこうして翻訳されないままに読めたからである。そもそも私がインドに行きたいと思うようになったのも、インド系の作家たちが英語で書いた小説を、ここ数年の間に次々と読んできたからだった。本場のチャツネを食べてみたい、ブーゲンヴィリアの匂いをかいでみたい、ウルドゥー語のガザルを聞いてみたい、街中をゆく猿を、駱駝《らくだ》を、象を見てみたいと——かれら書く一風変わった英語と物語にくり返し引きこまれ、見知らぬ国への想いに幾度となくつき動かされ、ついにあくがれるままに旅立ったのであった。

②インドのさまざまな言葉は、これからも長いあいだ命を失ったままになるのかもしれない。そしてそれは、嘆いても嘆き切れない、人類の損失なのかもしれない。だがインドの言葉をどれひとつ知らない私にとって、その損失は具体的に感じられるものではなかった。そのかわり、一部のインド人がその代償として手にいれた英語の価値は、具体的に感じられるものであった。

（水村《みずむら》美苗《みなえ》『インドの「貧しさ」と日本の「豊かさ」』より）

問一 ——線①とあるが、この「差」は根本的にどのような事情に由来するものか、「…になったか否かの違い」に続くように、あてはまる一語を文中から抜き出して答えよ。

問二 ——線②とあるが、ここで言う「命を失ったまま」の状態とは具体的にはどのようなことか、それを説明する次の文章の空欄を、文中の表現を使って埋めよ。

言葉が［ A ］なり、優れた［ B ］を生み出さなくなること

（埼玉・慶應義塾志木高）

＊憂国＝国の将来などについて心を痛めること。

着眼

問二 命を失ったままという表現は、活動をしていない状態を比喩《ひゆ》的に述べている。

★★2　次の文章を読んで、あとの問いに答えよ。

解答　別冊 P.2

新道をつくるということは、本来の峠道が持っていた*隈々《くまぐま》を切って捨てることである。一本の明快な道が二つの地点を結ぶ。これは他の場所にゆくという用向きにとってまことに好都合だが、道は①通過するためのものとなり、峠道自体としてもつ世界は一掃されて消え失せた。隈々など、時として事故を起こしたり、やたらに時間がかかったりする、厄介な代物だからである。

しかし峠道がもつ世界は、古来日本人にとってきわめて重要であった。日本人は山道の上り下りの分かれ目に神の存在を信じ、これに*手向《たむ》けをした。タムケからトウゲということばもうまれ、峠という文字も発明した。しかしろくろ首のような道は、峠の神を殺してしまった。

そもそも日本各地に存在する天生《あもう》峠とか安房《あぼう》峠とかは、峠に立って太陽をおがんだことによる命名である。西から暗い谷間をよじのぼって来て峠に立った時、一躍しておどり出た光の世界に、人々は感謝と祈りをささげた。峠を分かつものは明と暗との世界であった。私はかつて青山峠に立って、これを実感したことがある。

いや私だけではない。泉鏡花にも『高野聖』に同じ思想が見える。一人の僧が天生峠をこえる途中魔性の女に出会う。女は情欲をおこす男を蝙蝠《こうもり》や蟇《ひき》、馬などにかえてしまう。ともに水浴をした僧も一糸まとわぬ女によって、危うくかえられそうになりつつ、峠をこえる。

女の世界は②人間としての生をとじた物どもの世界、つまり死の世界であり、女は死の大神のごとく振舞う。

だからわれわれは『高野聖』を神話として読むこともできる。女は「古事記」の神話にいうイザナミの神であり、この死の世界にいる女はたずねてきたイザナキという男を逃すまいと追いかけて来る。彼女はヨモツ醜女《しこめ》という女集団を従えているが、それは天生峠の女が*魑魅魍魎《ちみもうりょう》をまといつかせているのとひとしい。

馬にされた男は反魂丹《はんごんたん》という薬を売る男だった。反魂とは死者の魂をよびかえすこと、よみがえりの薬を売るはずの人間が馬となり売られるという、一種の死をとげる話である。つまり男は③反魂も空しく幽界に没していったのである。

こうして、死と再生の境にあるのが峠であり、峠をこえることは④死から再生することであった。だから⑤『高野聖』のテーマは峠の*トポスを語るところにあり、そのためにはとりわけて天生峠でなければならなかった、というべきだろう。

いや、私は『高野聖』にこだわりすぎたかもしれない。他にも甲斐《かい》の国のことを「なまよみ」と称するのは、半ばの死の国という意味にもとれるし、そのたぐいは多い。

それも、この日本という国土が起伏に富み、重畳たる山地を有していることから来る、風土への省察によるものであろう。風土の隈々に神々を信じ、神々をあがめることによって風土に従順であろうとした畏敬《いけい》の念によると思われる。

(中西進《なかにしすすむ》「峠を考える」『父の手』所収より)

*隈《くま》＝道や川などの湾曲して入り込んだ所。
*手向《たむ》け＝道祖神に旅の安全を祈ること。
*魑魅魍魎《ちみもうりょう》＝さまざまな妖怪変化《ようかいへんげ》。
*トポス＝場所を意味する語。思索の根拠となる場所を表す場合に多く用いられる。

問一 ——線①の説明としてふさわしくないものはどれか。次の中から一つ選び、記号で答えよ。
ア 早く目的地にたどり着くためのもの
イ 景色を楽しむゆとりを奪うもの
ウ 危険を回避することができるもの
エ 感謝と祈りの気持ちを薄れさせるもの

問二 難 ——線②とはどのような世界か。その説明として最も適当なものを、次の中から一つ選び、記号で答えよ。
ア 女の魔性により、男としての生を奪われた者たちの世界
イ 俗世間と関わりあいを持てず、内にこもっている人の世界
ウ 生きる気力を失ってしまった者たちの絶望的な世界
エ 男に裏切られ恨みを持った女たちの情念が渦巻く世界

問三 難 ——線③とはどういうことか。最も適当なものを、次の中から一つ選び、記号で答えよ。
ア 売り歩いていた薬に命を救われることもなく、死んでいった。
イ 黄泉《よみ》の国から呼ばれてしまい、非業《ひごう》の死を遂げることとなった。
ウ 死んだ人物を生き返らせるのは、本来無理な企てであった。
エ 死者の魂を呼び戻そうとする努力も、命を落としたためにむだになった。

問四 ——線④とあるが、再生したものは何か。本文中から探し、一語で答えよ。

問五 難 ——線⑤を説明したものとして最も適当なものを、次の中から一つ選び、記号で答えよ。
ア 『高野聖』が意図したのは峠の持つ不可思議さの伝承であった。
イ 『高野聖』を支配している一貫した主張は峠の神秘性であった。
ウ 『高野聖』の非現実さは峠の持つ危険性を比喩的に表したものであった。
エ 『高野聖』は日本人が抱いてきた峠に対する畏怖の具象化であった。

(神奈川・日本女子大附属高)

着眼

問一 ア〜エの内容と合うものがあるか、本文中から探してみる。 問二 「人間としての生をとじた物ども」を具体的に述べている文を、前段落より探す。 問三 文頭の「つまり」という接続詞をふまえ、直前の文の内容をおさえる。 問五 筆者自身が「峠のトポス」をどうとらえているかをつかむ。

★★
3 次の文章を読んで、あとの問いに答えよ。

A 頻出
解答 別冊 P. 3

近代以前の世界には、ヨーロッパでもアジアでも「宗教」というものが厳然と存在し、人はその中で生きていました。むろん、現代の私たちも、人が死ねば葬式をやりますし、お盆やお彼岸には墓参りもします。そういう宗教はいまも依然としてありますが、かつての宗教は①それとはまったく違うものでした。

「信教の自由」という言葉があるように、現在の宗教は個人が自由に選びとれるものになりましたが、かつての宗教は、人びとが生きている世界そのもの、生活そのもの、もっと言えば、人びとの人生と一体化したものでした。

信仰を意味する「レリージョン(religion)」の語源はラテン語の「レリジオ(religio)」で、制度化された宗教というニュアンスがあります。つまり、宗教というのは「個人が信じるもの」ではなく、「個人が属している共同体が信じているもの」だったのです。

共同体の生き方そのものですから、そこに生きる人にとっては疑問の余地のない説得力を持っています。 Ⅰ 、「私は何を信じたらいいのか」という問い自体が生まれてきません。これは非常に幸せな状態だったと言えます。なぜ幸せかと言うと、人生の中で遭遇する出来事に対して、いちいち疑問を感じたり、自分で意味を探し出したりする必要がないからです。 Ⅱ 、私はなぜ生まれてきたのか、私はなぜ不幸なのか、なぜ病気になったのか、なぜ人を敬わねばならないのか、なぜ働かねばならないのか、死とは何なのか……。こうしたことに対して、自分のまわりの世界のほうが、あらかじめ答えを用意してくれていたのです。意味を自動的に供給してくれていたのです。

したがって、かつての人びとは、「私の人生はいったい何だったのか」といった飢餓感をあまり感じることなく、「何かたらふく食べたな」というある程度の満足感のうちに、一生を終えることができました。

いまわれわれは「当時の人は迷信の中に生きていた」などと言いますし、ときには「個人の自由が縛られていて不幸だった」とも言います。が、それは後知恵であって、当時の人びとはけっして不幸ではなかったのではないでしょうか。

これを逆に言えば、近代以前は、人が何を信じ、ものごとの意味をどう獲得するかという問題は、「信仰」によって覆い隠されていたとも言えます。そして、信仰の覆いがはずされ、「個人」にすべての判断が託されてしまった近代以降、解決しがたい苦しみが始まったと言えます。

ウェーバーが取り組んだ「宗教社会学」は、キリスト教だけでなく、ヒンドゥー教や仏教など、世界宗教を社会学的に解明し、信仰によって覆い隠されていたものが一枚ずつ皮をはがされるようにむき出しになっていく過程を追究したものです。

宗教などを抜きにして、自分がやっていること、やろうとしていることの意味を自分で考えなさい――。これは非常にきつい要求です。何かを選択しようとするたびに、自我と向きあわねばならず、その都度、自分の無知や愚かさ、醜さ、ずるさ、弱さといったものを見せつけられることになります。その点では、逆説的に聞こえるかもしれませんが、「現代人は心を失っている」という言い方は間違いで、②前近代のほうがよほど心を失っていたのです。

これは人にとってはたいへんな負担ですから、当然、耐えられない人が出てきます。そこで、心のよすがとして、やはり何らかの宗教が必要とされる、ということになるわけです。

十九世紀末、ミュンヘンを中心とする南ドイツでは、瞑《めい》想《そう》、チャネリング、臨死体験、死者との対話、テレパシーなど、さまざまな神秘体験をすることが流行しました。じつは、現在のスピリチュアルの原型はこのときまでに出つくしていたのです。それは怪しげな流行だったわけではなく、その背景には、「みなが不安で、頼るべき何かを求めている」という、れっきとした理由があったのです。

ところが、ここに不幸が立ちふさがります。一つは、世界は科学と合理主義の洗礼を受けて「脱魔術化」された後ですから、どんな宗教も、近代以前の「宗教」に比べれば「擬似宗教」にならざるをえないということです。二つ目は、以前のように虚心に信じることができないことです。近代人はウェーバーが言うところの「認識の木の実を食べてしまった」後だからです。

（姜尚中《カンサンジュン》『悩む力』より。本文を一部省略したところがある。）

問一 [I]・[II]に入る語を次の中から選び、それぞれ記号で答えよ。

ア ゆえに　イ たとえば　ウ それとも　エ あるいは　オ しかし

問二 ――線①が指し示す内容を十字以内で答えよ。

問三 ――線②について、「心を失」うとはどういうことか。最も適当なものを、次の中から一つ選び、記号で答えよ。

ア 思いやりや優しさがなく、人間性が欠如しているということ。

イ 自分で人生の意味を考えなさい、という要求に応えられないということ。

ウ 自らの行動の意味を考えることに負担を感じ、不安であるということ。

エ 自分自身で生きる意味を考えたり、悩んだりしないということ。

（埼玉・立教新座高）

着眼

問三　近代以前の人々にとって、宗教は、「人びとが生きている世界そのもの、生活そのもの、もっと言えば、人びとの人生と一体化したもの」であったと述べていることに注意する。

★★★ 4　次の文章を読んで、あとの問いに答えよ。

解答 別冊 P.3

　だいぶ前のことだが、サンフランシスコ空港のロビーで見かけた日本人旅行者のグループのことを、私はまだ忘れられない。このグループの人たちのスーツの色が、あまりによく似ているのに、まずおどろいたのである。そうして、その色がほとんど紺系統で、非常に地味に見えたのである。あざやかな原色の世界と対比的な地味な紺の世界が、日本人の好みなのだろうか。アメリカ滞在から帰国してすぐ、山深い生まれ故郷の田舎を訪ねた時、初めてその理由が解《わか》ったような気がした。それは五月のことであった。家の近くに迫る山々の、緑したたる若葉の色が、こともあろうに、アメリカとちがって、青味《あおみ》がかってみえたのである。日本の緑は、アメリカで見るものとこんなにもちがうのかというのが、正直な感想であった。

　このように色がちがって見えるのは、大気中の水蒸気の量、つまり湿度によるというのは、まったくのⅰ物理的な解釈だが、この時初めて、日本の風土、あるいは色彩の好みなどを語る場合には、水蒸気の問題をよけては通れないということを学んだのであった。

　虹《にじ》の色の数にしても、私たちには何の疑問もなしに、七と答えられるのに、アメリカでは六としか答えられないことを知った時には、まさに、文化的な風土、いいかえれば、思考のパターンなどに反映される知的風土が、ⅱ彼我で完全に異なるのだという、有無をいわさぬ結論を示されたようで、私にはたいへん大きなショックであった。知的風土の相違は、色彩の感じ方の上にすらでているからである。

　たとえば、アメリカを旅行中に、夕日を眺めながら、傍《そば》にいるアメリカ人に向かって「真赤な太陽が沈んで行く」などといったら、たぶん、不可思議に思われるのが落ちであろう。私たちだって、太陽が黄色く見えたなどといったら、たぶん大笑いすることだろう。ところが、アメリカ人やイギリス人にとっては、①これは当然の話なのである。

　日本では虹といえば、七色と決まっている。これだけの数の色から虹ができているのだということを、誰も怪しまない。だが、本当に虹を詳しく観察して、虹が七色からできていることを確かめた人はなさそうである。太陽の白色光をプリズムで分解した時に、赤から紫と移り変わっていく色合《いろあい》を注意深く眺めれば、七色はあるなと気がつくことだろう。ところが虹の場合には、よほど注意しても、七色あるようには見えないのが普通である。

　虹の色彩が、大気中の水蒸気による、屈折を媒介にして作りだされることを考えれば、太陽の光と同じ数の色をもつことは、当然推し測れることである。②私もアメリカに長く滞在するようになる以前には、「虹は七色」として、全然この「事実」を怪しんでもみなかった。

　ところが、アメリカ滞在中のある日、友人から虹の色に関する質問の電話がかかって来てから、私のこの「事実」

への自信はぐらついてしまった。電話の内容は、「日本語学校の子供の宿題に、虹の色は七つだが、それは何と何か、調べてくるようにというのが出たが、いろいろな資料で調べても六つしかないけれど、解りませんか」というものであった。友人への解答は、私にはすらすらとできたわけだが、何色が脱《ぬ》けているのかが気になった。たずねると、アメリカの本に出ている虹の色は、赤、橙《だいだい》、黄、緑、青、紫となっていて、藍《あい》の色が欠けているのであった。

藍色がないということは、アメリカ人たちが、この色を虹の中に識別していないことを示している。ということは、いいかえれば、③彼らには、この色が事実上見えないということである。日本人が藍色に特別の感情を持っているらしいこと、および、緑を青といって全然怪しむふうのない日本の風土からみて、私たちが藍色を自然の風物の中に強く意識しているのだなと、感じさせられた。緑が青や藍のような色調を含んでみえる事実が、私たちの周囲の大気中に、非常に多くの水蒸気が含まれていることと関係しているらしいことからみて、アメリカ大陸では、空気がよく乾いているために、人々に藍色を意識させないのではないかと思われた。

（桜《さくら》井《い》邦朋《くにとも》『「考え方」の風土』より。本文を一部変更・省略したところがある。）

問一 ══線ⅰ「物理的な」、ⅱ「彼我」の語のそれぞれの意味を次の中から選び、記号で答えよ。

ⅰ 物理的な
- **ア** 自然科学によりこじつけられる状態
- **イ** 物事の法則にかなっている状態
- **ウ** 動かしがたい事情がある状態
- **エ** 感覚的に知覚できる状態

ⅱ 彼我
- **ア** 外と内
- **イ** あちらとこちら
- **ウ** 彼と私
- **エ** 向こうと手前

問二 ——線①とあるが、「これ」の指し示す内容を、本文中の言葉を利用して「〜こと。」に続くように十字以内で答えよ。

問三 難 ——線②とあるが、なぜ「怪しんでもみなかった」のだろうか。分かりやすく説明せよ。

問四 難 ——線③とあるが、「事実上見えない」とはどういうことか。その説明として最も適当なものを、次の中から一つ選び、記号で答えよ。

- **ア** その色がその国において広く認知されていないということ。
- **イ** その色を表すのにふさわしい言葉が見つからないということ。
- **ウ** その色に対する色彩感覚が備わっていないということ。
- **エ** その色に対する概念を元々持ち合わせていないということ。

（東京工業大附属科学技術高）

着眼

問三 筆者が「虹は七色」ということを疑わなかったのは、日本で育ったためであることから考える。

★★★ 5　次の文章を読んで、あとの問いに答えよ。　解答 別冊 P. 4

日本の作家になってから何度か、日本から中国大陸に渡り、そこで見聞したことがインスピレーションとなって、小説とノンフィクションを書いた。

出身国のアメリカを特に忘れたというわけではないが、「 Ａ 」方に、日本語そのものの歴史に参加しているという重みを感じる。そしてより長い①歴史の往還が想像を刺激するがゆえに、逆に現代人のアイデンティティーについて考えさせられることもある。

中国は旅を重ねているうちに、奥地へと足を運ぶようになる。北京から北上して、旧満州こと東北《ドンベイ》に入る。上海から23時間の特急列車で、「発展」に遅れた西部まで足を延ばす。

遠いところまでの、苦労も多い旅路をたどる。「誰も行ったことがない」ところまで自分は行けた、というスリルをちょうど覚え始めたころ、必ず、自分より前に誰かがいたという史実にぶつかってしまう。

西安には阿倍仲麻呂の詩碑がある。旧満州こと東北には安部公房の少年時代の家がある。めずらしい旅をしているつもりの自分が、実は千数百年間、島国から大陸に渡った人たちの足跡をたどっているに過ぎない。阿倍仲麻呂から安部公房まで、大陸を日本語で体験した先駆者たちの陰に自分が動いているに過ぎない、とふっと気がつくのである。

大陸体験者たちの一人ひとりの体験は何だったのか、と日本語の想像が走り出してしまう。

西安の郊外には、「入唐八家」ゆかりの古い寺院がある。案内のパンフレットを読んでいると、「入唐八家」という中国語が「eight famous Japanese」と英訳されているのが目にとまる。「8人の有名な日本人」と。

入唐したから「有名」であるという感覚は単なる中華思想だ、と最初読んだときに内心で笑った。が、日本に戻ってそのことを日本語のエッセーで書いたとき、日本語の概念としての「中華思想」とは違った文脈が浮かぶようになった。

「famous」は「有名」というよりも「名誉ある」という響きが伝わり始める。その感覚はおそらく、想像を絶するような距離に耐えて客死の覚悟で越境してきた人たちに対する認知の表明だろう。

近代の「有名人」たちのみすぼらしい名声にはない深みが、あのことばから伝わってきたのである。②他者に対する認知の表明——よそから渡ってきたあなたを認めるという近代以前の倫理が、かいま見えたのである。時代も越境の条件も全く違うと分かりながらも、近代国家間で移動した人たちは果たしてこのような認知を受けたことがあるのか、という思いを禁じ得なかった。

「入唐八家」なる famous な日本人のイメージは、そのあと頭を離れなくなった。しかし一人の入唐体験者の人生については、具体的に想像することが難しかった。

今年の秋、十いくつ目の日本から中国大陸への旅から帰ってきた頃に、新聞の「遣唐使の墓誌、西安で発見」というニュースが目に入った。不思議な感動を覚えた。「公姓井、字真成、国号日本」の越境者の、36歳の客死で終わった人生を記録した、その中で「遠邦、馳騁《ちてい》上国」と、彼が遠い旅路をたどってやってきたことをほめたたえる。異国に入り、「正式な官僚として朝廷に仕え、活躍ぶりは抜きんでていた」という短い文章はまさに、渡ってきた人を認知し、その「③名誉」を記すことばなのである。

しかも墓誌の結句は、「形(体)は異土に埋葬されたが、魂は故郷に帰るに違いない」と、彼を同化させたなどというおごりもなく、その出自を尊重しつつ、彼がたどった距離を語っているのである。

客死した遣唐使の墓誌発見のニュースを読んで、二つのナショナリズムの同時進行によって陰りを見せている「日中関係」を憂慮する人々は、そこに両者の関係の本来の一つの理想的なあり方を感じ取ったようだ。その見方は決して間違っていないと思う。

しかしそれ以上に、一つの共同体の内部にいた人が「異土」へ渡り、違った共同体の内部に入り込み認知されたという史実に、ぼくは現代の「日中親善」とは別の意味合いの感慨を覚えた。東アジアのもう一つの「伝統」に触れた、という気がした。それは文化間の移動という長い伝統である。近代国家の、「国号」ではない国籍によってアイデンティティーを定義されているぼくらにとって、一つの人生の中で二つの文化を生きるということは、そう簡単ではない。

（リービ英雄《ひでお》『他者を認める伝統の深み』より）

問一 [A] に入る表現として最も適当なものを、次の中から一つ選び、記号で答えよ。

ア 中国語を日本語に訳す
イ 日本語を中国語に訳す
ウ 中国を英語で書く
エ 中国を日本語で書く

問二 難 ——線①とあるが、これとほぼ同じ内容を表す語句を、本文中より十字以内で抜き出して答えよ。

問三 難 ——線②とほぼ正反対の内容を表す漢字二字の語を、本文中より抜き出して答えよ。

問四 難 ——線③とあるが、筆者はこの語の意味するところをどのようにとらえているのか。それが述べられた本文中の四十字以内の箇所を見つけ、その最初と最後の五字を抜き出して答えよ。

（埼玉・早稲田大本庄高）

着眼 **問二** 「往還」とは「行くことと帰ること」。**問三** 「他者に対する認知」とは、直後の「よそから渡ってきたあなたを認める」ことと同意。**問四** 「名誉」という語句を本文中より探す。

2 段落・構成をとらえる

★**6** 次の文章を読んで、あとの問いに答えよ。　解答 別冊 P.5

生物界の中でヒトという種を特徴づけてみると、すぐれた学習能力がほぼ一生にわたって維持される、ということが第一にあげられるであろう。

『もともとサルの仲間は、他の大型ほ乳類のように、はっきりした身体的な特徴を持ってはいない。たとえば、クジラは水中生活に便利なように体型が変化しており、またライオンやトラは筋肉が発達し、敏捷《びんしょう》で、しかも鋭い牙《きば》や爪《つめ》を備えている。したがって、ある環境条件下では餌《えさ》を手に入れ、種族を維持していくことが容易である。反面、これらの大型ほ乳類は、限られた環境条件下においてのみ繁栄しうる。クジラはもはや陸上で生活することはできないし、ライオンやトラは比較的大きな草食獣が手に入らなくなったらおしまいである。《A》

これに対してサルの仲間は、そういった身体構造上の特徴を持っていない。さらにまた、生まれつきの行動の仕組みが比較的少なく、加えて雑食性でもあるところから、さまざまな環境に適応しうる。いわば、他の大型ほ乳類が［Ⅰ］するという方向で進化してきたのに対し、サルの仲間はむしろ、環境に対する［Ⅱ］において進化してきた、ということができるであろう。《B》

したがって、サルの仲間では、経験に基づいて外界についての知識を身につけることが、個体の生存にとっても、また種の維持にとってもそれだけ重要になってくる。言い換えると、サルはもともと学習する種である、と考えてよい。外界についての知識を得ること――それによって、どこが安全か、どのようにしたら食物が手に入るか、などを的確に判断できることが生存のために不可欠なのである。《C》

しかし、このような事情は、ヒトにおいてよりいっそう顕著に認められる。ヒトは他の類人猿と比べてさえ、生まれつきの行動の仕組みが少ない。このために、チンパンジーの子供とヒトの子供とを双生児のように育ててみると、初めの数ヶ月間は、むしろヒトの子供のほうが知的にも劣っているという印象を与えるほどなのである。《D》

さらにヒトの場合には、それぞれの個体が、みずからの直接の経験に基づいて知識を集積するばかりではなく、他の個体の経験を、言語などを媒介にして利用することもできる。つまり、学習が①社会的な性格を持つに至っている。ヒトの個体の生存や種族維持は、それぞれの個体ごとの経験に基づく知識にばかりでなく、文化という形で集積された他の個体の経験を摂取しうることにも依存している、と

さえ言ってもよいであろう。こうして集積された知識がなければ、ヒトはいかにも無力な動物なのである。《E》

②ここで、学習とか知識とかいう用語が、必ずしも日常的用語と意味において一致していないことを注意しておこう。ここでの学習とは、さまざまな経験に基づいて外界についての知識を獲得することとほぼ同義である。《F》

また知識というのも、個別的な事実についての知識、いわゆる断片的な知識や判断・実行の手続きについての知識ばかりではなく、外界の事物、自分自身、およびその関係についてのある程度体系だった情報、概念的知識を含んでいる。

ヒトはこのような情報の体系、ないしは世界のイメージを持つことによって生きのびてきたのだし、また現在の社会でもこれによってはじめて有能に行動しうるのである。』

（稲垣佳世子《いながきかよこ》・波多野誼余夫《はたのぎよお》『人はいかに学ぶか』より）

問一 『 』の範囲を内容のまとまりによって、四段落に区切るとすると、文中の《A》～《F》のどの三か所で切るのがよいか。最も適当な組み合わせを、次の中から一つ選び、記号で答えよ。

ア 《A》・《C》・《D》　イ 《A》・《C》・《E》
ウ 《A》・《D》・《F》　エ 《B》・《D》・《E》
オ 《B》・《D》・《F》

問二 文中の［Ⅰ］・［Ⅱ］に入る最も適当な語を、次の中からそれぞれ一つ選び、記号で答えよ。

Ⅰ ア 一般化　イ 主体化　ウ 特殊化　エ 小型化　オ 活性化
Ⅱ ア 柔軟性　イ 攻撃性　ウ 積極性　エ 発展性　オ 独自性

問三 ――線①とあるが、それはどのようなことか。最も適当なものを、次の中から一つ選び、記号で答えよ。

ア みずから経験した様々な出来事を、記憶にとどめてゆくこと。
イ いろいろなものを、便利な道具として生活に利用できること。
ウ みずからの生命ばかりでなく、他人の生命も大切にすること。
エ 他人の得たいろいろな経験を、みずからのものにできること。
オ 陸上生活が可能で、様々な手段や様式で都市を形成すること。

問四 難 ――線②とあるが、それはどういうことか。自分で考えた具体例を挙げてわかりやすく説明せよ。

（奈良・東大寺学園高）

着眼 問一 それぞれの段落の冒頭の接続詞がヒント。 問三 直前の「つまり」という接続詞がポイント。

★★
7 次の文章を読んで、あとの問いに答えよ。 **解答** 別冊 **P. 6** ∧頻出

日本には個人が敬意をもって遇される場がない。個人がいないとさえいえるのである。それでは日本の社会はどうなっているのだろうか。①

日本の社会は明治以後に欧米化したといわれている。欧米化とは近代化という意味である。近代化によって日本の社会は国の制度のあり方から、司法や行政、郵政や交通、教育や軍事にいたるまで急速に改革された。服装も変わった。近代化は全面的に行われたが、それが出来なかった分野があった。人間関係である。親子関係や主従関係などの人間関係には明治政府は手をつけることが出来なかった。その結果近代的な官庁や会社の中に古い人間関係が生き残ることになった。②

明治一〇年（一八七七）に英語のソサイエティが社会という言葉に翻訳され、明治一七年にインディヴィデュアルが個人という言葉に訳された。しかし訳語が出来ても社会の内容も個人の内容も現在にいたるまで全く実質をもたなかった。西欧では個人という言葉が生まれてから九世紀もの闘争を経てようやく個人は実質的な権利を手に入れたのである。日本で個人と社会の訳語が出来てもその内容は全く異なったものだった。なぜなら日本では古代からこの世を「世間」と見なす考え方が支配してきたからである。③

ではこの「世間」はどのような人間関係をもっていたのだろうか。そこにはまず贈与・互酬*の関係が貫かれていた。「世間」の中には自分が行った行為に対して相手から何らかの返礼があることが期待されており、その期待は事実上義務化している。例えばお中元やお歳暮、結婚の祝いや香典などである。④

重要なのはその際の人間は人格としてそれらのやりとりをしているのではないという点である。贈与・互酬関係における人間とはその人が置かれている場を示している存在であって、人格ではないのである。こうした互酬関係と時間意識によって日本の世間はヨーロッパのような公共的な関係にはならず、私的な関係が常にまとわりついて世間を疑似公共性の世界としているのである。⑤

贈与の場合それは受け手の置かれている地位に送られるのであって、その地位から離れれば贈り物がこなくなっても仕方がないのである。贈り物の価値に変動がある場合も受け手の地位に対する送り手の評価が変動している場合なのであり、あくまでも人格ではなく、場の変化に過ぎないのである。しかし「世間」における贈答は現世を越えている場合もあり、あの世へ行った人に対する贈与も行われている。⑥

日本における人間関係を考える場合、この贈与・互酬慣行を無視することは出来ない。何らかの手助けをして貰《もら》ったときなどにもお礼としてものなどを送ることがある。その場合にも返礼はしなければならないが、場合によっては礼状ですますことも出来る。日本で人間関係を良く保ちた

いと思えば、この慣行をうまく利用することが必要となる。単に場に対する贈り物であっても、自分の人格に貰ったものとして丁重な礼状を書き、場合によっては返礼をするのである。これは贈与・互酬慣行を逆手にとった手であって、それによって相手の敬意を受ける場合もある。⑦

次に時間意識の問題がある。「世間」の中には共通の時間意識が流れている。日本人の挨拶《あいさつ》に「今後ともよろしくお願いします」という挨拶があるが、これは日本特有のものであって、欧米にはそれに当たる挨拶はない。なぜなら日本人は「世間」という共通の時間の中で生きているので、初対面の人でも何時《いつ》かまた会う機会があると思っている。しかし欧米の人は一人一人の時間を生きているので、そのような共通の時間意識はない。⑧

これと関連して日本では「先日は有難《ありがと》うございました」という挨拶がしばしば交わされる。しかし同じ挨拶は欧米にはないのである。欧米ではそのときのお礼はそのときにするものであって、遡《さかのぼ》ってお礼をいう習慣はない。日本の「今後ともよろしく」という挨拶がお礼の先払いであるとすると、「先日は有難う」という挨拶は過去の行為に対するお礼の後払いということになる。⑨

「世間」は広い意味で日本の公共性の役割を果たしてきたが、西欧のように市民を主体とする公共性ではなく、人格ではなく、それぞれの場をもっている個人の集合体として全体を維持するためのものである。公共性という言葉は公として日本では大きな家という意味であり、最終的には天皇に帰着する性格をもっている。そこに西欧との大きな違いがある。現在でも公共性という場合、官を意味する場合が多い。「世間」は市民の公共性とはなっていないのである。⑩

（阿部謹也《あべきんや》『近代化と世間』より。問題の都合上、文章を一部変更・省略したところがある。）

＊互酬＝相手のしてくれたことに対しお礼をし合うこと。

問一 ――線とあるが、日本と西欧の「個人」について、その内容を対比的にとらえて述べている部分を、本文中からそれぞれ最初と最後の三字ずつを抜き出せ。なお、日本における「個人」は十五字以上二十字以内、西欧における「個人」は十字以上十五字以内の部分（ともに句読点を含まない）とする。

問二 この文章を四つの段落に分けてとらえたい。段落の末尾に付した①～⑩の番号を用いてその区切り方を示したものとして最も適切なものを、次の中から一つ選び、記号で答えよ。

ア 〔①〕〔②③④⑤⑥⑦〕〔⑧⑨〕〔⑩〕
イ 〔①〕〔②③〕〔④⑤⑥⑦〕〔⑧⑨⑩〕
ウ 〔①〕〔②③〕〔④⑤⑥⑦⑧⑨〕〔⑩〕
エ 〔①②③〕〔④⑤⑥⑦〕〔⑧⑨〕〔⑩〕
オ 〔①②③〕〔④⑤〕〔⑥⑦〕〔⑧⑨⑩〕
カ 〔①②③〕〔④⑤⑥⑦⑧〕〔⑨〕〔⑩〕

（東京学芸大附属高）

着眼 問二 各段落のはじめの接続詞を手がかりに結びつきをとらえる。

★★8 次の文章を読んで、あとの問いに答えよ。（句読点等も字数に数える。）　**解答** 別冊 ***P. 6***

貧困な層の定義として世界銀行等でふつうに使われるのは、一日あたりの生活費が一ドルという水準である。一九九〇年には、この貧困ライン以下に一二億人が存在していたという。世界銀行はこのほかに、極貧層として、年間所得二七五ドル（一日あたり七五セント）以下というカテゴリーをつくった。このカテゴリーにふくまれる人びとは、一九九〇年で六億三〇〇〇万人であり、発展途上国の人口の一八％にのぼるとされる。Ⅰ

貧困のこのようなコンセプトは正しいだろうか？　正確にいえば、現実の構造を的確に認識する用具として、適切な定義の仕方といえるだろうか？Ⅱ

同じような資料は多いので、たまたま最近目にふれたありふれた事例の一つをとりあげてみよう。中国南部の小数部族ヤオ（瑶）族のひとつ、巴馬瑶族の人たちの暮らす村々は、百歳をこえて元気な人たちの多い地域として知られるが、調査の対象となった百五歳の男性は、長生きの原因は「悩みがないこと」だろうと言っている。県の「老齢委員会」は長寿の原因を、「1、温暖な気候と汚染のない空気、2、食物が自然のもので、低脂肪、高栄養価であること、3、長年の畑仕事で体がきたえられ、飲酒、喫煙率が少ない」ことを挙げている（朝日新聞一九九五年九月四日記事）。「高栄養価」という食物は、「トウモロコシの粉と米のおかゆ、野草やサツマイモ、カボチャの茎、大豆などのスープやいためもの。肉は三日に一回の割合」というものである。長寿が幸福とは限らないが、九〇歳代くらいまでは元気で「悩みがない」ということは、よい人生だろうと想像する方が素直だろう。この巴馬瑶族の地域の一人あたり平均年収は四八〇〇円（一九九五年）で、一日あたり〇・一三ドルくらいである。Ⅲ

アメリカの原住民のいくつかの社会の中にも、それぞれにちがったかたちの、静かで美しく、豊かな日々があった。彼らが住み、あるいは自由に移動していた自然の空間から切り離され、共同体を解体された時に、彼らは新しく不幸となり、貧困になった。経済学の測定する「所得」の量は、このとき以前よりは多くなっていたはずである。貧困は、金銭を持たないことにあるのではない。金銭を必要とする生活の形式の中で、金銭をもたないことにある。貨幣からの疎外の以前に、貨幣への疎外がある。この二重の疎外が、貧困の概念である。Ⅳ

貨幣を媒介としてしか豊かさを手に入れることのできない生活の形式の中に人びとが投げ込まれる時、つまり人びとの生がその中に根を下ろしてきた自然を解体し、共同体を解体し、あるいは自然から引き離され、共同体から引き離される時、貨幣が人びとと自然の果実や他者の仕事の成果とを媒介する唯一の方法となり、「所得」が人びとの豊かさと貧困、幸福と不幸の尺度として立ち現れる。（豊か

さと貧困の近似的な尺度として存立し、幸福と不幸の一つの基礎的な次元として成立する、というべきだろう。）Ⅴ

人はこのことを一般論としてはただちに認めるだけでなく、「あたりまえ」のことだとさえいうかもしれない。けれども「南の貧困」や南の「開発」を語る多くの言説は、実際上、①この「あたりまえのこと」を理論の基礎として立脚していないので、認識として的を失するだけでなく、②政策としても方向を過つものとなる。Ⅵ

一日に一ドル以下しか所得のない人が世界中に一二億人もいて、七五セント以下の「極貧層」さえ六億三〇〇〇万人もいるというような言説は、善い意図からされることが多いし、当面はよりよい政策の方に力を与えることもできるが、原理的には誤っているし、長期的には不幸を増大するような、開発主義的な政策を基礎づけてしまうことになるだろう。巴馬瑤族の人たちもアマゾンの多くの原住民も、今日この「一日一ドル以下」の所得しかない一二億人に入っているが、彼らの「所得」を「一ドル以上」とするに違いない政策によって、幸福のいくつもの次元を失い、不幸を増大する可能性の方が、現実にははるかに大きい。（視《み》える幸福とひきかえに視えない幸福の次元を失い、測定のできる幸福とひきかえに測定のできない幸福の諸次元を失う可能性の方が大きい。）「自分たちの食べるもの」を作ることを禁止されたあのドミニカの農民たちは、食べるものを市場で買うほかに生きられないから、どこかの大量消費市場のための商品作物を作って金銭を得るほかはなく、「所得」は増大せざるを得ない。この市場から、以前よりも貧しい食物しか手にいれることができなくなっても、彼らは統計上、所得を向上したことになる。一日一ドルという「貧困」のラインから「救い上げられた」人口の統計のうちに入るかもしれないのである。③このような「貧困」の定義は、まちがっているはずである。

（見田宗介《みたむねすけ》『現代社会の理論――情報化・消費化社会の現在と未来――』より）

問一 文章全体を四つの段落に分ける場合、どこで切るのが妥当か。第一、第二、第三段落の最後の箇所をそれぞれⅠ～Ⅵのローマ数字で答えよ。

問二 ――線①とはどういうことか。その内容を示している一文を本文中より探し、その最初の五文字を抜き出して答えよ。

問三 難 ――線②と筆者が考えるのは、この政策がどういう性格を持つ可能性があるからなのか。本文中の語句を使って四十字以内で説明せよ。

問四 難 ――線③とはどういうものか。本文中の語句を使って二十字以内で答えよ。

（京都・同志社高）

着眼

問四 「このような」は直前のドミニカの農民たちの例を指していることをふまえてまとめる。

★★★ 9　次の文章を読んで、あとの問いに答えよ。（句読点等も字数に数える。）　**解答** 別冊 *P.7*

ちょうど一世紀前、哲学者*ニーチェは、著者と読者について次のように述べていた。

「読書する暇つぶし屋を私は憎む。あと一世紀も読者なるものが存在し続けるなら、やがて精神そのものが悪臭を放つようになるだろう。誰もが読むことができるという事態は、長い目で見れば、書くことばかりか、考えることまで腐敗させる」（『ツァラトゥストラはこう言った』「読むことと書くこと」）

ニーチェのこの言葉は、少数の著者が多数の読者を*啓蒙《けいもう》し強化する、という活字書物文化の特質を*揶揄《やゆ》したものと考えられる。ニーチェが評価するのは、「血をもって」全身全霊で「書かれたもの」だけであり、暇つぶしの気楽な読書態度では、その「書かれたもの」の精神を読み解くことはできないのである。

ところで、本の書き手を表す著者という言葉は、英語ではauthor《オーサー》であり、それは権威（authority《オーソリティ》）という言葉と深い関係にある。そして、〈著者という権威〉の成立は、*グーテンベルクの活版《かっぱん》印刷術の成立以降である、ということがしばしば語られる。

活版印刷術というメディアとともに、〈著者性〉というものが発生したのだとすると、インターネットを中心とした電子メディアが大きな位置を占め始めている今日、〈著者〉のあり方が、大きな変容を被ってきていることは十分に考えられる。

ここにおいては、従来の、権威者の一方的な情報発信と、受動的に享受する多数の読者という上下構造が消失し、著者の権威性の崩壊とも言うべき事態が発生している。誰でもが簡単に〈著者〉となり得る構造である。

インターネットにおける著者と読者（情報発信者と受信者）の問題は、目下《もっか》のところ、混乱を極めているようにも思われる。

一方では、これまで泣き寝入りせざるを得なかった者が、発言手段を得て、不正を告発することができる。他方では、十分な論拠も証拠もないまま、一方的意見をホームページに掲載したり、匿名性を利用した個人の*誹謗中傷がまかり通ったりしている。一人の勇気ある発言が不正をただすこともあれば、その発言が、個人や*コミュニティや企業を崩壊させることもある。

ともかく、これまで一般の個人が持っていた、ビラやミニコミ、新聞や雑誌の投書欄への投稿などという発言手段に比較して、*インターネットの持つ力は圧倒的である。

情報発信の総量は、実は、メディア形態の技術的制約によって決定されている。テレビ・ラジオ、新聞・雑誌などのマスメディア、あるいは、書物文化における著者・情報発信者数は、構造上少数たらざるを得なかった。

しかし、インターネットというメディアに特徴的なのは、情報発信者がどれほど多数であろうとも、情報の非物質性、デジタル情報に特徴的な光速に近い検索能力によって、必要な情報がほぼ瞬時に取り出せる、という点にある。もし、一億人分の日記を紙メディアで集積したとしたら、目的の情報を探し当てることはほぼ不可能である。ここでは、情報量の過度な増加は、そのまま情報の有用性の減少につながる。

だがインターネットでは、無限に近い不必要な情報に関与することなく、検索に熟練すれば、必要な情報だけを的確に抽出することができる。したがって、このメディアでは、情報総量が制限されたり、内容や質によって、*淘汰《とうた》されるという力が働かないのである。

従来のメディアでは、個人が公に対して発言するには、さまざまな困難や編集者によるチェックなどが伴っていた。良くも悪くも、この距離こそ、〈思い〉を〈思考〉に、〈一面的な思念〉を〈十分吟味された意見〉へと練り上げる。

しかし、インターネットにおいては、気楽に書き連ねた文章を、自分のコンピュータに保存することと、ネット上に公開することの差は、二、三のキー操作の差にすぎない。従来のいかなるメディアとも異なり、インターネットでは、①〈発想〉と〈発表〉との間の落差がほとんど存在しない。あるいは、〈自我境界〉があいまい化、拡大化し、自己と世界が、いわば〈短絡〉してしまうのである。

ここでは、プライベートとパブリックの境が溶け落ちる。これらは呼び出されなければ、無言のままに留まっているが、ひとたび検索の網にかかれば、強大な力を発揮することになる。

（黒崎政男《くろさきまさお》『デジタルを哲学する』より）

＊ニーチェ＝ドイツの哲学者。（一八四四～一九〇〇年）
＊啓蒙＝正しい知識を与え、道理がわかるよう導くこと。
＊揶揄＝からかうこと。
＊グーテンベルク＝ドイツの人。活版印刷術の発明家。（一四〇〇？～一四六八？年）
＊誹謗＝悪口を言うこと。
＊コミュニティ＝共同体、地域社会。
＊淘汰＝不要なもの、不適なものを取り除くこと。

問一 難 この文章には、次の一文が抜けている。文章中に入れるとすればどこが最も適当か。直前の文の終わりの二文節を抜き出して答えよ。

∴さまざまな情報とともに、何億もの個人のとりとめもない思いや理解や誤解がネット上に溢《あふ》れる。

問二 難 ——線①とあるが、どのようなことか。四十字以上、五十字以内で答えよ。

（大阪教育大附属高平野校舎）

着眼

問一 指示語の指す内容や、接続詞のつながりから考える。

3 要旨・論旨をとらえる

★**10** 次の文章を読んで、あとの問いに答えよ。 頻出

解答 別冊 P.8

遠くから眺めた自然の輪郭は、その自然に近づくにつれ変化し、視覚だけでなく嗅覚《きゅうかく》や触覚、聴覚を通して感じられる自然になる。自然が善きもの、快であるものというイメージは、自然のなかに身をおくや否や、肌を刺す*イラクサやヤブカに覆され、悪しきもの、不快なものになるかもしれない。自然は繊細で壊れやすいという一般のイメージにもかかわらず、自然とともに暮らしている人にとって、自然は庭先や畑に容赦なく攻め入ってくる雑草や雑木をイメージさせるものであるかもしれない。

自然は、それを見る人の立ち位置によってさまざまな相貌をもつ。自然保護も、その人の「立ち位置」によってさまざまな手法と解をもちうる。ここでは当該自然の外部から眺めた自然や自然保護についての言説を①「遠景の語り」、その自然に根を下ろした人びとのローカルな文脈での言説を②「近景の語り」と呼ぶことにする。

自然や自然保護に関する遠景の語りは、近景の語りが示すローカルな文脈とは無関係に、自然がもつシンボル的要素に反応することができる。

エピソードを示そう。オホーツク海とサロマ湖に面した道東の*常呂町《ところ》にヒグマが出没し、撃たれたと報道された。ヒグマは生態系の上位に位置するシンボル的動物であり、個体数の減少が危惧されている動物である。町役場には、東京の自然保護団体から「なぜクマを撃ったのか」と抗議の電話がかかってきた。そうした電話に、地元では怒りとも戸惑いともつかない声があがった。「暮らしの安全上からクマを撃つこともある。だが、川を遡《さかのぼ》るサケ・マスを一定量以上に捕獲せず、上流の山地に生きるクマの取り分と考えているのも自分たちだ」という思いがあるからだ。

この一件について、常呂町役場の辻孝宗《つじたかのり》さんは、「東京の人は絵を見るように自然を見ます。しかし、我々は絵のなかで暮らしているんです」と語った。自然のように見える場所にも暮らしがあるという主張である。それは、東京の自然保護団体に代表される外部の視点への③痛烈な批判でもあった。

辻さんが自然保護に理解がない、ということではない。むしろ、その逆である。辻さんの主張の背後には、自分たちの暮らしこそが自然を絵のように見せていること、絵のように見える自然をつくっているのが自分たちの営みであるという、確たる自信がある。常呂町の漁業組合《くみあい》は、サケ・マス孵化《ふか》場の湧水《ゆうすい》保全のために常呂川上流の山を買い、植

樹事業を進めてきた。給仕型漁業の禁止、漁業での鉛の重りの使用禁止など、独自の取り組みを展開してきた。常呂町もまた、＊ワッカ原生花園保全のための町道廃止など先駆的な環境保全策を実施してきた。辻さんはそうした先駆的な環境行政を推進するうえで、重要な役割を果たしてきた人物である。

そうした常呂町の営為や思いを抜きにした抗議の電話＝遠景の語りは、仮に問題喚起的かつ方法提言的な内容を含んでいたとしても、地域の人びとの行為に関する正当性＝近景の語りを変化させることはない。そこに合意は生まれえない。

（関《せき》礼《れい》子《こ》『自然をめぐる合意の設計』より）

＊イラクサ＝山野に自生する多年草。
＊常呂町＝北海道の地名。二〇〇六年、北見市に合併。
＊ワッカ原生花園＝北海道にある日本最大の原生花園。

問一　——線③とあるが、なぜ「痛烈な」批判なのか。その理由として最も適当なものを、次の中から一つ選び、記号で答えよ。

ア　美しい自然にも人々の暮らしや思いがあるということを理解できない自然保護団体に、比喩《ひゆ》を用いて激しく迫っているから。
イ　抗議するばかりで具体的な方法を提示しない外部の人たちに対して、内部の人たちの生活の営みを具体的に示して抗議しているから。
ウ　先駆的な施策を取ってきた地元の人々に比べて、自然保護団体の考え方は、正論ばかりで実態に合っていないということを暴いているから。
エ　その中で暮らす人々の努力の上に自然が保たれているという現実を外部の人たちは知りもしない、ということを指摘しているから。

問二　難　——線①、——線②とあるが、本文で述べられている具体例以外の例を挙げ、それについての「遠景の語り」と「近景の語り」をそれぞれ説明せよ。

問三　本文の内容に合致するものを、次の中から二つ選び、記号で答えよ。

ア　動物を保護することで自然の生態系は保たれるので、シンボル的動物を保護すべきである。
イ　ある地域の自然環境を守るためには、そこの人々の暮らしや思いを理解しなければならない。
ウ　遠景の語りをする人と近景の語りをする人の間では、立場が違うので合意が生まれるはずがない。
エ　遠くから眺めると美しく守りたいと思うような自然も、そこで生きる人にとっては脅威でしかない。
オ　東京の自然保護団体が、クマを撃ったことに抗議するのは、彼らの意識からすれば無理のない話である。

（広島大附属高・改）

着眼
問二　一つの事例について、視点の遠近によって違う見方が存在することを述べる。

★★11　次の文章を読んで、あとの問いに答えよ。(句読点等も字数に数える。)　解答 別冊 P.8

　いったんケータイを使い出すと、日本人は誰しも①たいへん奇妙な感覚におそわれるようだ。常に自分のそばに置いておかないと、落ちつかない気分に陥る。

　私の研究所に勤務している同僚は、職場から四キロメートルほど離れた場所に住居を構えていて、毎日、自家用車で通勤している。単身で暮らしていて、ほとんど誰かから連絡がくることはないという。それでも、自宅にケータイを忘れてくると、わざわざ取りに戻る。かかってくるあてが見込まれなくとも、やはり②肌身離さないようにしておかないと、気がすまないらしい。

　大事なのはメッセージではない。それどころかメッセージが来るかどうかということですらない。メッセージがもたらされるチャンネルが確保されているかどうか、という点に関心の主眼が置かれるようになってしまっているのだ。

　チャンネルがないという事実そのものが、人を不安にする。本来の意味での文化的な社会における生活でなら、人々は互いに自分たちの考えを交換し、主張の中に共通点を見《み》出《いだ》しては共感したり、連帯感を抱いたりしていた。反対に、考えが異なると敵意をむき出しにすることもあった。③だが、今は違う。

　メッセージなど、大して意味を持たない。互いに同じ回路を共有していることそのもので連帯感が形成される。そういう傾向はもちろんマスメディアの普及と無関係ではない。「大衆社会の到来」ということがうんぬんされたのは、もう一〇〇年も昔のことである。

　最初はラジオだった。ヒトラーひきいるナチスによるドイツ支配は、ラジオの普及ぬきには不可能だったことだろう。次に電話網、そしてテレビができ上がった。力道山の活躍に人々がテレビ受像器に群がったあたりから、今日の兆候が萌芽《ほうが》しだした。

　しかしながら、テレビが各家庭に備えられるようになった一九六〇年代後半から一九七〇年代初頭においても、それはあくまで一家に一台というものにとどまっていた。人々は受像機の前に集まらねばならなかった。

　そのころ「ナウい」社会的コミュニケーションの新形態として、二段階説なるものがしきりと提唱された。テレビを媒介とするのが、まさにそれにあたる。モニターに配信されるメッセージの経路が第一段階、それを共有する人々、すなわち対面集団が第二段階、というわけである。第一段階での情報の操作によって、対面集団の意識がコントロールされてしまうと危惧《きぐ》されたころでもあった。

　④コミュニケーションにおける対面的状況の重要性を決定的に破壊したのが、ケータイの発明である。個と個がじかに、しかも顔をつき合わせずに情報交換できるようになった。個と個が直接に情報交換するという意味では、ラジオの発明以前の状況へ戻ったように思われるかもしれな

い。しかし、双方をまったく別なものに仕立て上げているのは、集団のまとまりを表示する境界というものが、ケータイの下では完全にとっぱらわれてしまったという点にある。

　自分たちが属しているというコミュニティーの輪郭が見えないのである。イメージでいうと、果てしない砂漠のまん中で、見わたす限り人間が群がっているようなものである。

（正高信男《まさたかのぶお》『考えないヒト』より）

問一 ——線①とあるが、どういう点で「たいへん奇妙」なのか。本文中の言葉を用いて、「…と思う点」に続くように二十字以上、二十五字以内で答えよ。

問二 ——線②とあるが、肌身離さず持ち歩くことで、何が生まれるのか。それを最もよく表す一文を、本文中より探して、最初の五字を答えよ。

問三 難 ——線③とあるが、コミュニケーションの形態が変わった結果、昔と今では何がどのように「変わった」のか。最も適当なものを、次の中から一つ選び、記号で答えよ。

ア 情報を交換する相手が、以前は共通の主張を持つ人ばかりでなく、考えの異なる人も含まれていたが、今は同じ考えを持つ人だけになった。

イ メッセージの受け止め方が、以前は主張の内容によって共感したり敵意を抱いたりしたが、今は相手の考えをうのみにするだけになった。

ウ 他者への関わり方が、以前は考えが異なると敵意をむき出しにして対立していたが、今は異なる考えも尊重し、許容していくようになった。

エ 他者への連帯感が、以前は互いの中に共通の主張を見出すことで形成されたが、今は同じ回路を共有することで形成されるようになった。

問四 難 ——線④とあるが、「ケータイの発明」が「破壊」を「決定的」にしたのはなぜか。その理由を「テレビを媒介とするコミュニケーション」と比較しながら、七十字以上、八十字以内で説明せよ。その際、「コミュニティー」という言葉を用いることとする。

（東京・海城高）

着眼

問一 例としてあげられている同僚の行動の、どういう点が奇妙なのかをおさえる。問三 昔と今の違いを——線③の前後の文章から読み取る。問四 「コミュニティー」は、利害を共にする（地域）共同体のこと。「テレビを媒介とするコミュニケーション」には、どんな「コミュニティー」が存在していたかをつかむ。

★★12

次の文章を読んで、あとの問いに答えよ。（句読点等も字数に数える。）　**解答** 別冊 *P. 9*

人工空間は世界中どこでもまったく同じ性質を持っています。城壁で囲うというのは案外利口な知恵ではないかと思います。この中だけですよ、という約束事が成り立つからです。ちょっとでも外へ出れば自然が始まり、離れれば離れるほど自然が強くなっていきます。

つまり都市の中はすべてが人の意識でコントロールできる世界ですが、外に行くと意識でコントロールできない部分が次第にふえていって、最終的に完全にコントロールできない世界、すなわち自然が出現してくるわけです。

ヨーロッパの場合、①コントロールできない世界が、森でした。現在の西ヨーロッパの歴史は実は森林を削ってきた歴史です。一九世紀の終わりにはヨーロッパは森を削り終わりました。ポーランドに森林性の野牛が最後に生き残っていたのが一九世紀の末です。

そういう形で森を削っていったわけですが、森に住む人というのも当然いたのです。グリム童話を読めばすぐわかりますが、中世の森に住んでいた人たちは魔物として登場します。つまり、ヘンゼルとグレーテルの魔女は森に住んでいるし、赤ずきんちゃんのオオカミは人の言葉を話すのです。

森に住む人は都市に住む人とまったく違うルールで生きています。おとぎ話を書き残すのは都市の人なので、彼らにしてみれば、森に住む人たちは人ではなく魔物にしか見えません。

そう考えると都市のルールというのは世界中どこでも同じ、歴史上どこでも同じように見えてきます。

都市の中で、やむをえず発生する自然があります。九五年に神戸で地震がありましたが、日本の場合には震災とか台風などの自然災害です。そういう予期せざる出来事をもたらす自然が、都市の中にどうしても存在してしまう。

どうしても存在する自然はまだあって、実は私たちそのもの、人間の身体がそうです。都市で一番困るのが死んだ人です。②死んだ人が発生すると、どう扱っていいかわからない。亡くなると人はやがて土に返る、すなわち自然に戻っていきますが、都市の中で暮らしていると「土に返る」という観念がないので、自然に戻るところでうろたえてしまう。だから、そこにさまざまなタブー*を置いて、そこから先は考えないという形で仕切りをつくっているのです。ちょうど心の中に城郭を作るのと同じことで、その外は無視する、考えないことにするのです。

中世の文献を読むと、こんな現代とはまったく違った世界があることがわかります。たとえば『平家物語』を読むと話がまったく違う。あそこに登場する人たちは、直接に③人の自然を見ているような気がします。

平重盛《たいらのしげもり》がまだ四〇代で病気になって、どうも危ない。それを親父《おやじ》の清盛《きよもり》が心配して、中国からいい医者が来ているから、当時の福原(神戸)から京都にやるから診《み》てもらえというのを、重盛が断ります。自分の寿命を知っているからだと思いますが、そんな必要はないと言うのです。

注意して読めば、こんな話から中世と近世のはっきりした違いが見えてくる。中世の人たちはまだまだ囲いが穴だらけの中に暮らしていたが、近世つまり江戸以降は、日本人は完全にこの城郭の中に住むようになったということです。

中世と近世の二つの常識の違いは、日本では極端に出ているような気がします。乱暴な言い方をすると、縄文《じょうもん》の人たちはまさに自然と折り合って暮らしていましたが、弥生《やよい》時代になると吉野ヶ里*に見るようにまず堀を掘って、その中の空間に住むようになります。それが完成するのがおそらく平城京、平安京という古代です。古代の人は中世の人とは違って、私どもに近い感覚を持っています。

『平家物語』の終わりのほうに出てくる話ですが、義経《よしつね》と範頼《のりより》が壇ノ浦で平家を滅ぼして、大勢の平家の公達《きんだち》*の首を持って返ってくる。そして京都でそれをさらし首にするという。後白河法皇《ごしらかわほうおう》を中心にした朝廷があるので、そこの公家《くげ》たちがさらし首を許すか許さないか議論する。そして、してもらっては困るという結論を出します。

宮廷の人たちはいわば都会人、私たちと同じ人々なので、さらし首などとんでもないと言う。しかし義経と範頼は断固として聞かない。しないなら我々が④何のために戦ったかわからん、というような感じでさらし首を強行しました。

こうしたところに中世の人間と古代人の末裔《まつえい》*たる宮廷人の違いが、非常にはっきりと出ているような気がします。

(養老孟司《ようろうたけし》『かけがえのないもの』より)

＊タブー＝社会の習慣としてすべきでないとされていること。
＊吉野ヶ里＝九州にある弥生時代の遺跡。
＊公達＝貴族の青少年。
＊末裔＝子孫。

問一 ――線①とあるが、その理由を「森は」に続く形で本文中の言葉を用いて書け。

問二 難 ――線②とあるが、その理由を述べた次の文の A に入る部分を本文中より十字以内で抜き出せ。

「死んだ人は、 A できないから。」

問三 ――線③とは、この場合、どのようなことか。簡潔に答えよ。

問四 難 ――線④について、「さらし首を強行し」た理由にあたる部分を、「から。」に続くように三十字以内で本文中より抜き出せ。

(東京・明治大付属中野高)

着眼

問一 「コントロールできない世界」と同義表現を探す。
問四 「さらし首を強行し」たエピソードによって、筆者が何を訴えたかったのかを読み取る。

★★★ 13　次の文章を読んで、あとの問いに答えよ。

解答　別冊 P.10

　今日の教育の荒廃は、戦後社会の共有する価値観が、あまりにも経済の発展という方向に片寄りすぎ、人間性・道徳、あるいは学問などの人間精神の分野が、［X］にされすぎたことにあるだろう。もっと問題であったのは、日本古来の文化・伝統、あるいは道徳観や地域社会のもっていた価値観を全面的に否定し、それを無視し、教育のなかからこれらすべてをほとんど排除してしまったところにあるといってもよいだろう。

　西洋から導入した科学技術を中心とした学問も、研究者のあいだに共有されただけで、高等教育においても、①抽象レベルのものとして与えられたにすぎなかった。［A］、イギリス人にとっては、万有引力の法則を発見したニュートンは、「自分たちの何代か前の人であって、ケンブリッジ大学のあのカレッジに住んでいた人であり、自分たちとそうかけはなれた存在でもない、自分たちもがんばればそういった発見もできるだろう」といった、［B］ニュートンとその法則に対する親近感が存在しているにちがいない。シェイクスピアにしてもそうだろう。

　日本には、ニュートンやシェイクスピアとあまりちがわない時代に*関孝和《せきたかかず》というすぐれた数学者や、［Y］というシェイクスピアにも比すべき劇作家がいたのである。そういった人たちの業績や作品については、今日の教育の場ではまったくといってよいほどあつかわれていないし、ほとんどの人の知らない、関係のない存在となってしまっている。

　学問は知識として受け身で知るだけでなく、自分たちも学問をすれば同じような貢献ができるのだという能動的な自信をもつことが必要で、そういった自信をもたせる教育が大切なのである。日本の文化や学問を築きあげてきた人たちのことをよく教えることによって、そういった分野に才能をもつ人たちを鼓舞するだけでなく、その他の多くの人たちにも自分たちの祖先にそういったすぐれた人たちをもっているということに対して自信をもち、学問に対しても親近感と尊敬の念をもつことになるのではないのだろうか。

　このような、社会に根づいた文化的・学問的な内容を一方では学びながら、他方では西欧の学術をその歴史的観点をも入れながら、日本に取り入れてきていたならば、②一般社会の学問に対する態度はいまとはちがったものになっていただろう。

　これからは国際化の時代であり、学術は世界に共通のものであるべきだから、とくに日本という国とその文化や学術にこだわることはないという考え方もあるだろう。［C］、物理学のような国籍を問わないものであっても、ほんとうに独創的なアイディアを出し、成果をあげるのは、③土着の教養的背景が影響しているという人は、*湯川秀樹氏のような古い時代の人でなくてもいるのである。

　これからの科学技術はますます＊汎《はん》世界的になっていくだろうが、それでもほんとうにすぐれた科学技術の成果は、それぞれの社会との密接な関係のもとにつくられ、大きく花開くものであろう。それは、広く社会全体が科学技術に理解をしめし、［D］鋭い批判をするところから生まれ出てくるものであることはまちがいないのである。

　『源氏物語』や和歌、禅や能などをとっても、日本文化はけっして世界の中の周辺文化ではない。日本文化は④自己主張をしない文化で今日まできたし、またそうする必要性もほとんどなかったのである。たとえそれが自然科学の場合であっても、わが国における学問も、同じような性格を色濃くもっているのではないだろうか。だからといって、それは無視されてよいというものでなく、⑤世界の中ではっきりした位置を占めるべきものであろう。

（長《なが》尾《お》真《まこと》『「わかる」とは何か』より）

＊関孝和＝江戸前期の数学者。独自の記号法を開発し、日本独特の数学「和算」を発展させた。（？～一七〇八年）

＊湯川秀樹＝理論物理学者。中間子の存在を予言した。日本人初のノーベル賞受賞者。（一九〇七～一九八一年）

＊汎世界的＝広く世界にいきわたるさま。

問一　［A］～［D］に入る語を、次の中からそれぞれ一つ選び、記号で答えよ。

ア　また　イ　たとえば　ウ　いわば　エ　しかし

問二　本文中の［X］に入る語を、次の中から一つ選び、記号で答えよ。

ア　おざなり　イ　なげやり　ウ　なおざり　エ　ばあたり

問三　［Y］に入る人物の名前を、ひらがなで答えよ。

問四　——線①とは、どういうことか、説明せよ。

問五　——線②について、「いま」の態度はどういうものか、説明せよ。

問六　——線③とは、どういう「人」のことか、本文中のことばを用いて説明せよ。

問七　——線④とは、どういう「文化」か、説明せよ。

問八　——線⑤を実現するためには、どうしたらいいと筆者は考えているか、本文中のことばを用いて説明せよ。

（東京・慶應義塾女子高）

着眼

問四　イギリスでのニュートンやシェイクスピアの存在と、日本での関孝和らの存在の違いからとらえる。**問五**　社会に根づいた文化的・学問的な内容を学ばず、西欧の学術はその歴史的観点とは切り離して取り入れた結果、どうなっているのかをとらえる。

★★★ 14　次の文章を読んで、あとの問いに答えよ。

解答 別冊 P.11

この春、フランスのある地方都市で衝撃的な映画をみた。それがオーストリア出身の映画作家フーベルト・ザウパーによる『ダーウィンの悪夢』との出会いだった。アフリカ中東部にあるビクトリア湖の南湖畔、タンザニアのある町（ムワンザ）に取材したドキュメンタリーだ。この映画に写し撮られた、アフリカにおける「グローバル化」の一局面について記しておきたい。

湖畔の原野に滑走路を敷いたようなムワンザの小さな空港には、毎日ところ狭しと大きな輸送機が発着する。この空港から一日五百トンのナイルパーチのフィレ*が輸出されているからだ。ナイルパーチはビクトリア湖で獲れる大型の白身魚で、日本でも外食産業などでよく使われているという。住民の多くが慢性的な飢餓状態にある貧しいこの国の、随一の輸出品、それも皮肉なことに［Ｉ］である。

ただ、湖の魚はもともと湖に生息していたものではない。一九六〇年代に、ある科学者が実験のつもりで湖に放したところ、やがてこの肉食魚は他の魚たちを食い尽くし、①「ダーウィンの箱庭」と呼ばれるほど多彩で豊かだったビクトリア湖の②様相を一変させてしまったという。ダーウィン流の「適者生存」という考え方に照らしてみるなら、ナイルパーチはみずからが「適合種」であることを示したということだ。

それだけでなく、自然環境におけるこの「適合種」（勝ち組？）は、湖の外のさらに広い人工的な環境のもとでも「適合種」だということがわかった。つまり「グローバル市場」という競争の激しい環境で、ナイルパーチは優れた商品たりえたのだ。そしてそれを言うなら、グローバル市場の原理そのものも、社会主義と資本主義との競争の果てに勝ち残った「適合システム」だとされている。その意味では、ナイルパーチの加工産業周辺の人々の「生態」を扱ったこの映画は、最近のグローバル化した世界における三重の「適合種」をめぐる物語になっている。ただ、それは同時に、③「ダーウィンの箱庭」が「悪夢」へと転じる物語でもある。

というのは、この魚の漁と加工業で千人の「雇用」が生まれ、タンザニアも先進国向けの重要な輸出品目をもつことができ、EUから多少の投資を引き出したとしても、かつてビクトリア湖の豊かな恵みで生きていた周辺の人々は、生活基盤の崩壊に見舞われ、仕事にあぶれた男たちは所在なくアルコールに浸り、女たちは余儀なく町に身を売りに出かけるようになる。そこにエイズが蔓延《まんえん》し、小さな村でも毎日数十人が死んでゆく。そのため子供たちは放り出され、④暴力のはびこる弱肉強食の人工のジャングルを、怯《おび》えながらさまよっている。食べ物を争い、強い者の暴力にさらされる日々の悪夢から逃れる唯一の手立ては、プラスチック製の魚の梱包材《こんぽうざい》を燃やして作る粗悪なドラッグを吸うことだ。

そこに、⑤二つの言説がきびすを接している。ひとつは湖の生態系を作り変え、それを輸出用産業の資源の宝庫とした「科学の成果」を称揚する言説であり、国際基準の品質や衛生管理を実現し、梱包材などの関連産業を含めて、企業や雇用の創出を誇示するマネージメントの言説である。もうひとつは、無思慮になされた生態系破壊の弊害を訴え、湖の死滅と周辺の人びとの貧困化や生活状況の荒廃を訴える言説である。

どちらが正しいということはない。この言説には両方とも現実の裏づけがある。一方に、国際市場に受け容《い》れられ、外貨をもたらす産業があり、そのための資源を生み出した「化学実験」があった。そして他方には、荒廃した生活環境のなかですさんで摩滅するように死んでゆく人びとがいる。

（西谷修《にしたにおさむ》「人みなそれぞれの「アフリカ」を……、『ダーウィンの悪夢』から」より）

＊フィレ＝骨などを取り除いた身の部分。

問一 [I] に適当な漢字二字の熟語を入れて、文意が通るようにせよ。

問二 ――線①と――線③の「『ダーウィンの箱庭』」が指す内容には違いがある。その違いについて説明した次の文の [A]・[B] に入れるのに適当な表現を、それぞれ十字以上十五字以内で考えて答えよ。

①の「ダーウィンの箱庭」が [A] のみを指すのに対し、③は [B] をも含めた範囲を指して用いられている。

問三 難 ――線②とあるが、「様相」はどのように「一変」したのか、答えよ。

問四 難 ――線④とは何のことか、漢字二字の熟語で答えよ。

問五 ――線⑤とあるが、「二つの言説」とは、どういう言説とどういう言説か。次の [C]・[D] にそれぞれ五字以内の語句を入れて答えよ。

変化について [C] 言説と、変化について [D] 言説

（兵庫・灘高）

着眼

問一 「皮肉」は「遠まわしの意地悪い非難。あてこすり」の意。何に対する「皮肉」かをおさえ、文意が通るように輸出品目で答える。**問二** 説明文の「[B] をも含めた範囲」から、それぞれの「ダーウィンの箱庭」の指す「範囲」を考える。**問三** 「様相」とは「ありさま。状態。」の意。「一変」とは「すっかり変わること」の意。**問五** [C] と [D] は、対義語であることをつかむ。

4　論説文の総合的読解

★**15**　次の文章を読んで、あとの問いに答えよ。（句読点等も字数に数える。）　解答 別冊 P.12

私たち人間の心の中には、世界のさまざまなあり様《よう》が映し出されます。「私」の中に世界の消息が入り込んでくるからこそ、人間の体験は豊かになります。私たちの脳は、世界との交渉の中で得たさまざまな体験を「整理」し、消化する臓器として進化してきたのです。

体験は、むき出しの素材のまま私たちの脳の中に収納されるわけではありません。たくさんの体験が関連づけられ、整理されてこそ、はじめて生まれてくる知恵もあるのです。あとで述べるように、それこそが、人類がこの世界を生き延びるために育《はぐく》み、獲得してきた、*エッセンシャルな脳の機能なのです。

もう少し具体的に説明しましょう。脳の働きというと、「記憶」が真っ先に想起されます。人間の脳の記憶は、体験したことをそのまま保存するためだけにあるのではありません。脳内の記憶は、日々の体験を受けながら、徐々に整理、編集されていきます。「記憶力」というと、体験したことをそのまま保存し、再生する能力を思い浮かべがちですが、①本当の記憶力とは、記憶を編集し、整理することによって新しい意味を立ち上げる能力を指すのです。

むき出しの素材としての体験では足りず、「整理」されてはじめて立ち上がりうる「意味」は、私たちが世界の中で生きていくうえで大切な役割を果たしています。

たとえば、社会の中で、さまざまな個性をもった人たちと、いきいきと交渉していくことは、人間にとって最も大切な営みです。長年つき合った友人ほど、その人格をありありと思い浮かべることができるものでしょう。会って話したり、行動を共にしたりといった体験が記憶として積み重なるほど、自分の心の中で、その人の*パーソナリティが鮮やかでくっきりとしたかたちをとっていくのです。このようなかけがえのない友人のイメージは、その友人に関する体験が脳の中で整理されていくことによってはじめて生み出されます。私たちの中にある親友の印象は、単一のエピソードには帰着できない、複雑で豊かなニュアンスをもっているはずです。生涯の友は、「脳」整理を通してこそ生み出されるのです。

もう一つ例をあげてみます。体験が脳の中で整理されていくことによって意味が立ち上がり、磨き上げられていくのが私たちの「言葉」です。母国語を学ぶとき、辞書を引いたり、意味を他人に直接聞いたりするのは例外的なことでしょう。私たちは、日々接する言葉のエピソードを脳の中で整理することによって、最初はぼんやりと、そして、しだいにくっきりと、一つ一つの言葉の意味を脳の中で立ち上げていくのです。

このように、脳の中の整理を通して獲得されていく知は、最初は私たちの生にぴったりと寄り添った「生活知」として立ち現れます。「生活知」とは、私たちがこの世界の中に個として投げ出され、生き延びていく際に獲得する②一人称の知だということができます。たとえば、③新生児がお腹《なか》を空《す》かせて泣くのも、一つの生活知です。友だちが遊んでいるおもちゃを貸してもらいたいという自分の気持ちをうまく表現できるようになるのも、大人になって初対面の人と打ち解けられるのも生活知です。

生活知は、私たち一人ひとりの生に密に寄り添ったもので、生きていくうえで大切なものですが、そこにとどまっているだけでは見えてこないこの世界の実相もあることを、人類はしだいに学んできました。

たとえば、天体の運行がそうです。占星術といった、一人ひとりの生にあまりにも近すぎる知の体系では見えないことが、惑星や恒星の運動を冷静に観察していると見えてきます。天体観測のデータにもとづいて、コペルニクスの地動説が正しい、と主張したガリレオや、やはり詳細な観測により、惑星の軌道は楕円《だえん》であるなどの法則を打ち立てたケプラー、さらにはそのような天体の運動を、万有引力の法則によって説明したニュートンらの仕事は、世界についての知識を、④私たちの生とはとりあえず切り離す「世界知」を打ち立てることによってこそ成立したのです。

（茂木健一郎《もぎけんいちろう》『「脳」整理法』より）

＊エッセンシャルな＝本質的な。
＊パーソナリティ＝人柄。個性。

問一 難 ――線①とあるが、このことを「学校の勉強」を例にして六十字以内で具体的に説明せよ。

問二 難 ――線②は、「生活知」のどのような性質に着目した表現か、二十字以内で説明せよ。

問三 ――線③とあるが、新生児のこのような「生活知」はどのような経過を経て獲得されるのか、三十字以内で説明せよ。

問四 ――線④とあるが、ガリレオやケプラー、ニュートンは、「世界知」を打ち立てる際に、なぜ「私たちの生」と切り離さなければならなかったのか。「天体の運行の中に法則を見いだすためには」につながるように四十字以内で説明せよ。

（東京・筑波大附属高）

着眼

問一 あとの「親友」と「言葉」の例を参考にしてまとめる。**問二** 「一人称」とは「話し手自身をあらわす代名詞」＝「わたし」のこと。**問三** 新生児がお腹を空かせると泣くのは、どのような経験があるからかを考える。**問四** 「世界知」である法則を見いだすにはどうすればよいのかを、述べてある箇所を探す。

★16 次の文章を読んで、あとの問いに答えよ。（句読点等も字数に数える。）

解答 別冊 P.13

子供の躾《しつけ》は、社会の圧力によって為されるが、感化はそうではない。感化院というのがあるけれども、人を監禁して行《おこ》なうことを感化とは言えまい。感化は受ける者が自由に受け、与える者の意図を超えて与えられる。これが原則である。躾は、そうはいかない。躾には、強制と罰とが伴う。それを喜んで受ける者はいないだろう。そこで、躾の義務を合理的に説明する道徳教育が必要になる。しかし、躾を可能にさせるものは、道徳教育ではない。社会の圧力である。

　躾と感化とのこうした関係は、①反対から見ることもできる。躾は、ある社会なり共同体なりが、任意の基準で強制するけれども、受ける者はそれに反抗したり、無感覚になったりすることが可能である。感化のほうは、そういうわけにはいかない。感化には、どこか不自由になる喜びがあり、この喜びに反抗しようとする者はいないだろう。躾は任意になされ、感化は否応《いやおう》なく起こる。

　躾と感化とは、子供が教育される時の切り離せない二つの側面になる。個々の人間が、自然の群れのなかではなく、社会のなかに産み落とされる限り、教育のこれら二つの側面は、必要なものだと思われる。社会が複雑になるほど、躾は種々の共同体のなかで多様化し、分業化する。私が尊敬してやまないトンカツ屋のおやじは、修業時代には、ずいぶん厳しい躾を受けたに違いない。この躾は、彼が志した職業上の技術の習得と一体になったものであり、習得に欠かせない生活条件だったとも言える。躾を欠いたままの技術教育は、まことに非効率なものである。逆に、[A]は、まことに不安定なものであり、すぐに馬鹿馬鹿しい退廃をみる。

　しかし、この技術教育がほんとうの素質を育て上げるには、感化が要る。模倣への欲求を掻《か》き立てる一人の人物が要るのである。すぐれた料理人を育てる調理場には、必ず模倣の対象となるようなすぐれた料理人がいる。このような人物は、単に技術がすぐれているだけではない。他人の内に模倣への欲求を掻き立てる何かが、その技術を根底から作り出すものになっているのである。彼は意図せずして、他人に感化を与える。②意図してなされる教育は、意図せずして引き起こされる感化なしには、決して実を結ばない。

　もちろん、これは技術教育の現場では至る所にある事例だが、学校教育では極めて少ない事例である。先生たちが悪いのではない。学校で教えられている事柄の本来の曖昧《あいまい》さが、つまらなさが、学校での躾と感化とをほとんど不可能にしているのである。テレビドラマに出てくる先生は、躾抜きにいきなり感化を与えるが、誰にとってもあれが無理なことに見えるのは、そうした感化に不自然を感じるからである。学校には、具体的な躾を必要とする技術教育がなく、尊敬される技術のないところに感化は起こらない。

　尊敬される人格は感化を与えるではないか、と先生たちは言うかもしれない。確かに、③手ぶらの精神が強烈な感化を与えるということはある。しかし、その精神は大変特権的なものであり、そこでは、その人物の生そのものが一個の芸術作品のように演じられている。つまり、それは、イエスやブッダのような人間のことである。私たち常人の人格は、苦心して身に付けた何らかの技術と共にしか、よくはならないのではないか。社会のなかで成り立つ躾も感化も、そこにしかないのではないか。

（前田英樹《まえだひでき》『倫理という力』より）

問一 ——線①の説明として最も適当なものを、次の中から一つ選び、記号で答えよ。

ア 躾や感化の生ずる原因から見るのと反対に結果から見ること。
イ 躾や感化の生ずる結果から見るのと反対に原因から見ること。
ウ 躾や感化を受ける方から見るのと反対に与える方から見ること。
エ 躾や感化を与える方から見るのと反対に受ける方から見ること。
オ 躾や感化が成り立つ強制力から見るのと反対に任意性から見ること。
カ 躾や感化が成り立つ任意性から見るのと反対に強制力から見ること。

問二 [A]には「[Ⅰ]の裏づけがない[Ⅱ]」という表現が入る。[Ⅰ]、[Ⅱ]に入れるべき語をそれぞれ本文中から抜き出して答えよ。

問三 ——線②の説明として最も適当なものを、次の中から一つ選び、記号で答えよ。

ア 意図してなされる行為は常に裏切られてしまうことを忘れてはならない。
イ 成果をあらかじめ計算してなされる行為こそほんとうに責任ある行為だといえる。
ウ 行為は意図的になされるべきだが、成果は意図を超えたところに生ずるものである。
エ どんな成果が生ずるかをあらかじめ考慮することは厳しく戒めなければならない。
オ 成果はつねに意図を超えたところに生ずるということを考慮して行動するべきである。
カ ものごとは十分に努力することが大切で、成果があるかどうかを計算する必要はない。

問四 難 ——線③でいう「手ぶら」とは、どういう状態をたとえたことばか、それを指す十字以内の表現を本文中から、「〜状態」という形につながるように抜き出して答えよ。

（東京・早稲田大高等学院）

着眼

問三 ——線②の具体例が、直前の「すぐれた料理人を育てる調理場」の話であることをふまえて選ぶ。

★★ 17 次の文章を読んで、あとの問いに答えよ。

解答 別冊 P.13

さらには対象の知覚や感覚の前提となる物への運動的なかかわり、たとえば物をもつとかつかむといった身体の一部分の運動（たとえば、コインのつかみかた、鉛筆のもちかた）、さらには坐《すわ》るとか歩くといった全身の運動ともなれば、これは坐るとか歩くという行為のもつ社会的・文化的な意味によって全面的に規定されざるをえず、たとえば坐るとか着るという行為ひとつとっても、大人と子どもで、あるいは男性と女性で、別々の規範が厳密に課せられていることは、わたしたちが日々経験しているところである。

このようにみてくると、感覚のみならず身体をもふくめて、わたしたちの身体的生存は制度的な技法に深く、深く規定されているように思われる。あるいは、感覚は特定の文化や社会における世界の解釈法や意味のネットワークと［A］であるように思われる。感覚と意味がともに「センス」と呼ばれることには、それなりの意味が隠されているのであろう。

文化の〈内〉にいるということの意味から考えることにしよう。

働く、食べる、話す……生活のどの局面をとっても、（物であれ、他人であれ）じぶん以外のものにかかわることなくしては私的な生活すらありえない。じぶんをも含め、それらの総体をいまとりあえず〈世界〉と呼んでおくとすると、じぶんと世界との関係を安定したものにするには、それをいつもある一定のかたちに組織し、編成しておかなければならない。じぶんにとって世界のなにが重要であるか、事物をどのように取り扱い、他の人びとにどのように関係しなければならないかを、解釈し、決定しながら生きていかなければならないわけだ。

さて、こうした世界とのかかわりを、わたしたちはその都度じぶんひとりの手で、一からはじめるわけではない。わたしたちは、世界がいかなるものであるかを、あるいはそのなかでいかに身を処していくべきかを、先行する世代から微細な点にいたるまで指示されてきたわけだし、またその都度わたしたちが直面する現実世界はいつもすでになんらかのかたちで構造化されている。要するに、わたしたちはまずなによりもこの世界（人びとの〈解釈〉によってすでにかたちづくられている世界）に住み込むことから、みずからの生活を開始するわけだ。わたしたちと世界とのあいだには、いつもすでに一定の解釈の網の目が張りめぐらされているのであって、①世界のそうした〈解釈〉（＝形態化）の作業は、あらかじめ設置されている解釈装置――これは言ってみれば、世界をそこに映し出すスクリーン、あるいはそれを通して世界を見る眼鏡のようなものである――にじぶんをならしていくというかたちで営まれる。世界の見方だけではない。手の使いかた、歩きかた、話しかた、礼のしかた、ものの覚えかた、②みなそうである。

ひとはよく、宇宙、あるいは自然という物体的世界こそ、文化の差異を超えて普遍的・客観的に存在するものだと言う。しかし、宇宙や自然もまたそのようなものとして、わたしたちの文化のなかでとらえられてきたものだということを忘れてはならない。その意味でいうと、③文化の差異は、現にある世界の解釈上の差異ではなく、世界そのものの構造の差異だと言える。

（鷲田清一《わしだきよかず》『悲鳴をあげる身体』より）

問一 [A]に入る最も適当なことばを、次の中から一つ選び、記号で答えよ。

ア 不可避　イ 不可能　ウ 不可分
エ 不可欠　オ 不可解

問二 難 ——線①とあるが、これはどういうことを指しているか。七十字以内で説明せよ。（句読点も字数に数える。）

問三 難 ——線②とはどういうことか。それを説明した次の文の[ア]～[オ]に入ることばを、それぞれ指示された字数で本文中から抜き出して答えよ。（句読点は字数に数えない。）

[ア（十三字）]、あるいは[イ（十八字）]を、[ウ（八字）]のもつ[エ（十六字）]に[オ（十字）]というかたちで決めていく、ということ。

問四 難 ——線③とあるが、それはなぜか。最も適当なものを、次の中から一つ選び、記号で答えよ。

ア 物体的世界自体が客観的存在ではなく、文化によりさまざまに意味づけられたものとして存在しており、文化の違いはすでにそこから始まっているから。

イ わたしたちが信じることのできる客観的存在は物体的世界だけであり、わたしたちはそこを寄る辺としてさまざまな文化を生み出していくから。

ウ わたしたちの感覚は、宇宙や自然といった物体的世界によってつかさどられ、その感覚により、わたしたちはとりまく世界を解釈し文化を決定するから。

エ 物体的世界は、生活をとりまく事物を映し出すスクリーンとなって、そこにさまざまに映し出されたものが、わたしたちにとっての文化となっているから。

オ おのおのの文化で物体的世界の解釈は決まっており、すでに構造化したものとしてそれを変えることはできず、そこから文化の差異が生ずるから。

（京都・洛南高）

着眼

問二「解釈の作業」の内容が、具体的に説明されているところをおさえて答える。問四「物体的世界こそ、文化の差異を超えて普遍的、客観的に存在するものだ」とする考え方について、筆者がどのように考えているかを正確につかむ。

★★18

次の文章を読んで、あとの問いに答えよ。（句読点等も字数に数える。）

解答 別冊 P.14

①スポーツは、どんな未来においても、人間にとって、きわめて重要な文化としての地位を得る。そう断言できるのは、スポーツが人間の「身体」に依拠した文化であり、20世紀に入って、人間が「身体」の重要性に気づいたからである。そのことに気づくのに、人間は、洋の東西を問わず、じつに長い時間がかかった。

　現代を除けば、世界史のなかで最も身体文化（身体競技）を発展させ、躍動する身体の美しさを讃《たた》えた古代ギリシア人でさえ、身体よりも精神を重要視した。

　時代がくだると、「永遠不滅の霊魂」を説くキリスト教思想が普及し、西洋中世での「身体」は古代ギリシア時代よりも軽視されるようになる。そして、近世になって「A」（デカルト*）「人間は考える葦《あし》である」（パスカル*）といった理性中心の思想が生まれ、心身二元論で精神と身体を明確に区別し、精神の優越を合理的に主張するようになった。

　そして、デカルトやパスカルの合理主義思想を軸にして幕を開けた西洋近代は、「理性による人間の解放」を唱え、市民革命、産業革命へと突き進んだのだった。

　そこへ登場したのが、ニーチェ*だった。

　ニーチェは、「B」と主張し、身体に対する差別感をくつがえそうとした。それは、神と理性による支配と抑圧に対する反抗であり、「理性による人間の解放」という「近代の夢」の限界と破綻《はたん》を指摘するもので、「身体の解放」すなわち「人間の解放」という思想だった。

　ニーチェの「身体論」が登場したのとちょうど同じ時期に、西洋で（いち早く産業革命を経たイギリスを中心に）スポーツのルールや組織が整えられ、近代スポーツが誕生した。

②それは、けっして偶然とはいえない。③「理性」によって構築されはじめた近代社会が、理想的な新しい社会とはならず、労働者に対する差別、貧富の差、機械化による人間疎外等の抑圧が生じるなかで、ニーチェのような偉大な哲学者が出現し、人間解放の新たな思想が生まれると同時に、一般大衆は、そのような近代社会の矛盾に対する反抗や抵抗、あるいは憂さ晴らしとして、身体を動かす行為——すなわちスポーツに、のめり込んでいった、と考えられる*。

　そして今日、スポーツは世界中のひとびとの共有する文化として、発展しつづけている。

　それは、近代文明に対するアンチ・テーゼ（否定）といえる。人間の文明（近代文明）は、進化すればするほど「人工化」を進ませる。「人工化」とは、人間が脳で考え出したことである。それに対して身体は、人間の最も身近にある最後に残された「自然」といえる。その「自然」との交流がスポーツであり、スポーツとは、人間が人工化を進め、自然を破壊した社会のなかで、自然をとりもどし、自然とふれあう行為といえるのである。

　東洋（古代インド）では西洋以上に身体が軽視された。身体とは煩悩の宿る不浄なものであり、捨て去るべきもの、との考え方が根本にあった。そこで、身体を傷つけるほどの難行・苦行が、精神を浄化させる手段として発達した。が、身体を軽視したことから、目で見えないもの、耳で聞けないものの存在を認めることになり、それを悟るという発想が生まれ、そこから、ヨガ、禅などの身体鍛錬法（身体を通した精神鍛錬法）が誕生した。

　④西洋の伝統的身体観が、精神（人工）による身体（自然）の支配であるのに対して、東洋は、身体（自然）を用いて精神（人間）を磨く、という言い方ができる。

（玉木正之《たまきまさゆき》『スポーツとは何か』より。途中省略あり。）

＊デカルト＝フランスの哲学者。（一五九六～一六五〇年）

＊パスカル＝フランスの哲学者・数学者・物理学者。（一六二三～一六六二年）

＊ニーチェ＝ドイツの哲学者。（一八四四～一九〇〇年）

問一 難 ――線①について、筆者はなぜこのように「断言できる」と言うのか。その理由を、後に続く……線部の意味する内容にふれながら、五十字以上六十字以内でまとめよ。

問二 [A]・[B]に入るのにふさわしい表現（哲学者のことば）を、次から一つずつ選び、それぞれ記号で答えよ。

ア　肉体はひとつの大きな理性である。
イ　自然が作るものにつまらないものや無用なものはない。
ウ　人間は生まれながらにして社会的動物である。
エ　われ思う。ゆえにわれ在《あ》り。

問三 ――線②について、「それは、けっして偶然とはいえない」と言うのはなぜか。その理由として最も適当なものを、次から一つ選び、記号で答えよ。

ア　産業革命によってひとびとの暮らしにゆとりが生まれ、身体を動かす行為を楽しむことができるようになったから。
イ　「理性による人間の解放」という「近代の夢」の限界と破綻《はたん》を乗り越え、「人間の解放」を実現することができたから。
ウ　近代社会になって「人工化」が進んだことによって、スポーツが世界中のひとびとの共有する文化になったから。
エ　近代社会の矛盾に対する反抗や抵抗、あるいは憂さ晴らしとして、身体を動かす行為にのめり込んでいったから。

問四 ――線③と同じ内容の表現を、本文中から十字以上十五字以内で抜き出して答えよ。

問五 難 ――線④では、二つの意味で「精神」という言葉が使われている。「精神（人工）」と「精神（人間）を磨く」の意味する内容を、本文中の語を利用しながら、それぞれ五字以内で言いかえよ。

（神奈川・慶應義塾高）

着眼　問五　西洋と東洋の伝統的身体観が説明されているところを、それぞれ探す。

★★★ 19　次の文章を読んで、あとの問いに答えよ。（句読点等も字数に数える。）　**頻出**　解答　別冊 P.15

今年のノーベル賞は、現在は米国籍の南部陽一郎教授を加えれば、日本から四人の受賞者が生まれ、話題を賑《にぎ》わした。受賞された方々には遅まきながら祝意をお伝えしたい。もっとも、南部教授は、すでに何年もの間、候補者として取りざたされてきて、遅きに［Ａ］した感もある。それに続く物理学賞のお二人も、その業績は、三十年以上前のものである。近年の賞にふさわしい仕事が少ないのか、斬《ざん》新な成果を認めるに当たっての慎重さが行き過ぎているのか、最近の授賞は、かなり古い仕事が対象になることが多いように思う。

もっともアインシュタインは一九二一年のノーベル物理学賞を授与されているが、一般相対性理論の提案後、エディントンによる観測上の確認もあったのに、授賞理由で、相対論に関しては一切触れられていなかった。この故事は、革命的成果を評価することの難しさを示しているともいえる。

ただ、筆者は、この文章の最初に置いた一文を、実のところ辞令以上の意味を持たせてはいない。つまり、ノーベル賞受賞者を国籍で論じたり、その多寡を国単位で比較したりすること自体が、本来、科学の世界としては無意味であり、ノーベル賞の意義からも外れている、と考えているからである。

いやむしろ、そのような取り扱い方は、科学を歪《ゆが》める恐れさえある。そのよい実例を、①最近、隣国で起きた胚《はい》性幹細胞をめぐる不幸な事件にも見ることができるだろう。

賞をめぐるノーベルの「遺言」でも明らかなことだが、賞は純粋に学問の世界の進歩に貢献した個人に与えられる。物理学賞と化学賞や医学生理学賞とは少しニュアンスが異なるにしても、社会（ここでは経済や産業、あるいは軍事などを指す）に貢献したり、ましてや国家に寄与したり、というような顧慮は一切ないはずである。

もちろん、これまでの授賞の歴史を振り返ると、②この原則は医学生理学賞では、外れることも多い。例えば一九四八年に、一つの化学物質を同定したミュラーという化学者が医学生理学賞を受賞しているが、その化学物質がＤＤＴという高い社会的利用価値を備えていたからである。

しかし、純粋の科学研究は、今回の受賞者たちも口をそろえて言われるごとく、好奇心に基づいている。もう少し飾って言えば、自然への畏《い》敬を持ちながら、その隠された真理の一つ一つを解き明かしたい、という熱意を基盤とした個人的な営みである。

ウィーン育ちの化学者、シャルガフは、自然の神秘を前にして、背筋を滑り落ちるようなおののきを一度も体験したことのない人は科学者とはいえない、という意味のことを述べている。ノーベルが賞を設定したときの科学は、まさにそういう性格のものだった。だから賞自体も、そうした科学の性格に見合ったものとして考えられた。

今は、政治家が、科学・技術の国家予算を増やして、ノーベル賞受賞者を量産したい、などという恥を忘れた言葉を吐くようになってしまった。そこには、自然の神秘への畏敬や、その秘密のわずかでもを明かしたいという心情などは、およそ眼中にない。

③国家が科学を支援するとすれば、それは純粋にフィランスロピーの意味を超えるべきではなかろう。フィランスロピーとは、俗に言われるような企業の社会貢献活動ではない。言葉本来の意味は「人間」(アントロポス)を「愛する」(フィル)ということだ。

人間のなかには、自然を愛し、その神秘の一端に触れることだけを生きがいにするような人々もいる。そうした「人間を大切にする」ことが、科学と国家との唯一のかかわりであるはずだ。

そういう意味では、④科学もまた変質してしまったといえるのかもしれない。科学者のなかには、ノーベル賞を「獲《と》る」ことを目的に研究に従事し、戦略を練る人々さえ現れている。前述のシャルガフは「(今の)科学者は、自分たちに値するように科学を変えてしまった」と嘆いた。

⑤幸い、今年の(日本の)受賞者たちが、いずれもそうした種類の科学者ではないことこそ、最も喜ぶべきことだと私は思っている。

(村上陽一郎《むらかみよういちろう》『最も喜ぶべきこと』 二〇〇八・一二・二八 南日本新聞より)

問一 [A] に最も適した漢字を、次の中から一つ選び、記号で答えよ。

ア 逸　イ 誤　ウ 失　エ 損
オ 徹　カ 得

問二 ――線①とあるが、「胚性幹細胞をめぐる不幸な事件」はなぜ起きたと筆者は考えているか。五十字以内で説明せよ。

問三 ――線②とはどういうことか、六十字以内で説明せよ。

問四 ――線③とあるが、筆者は「国家が科学を支援する」ことはどのように行われるべきだと考えているか、説明せよ。

問五 難 ――線④とあるが、科学はどのように変わったのか。百字以内で説明せよ。

問六 難 ――線⑤とあるが、では、「最も喜ぶべきこと」とは言えないこととして筆者が取り上げているのはどういうことか。簡潔に記せ。

(鹿児島・ラ・サール高)

着眼

問五 ノーベルが賞を設定したときの科学と現在の科学との違いをとらえる。問六 筆者が、純粋の科学研究をどのようなものとして述べているかをおさえ、それに反するものを見つける。

第1回 実力テスト

時間 40分　合格点 70点

得点　／100

1 次の文章を読んで、あとの問いに答えよ。（句読点等も字数に数える。）

解答 別冊 P.16

漱石《そうせき》の『坊《ぼ》っちゃん』の主人公は、愛媛《えひめ》県の松山《まつやま》中学の先生であった。私の父は、松山高校で遺伝学を教えていた。

第二次世界大戦がはじまってはいたが、昭和一八、九年頃《ごろ》の松山は、[A]のどかであった。街のあちこちに水の澄んだ小川が流れ、夏には蛍が飛びかった。春にはれんげ畑が見渡すかぎりつづき、冬には麦がいじけた姿で育っていた。石手《いして》寺の鐘が夕刻を告げると、子供たちは、「子取りがくるから帰《か》ーえろ」といって、かまどの煙の匂《にお》いの漂う夕道を家路についた。

四、五歳だった私は、松山高校の官舎に住んでいた。父は夕方[B]家に帰って食事をすませてから、また研究室にでかけ、夜中まで研究をするという生活がつづいていた。[C]、週に一度、「ショウドクカイ」のある日は、父の帰りが遅くなるので、夕食も八時ころになった。遊びつかれて眠いときに、夕食が八時過ぎまでお預けになる日はつらかった。私は、ショウドクカイが何であるかも知らないころから、ショウドクカイと空腹を結びつけていた。ショウドクカイに快い感じをもっていなかった。

ショウドクカイが抄読会であることを知ったのは、私も父とおなじ分野の勉強をするようになってからである。おもに外国の論文を当番制で読んできて、その内容を同僚の前で紹介する会である。このようにすれば、手っ取りばやく外国の論文の内容を知ることができ、手間ひま省けるということから、だれかがはじめたことであろう。

それから五十年あまりたった私の子供の世代になっても、これに類することはさかんにおこなわれている。①セミナー、コロキウム、輪読会などいろいろな名前で呼ばれているが、そのうちのかなりのものが父の時代の抄読会とおなじものである。

私が大学院時代を過ごしたアメリカの大学では、抄読会に類するものはおこなわれたことがなかった。コロキウム、セミナーといえば、自分の研究成果を話し、人々と討論するものであった。[D]、その中に必要に応じて、他の人の研究は引用される。しかし、他の人の研究だけを紹介する会というものはなかった。

私には、②論文を読む営みは、非常に個性的なものに思われる。そこから何を読みとるかという感性の要求される作業である。[E]、*トーマス・マンの『魔の山』をだれかが読んできて、「この小説にはこういうことが書いてありました」と、手《て》短《みじ》かに語ってくれたとして、それにどれほどの意味があるであろうか。このようにして、たくさんの小説のあらすじを聞くより、自分の目で一つの小説をじっくり読むことの方がずっと意味があるのではなかろうか。

　論文についても、まったくおなじことがいえると私は思っている。論文の中の一行、あるいは一語からひらめきが降ってくることもある。他人に読んでもらうということは、そのようなチャンスを放棄していることになる。

　研究は、想像力の要求される仕事である。論理をこつこつとつみかさねていって到達できる結論というものはしれたものである。想像力によって、過去に記憶された情報と情報の意外な結びつきが起こるときに、③論理を越えた大きな発見に導かれることが多い。一見、何の関係もなさそうに見えることがらのあいだに直感的に関連を見いだすには、想像力の助けが必要である。記憶された情報量が少ないときには想像する内容も貧弱になる。

　情報と情報のあいだの意外な結びつきを発見することが創造につながる。創造力というのは、その人のもつ想像力と記憶情報の量によって、鋭く、豊かになり得るものではなかろうか。

　このように考えてくると、豊かな創造力を生むためには、たくさんの情報を頭の中に入れておかなければならないということになる。その際に、重要なのは情報の取り入れ方である。自分の頭の中の座標軸に沿って整理された情報でなければ、いざというときに役立つ情報にはなり得ないと私は思う。

　他人の座標軸によって選ばれた論文の概略を聞いたところで、それがどれほどの意味をもつのかと私はいつも疑問に思っている。とにかく、論文は自分で読むことがたいせつであると私は考える。おなじ論文を読んでも、必要とする情報は、一人ひとりちがうのである。

　さらに、できるだけ広い分野の論文に目を通すことが必要である。自分の研究材料とちがう材料でおこなわれた実験、あるいは、まったくちがった分野の実験の中にひらめきの核は満載されているのである。何が自分のひらめきを触発するかということが他人にわかるはずがないと私には思えるのである。

　自分の実験と一見関係のなさそうに思える論文の中に記されている概念、思考法、そして、一つの文章、一つの単語の中に秘密はかくされている。それを探しあてることこそ、論文を読むおもしろさであり、醍醐味《だいごみ》を感じるところである。

　私は、日本の研究者といっしょに仕事をしてきて、日本人の研究に独創性がないといわれるのも、④このようなことも大きな要素になっているのではないかと感じてきた。独創的な仕事をするためには、論文の読み方も独創的でなければならないのではなかろうか。

（柳澤桂子《やなぎさわけいこ》『安らぎの生命科学』より。本文を改めたところがある。）

＊トーマス・マン＝ドイツの作家。『魔の山』は、代表的な作品。（一八七五～一九五五年）

問一 A ～ E に入れるのに最も適切な言葉を、次の中から選び、それぞれ記号で答えよ。ただし、同じ記号を二度以上使ってはいけない。（各４点）

ア いったん　イ かつて　ウ だから
エ たとえば　オ ところが　カ まだ
キ もちろん

問二 難 ――線①とあるが、日本とアメリカの「セミナー、コロキウム」のあり方の違いを八十字以内で答えよ。（25点）

問三 ――線②とあるが、「個性的」とはこの場合どういうことか。本文中から三十字以内の表現を抜き出して、「こと」に続く形で答えよ。（15点）

問四 ――線③とほぼ同じ意味で使われている言葉を、本文中から五字以内で抜き出して答えよ。（10点）

問五 ――線④の内容として最も適当なものを、次の中から一つ選び、記号で答えよ。（10点）

ア 自分で論文を読み、自身の研究に必要な概念や思考法を探り当てることに、論文を読むおもしろさや醍醐味があること。

イ 自分の実験と一見関係のなさそうに思える論文の中に、論理を越えた大きな発見につながる秘密が隠されていること。

ウ 抄読会などで他人が要約した論文の内容を聞くだけで、自分自身が論文を読む機会が少ないこと。

エ 日本の研究者が、外国の論文を自分で読むことや幅広い分野の論文に目を通すことを苦手としていること。

オ 日本の研究者は多くの論文を読むことは得意であるが、情報と情報の間の結びつきを発見する力は弱いこと。

問六 難 本文の内容に合うものとして最も適当なものを、次の中から二つ選び、記号で答えよ。（各10点）

ア 多くの経験を通して培われた創造力は、論理を越えた大きな発見を可能にする。

イ 一見無関係に思えることがらの間に関連を見いだすためには、創造力が必要である。

ウ 想像力によって情報と情報の間の意外な結びつきを発見することが、創造につながる。

エ たくさんの情報を頭の中に入れておかないと、論理を越えた創造は不可能になる。

オ 豊かな想像を生み出す力は、その人の創造力と、記憶情報の量と質によって決定される。

カ 自分の頭の座標軸に沿ってたくさんの情報を整理しておくことが、豊かな想像につながる。

（東京・お茶の水女子大附属高）

2編

小説文の読解

1　細部を読み取る

★20　次の文章を読んで、あとの問いに答えよ。　解答 別冊 P.17

いわれるままに太郎はつぎの日曜から画塾へやってきた。ぼくは大田夫人に電話して、自動車できたり、女中がつきそったりすることは極力さけるようにたのんだ。また、太郎が絵の具箱やスケッチ・ブックをもってくることにもぼくは反対した。紙や絵の具や筆はすべてほかの子供とおなじ画塾のものを使い、どんな意味でも隔壁が生まれることをぼくは警戒したのだ。太郎は*アトリエにやってくると膝《ひざ》を正して床にすわり、ぼくがいうまで姿勢をくずそうとしなかった。①ぼくは子供に画《え》の技術を教えない。どう描《か》いたらよいのかと聞きにこられると、ぼくはさりげなくほかの話をして子供がつよいイメージを得るまで画から遠ざける。フォルムや均衡や遠近法の意識はぼくが手をとって教えなくても彼らのなかにちゃんと埋もれているのだ。ぼくはそれを蔽《おお》う破片の山をとりのけ、彼らに力をわかせる助けをするだけだ。彼らが自分で解決策を発見するまでぼくは詩人になったり、童話作家になったりして彼らの日常生活のなかを歩きまわり、ときどき暗示を投げるのである。(中略)いつもおなじ手口で成功するとはかぎらないが、彼らひとりひとりの生活と性癖をのみこんでいさえしたら、きっと突破口は発見されるのだ。すくなくともぼくはそう考えたい。

ところが、太郎は何日たっても画を描こうとしなかった。自分のイメージに追われて叫んだり、笑ったりしている仲間の*喧騒《けんそう》をよそに彼はひとりぽつんとアトリエの床にすわり、ものうげなまなざしであたりを眺めるばかりだった。いつみにいっても彼の紙は白く、絵の具皿は乾き、筆もはじめにおかれた場所にきちんとそろえられたままだった。泥遊びの快感で硬直がほぐれることもあるので、ためしにフィンガー・ペイントの瓶をさしだしてみると、

「服が汚れるとママに叱《しか》られるよ」

彼はそういって細い眉《まゆ》をしかめ、どうしても指を瓶につっこもうとしなかった。きちんと時間どおりにやってきて一時間ほどしんぼうづよく坐《すわ》っては帰ってゆく彼の小さな後ろ姿をみると、ぼくは大田夫人の調教ぶりに感嘆せずにはおれなかった。

まるで画を描こうとしない子供のこわばりをぼくはいままでに何度かときほぐしたことがある。ぼくはある少年を仲間といっしょに公園につれていった。この子は幼稚園でぬり画ばかりやっていたので、太郎とおなじように自分で描くことを知らない、憂鬱《ゆううつ》なチューリップ派だった。ぼく

は地面にビニール布をひろげ、あらかじめ絵の具や紙や筆を用意してから、彼といっしょにブランコにのった。はじめのうち、彼はすくんでおびえていたが、何度ものったりおりたりしているうちに興奮しはじめ、ついに振動の絶頂で口走ったのだ。

「お父ちゃん、空がおちてくる」

②彼を救ったものはその叫びだった。一時間ほど遊んでから彼は画を描いた。肉体の記憶が古びないうちに描かれた画は鋳型《いがた》を破壊してはげしいうごきにみちていた。

（開高健《かいこうたけし》『裸の王様』より。本文を改めたところがある。）

＊アトリエ＝画家などが仕事をする部屋。
＊喧騒＝うるさいこと。さわがしいこと。

問一 ――線①とあるが、その理由を説明したものとして最も適当なものを、次の中から一つ選び、記号で答えよ。

ア 画を描く技術をどの程度学んでいるのかという違いからくる不公平感を、子供たちが覚えてしまうことを心配しているから。

イ 強いイメージを得られるかどうかが作品の輝きに関わってくるので、画の技術から遠ざけることでその大切さを伝えようとしているから。

ウ 自分が描きたいと思う欲求を子供自身に起こさせることが重要であって、技術を知ることで発想が制限されてしまうことを避けたいから。

エ 子供がよりすばらしい画を描くためには、画の技術を知ることよりも詩人としての視点で世界を見ることのほうが大切であると考えているから。

オ 子供たちは初めから、遠近法などの画を描く技術を内に秘めており、自由にのびのびと描かせることで段階的に表に現れてくると考えているから。

問二 ――線②とあるが、これはどういうことか。その説明として最も適当なものを、次の中から一つ選び、記号で答えよ。

ア 乗りたくなかったブランコから、叫ぶことでおろしてもらえたということ。

イ 興奮した叫びによって、父親に対するわだかまりが吐き出されたということ。

ウ 叫ぶことによって恐怖感が消え去り、スリルを楽しめるようになったということ。

エ 肉体的な感覚からもたらされた叫びによって、閉じていた心が開かれたということ。

オ 新たに得られた感覚を早く画にしたいという衝動が叫びとなって現れたということ。

（東京学芸大附属高）

着眼

問一 「ぼくはさりげなくほかの話をして子供がつよいイメージを得るまで画から遠ざける」や「彼らが自分で解決策を発見するまでぼくは…暗示を投げる」などの記述から、画の技術は手段であることをおさえる。

★21 次の文章を読んで、あとの問いに答えよ。（句読点等も字数に数える。）

解答 別冊 P.17

帰る道で、岩井まさが日野敏男《としお》に、

「日野くん、あなたどっちが先だったと思っているの。ほんとうのこといってよ」

　そう聞かれた日野は、

「わからないね。ぱっとふたりの手が、ぼくの目の前でいっしょになったのを見ただけだ」

「それは逃げ口上っていうものよ。わたしのほうが早かったことを知っていながら、①日野くんらしくない、ひきょうないい方だわ。勝負は勝負、ひいきはひいきよ」

「ひいきって、なんのことだ」

　日野敏男は、自転車を止めて、岩井まさの顔を見ていった。

「あなたが、澄田さんをひいきしている気持ちが、そのままあらわれているのよ。味方を勝たせたいという気持ちより、好きな人を負かしたくないからでしょう。わかっているわ」

　そのときは、そのままですんだが、岩井まさのいったことばは、あとまでも残った。

〝好きな人を負かしたくない気持ち〟ということが、日野にはよくわからなかった。わからないままに、そのことばは彼の心に沈んだ。澄田千穂に学友として好感を持っているが、それ以上のものはない。だが、もし、だれかに、岩井まさと澄田千穂とどちらが好きかと聞かれたならば、澄田千穂のほうが好きだと、自分は答えるにちがいない。②好ききらいはその人の主観である。

　日野の心の中から、カルタ会のことはまもなく消えた。

　澄田千穂は、カルタ会のことにこだわっていた。天智《てんじ》天皇の札には、たしかに自分のほうが、岩井まさよりも先にふれたのだと思っている。それなのに、日野敏男が、同時だといったのは、岩井まさのほうに肩をもっているのではないかと考える。日野には重大な借財が残っている。修学旅行と蓼科《たてしな》山遭難のときのお礼がいってない。それを日野がおこっているのかもしれない。おこっていないとしても、千穂を礼儀知らずと見さげている気持ちが、カルタ会の結果となってあらわれたのだ。

　千穂は重い心を抱いた。机に向かっても、このことが気になった。なんでもないこの一事が、彼女の心の中に多くの場所を占領した。

　正月休みが終わって、学校へ出てまもなく、高校入試模擬試験があった。三月の受験をま近にひかえての試験であるから、生徒たちは、ひどく緊張した顔で答案を書いた。

　成績が発表された。一番はあいかわらず日野敏男、二番は荒木雪子である。廊下にはり出された三十名の名まえの中に、小牧義春、岩井まさ、望月《もちづき》さか江の名まえはあったが、宮崎厚と澄田千穂の名まえがなかった。

「試験のころ、流感にかかっていたんだね。心配することはないよ、今までずっと成績がいいんだから……」

寺島先生は、青い顔をして職員室へはいってきた澄田千穂にいった。職員室は、午後の日がさしこんで明るい。

「かぜをひいてはいませんでした」

千穂は低い声でいった。

「ほう、すると……」

なにかいいかけようとする先生をさえぎって、

「勉強もしました。負けまいと思っていっしょうけんめい勉強したんです。でも……」

「③そういうことだってあるさ。気にかけることはあるまい」

「でも、先生。わたしには気になることがあるのです……」

（新田《にった》次郎《じろう》『風の中の瞳』より）

問一 ——線①とあるが、普段の日野敏男はどのような人物だと考えられるか。最も適当なものを、次の中から一つ選び、記号で答えよ。

ア ものごとを論理的に考えられる人物。
イ 試験の点数だけを気にしている人物。
ウ 何事に対しても公明正大である人物。
エ どんなことも恐れない勇気ある人物。
オ 勝負事に関心を示そうとしない人物。

問二 難 ——線②とは、どういうことか。最も適当なものを、次の中から一つ選び、記号で答えよ。

ア 好きとか嫌いとかいう言葉の意味は人によってとらえ方が違うものであり、好きという言葉が直ちに恋愛の対象に対する感情を表現するとは限らないということ。
イ 岩井まさも澄田千穂も好きと言えば好きだが、澄田千穂の方がより好きだというだけであって、それによってひいきだとかひきょうだとか言うのはおかしいということ。
ウ だれを好きか嫌いかということは個人によって異なるものだから、だれのことを好きになっても岩井まさにひきょうだと非難される理由はどこにもないということ。
エ 澄田千穂のことが好きだというのは自分だけの思いであり、客観的に見れば修学旅行と蓼科山遭難のときのお礼を言わない澄田千穂は好かれるような対象ではないということ。
オ 本人の好みの問題には他人が口をはさむ余地などないのだから、澄田千穂をひいきしたとしてもそれは当然のことで、岩井まさがひきょうだなどとなじるのは筋違いだということ。

問三 ——線③の指す内容を、二十五字以内で答えよ。

（京都・洛南高）

着眼 問三 直前の澄田千穂の言葉がどのような場面で言われたものかをおさえる。

★★ 22 次の文章は、「僕」が、息子と近所の美紗《みさ》ちゃんと散歩の途中、迷い猫の貼り紙を見つけた場面である。読んであとの問いに答えよ。（句読点等も字数に数える。）

解答 別冊 P.18

「来て一週間ぐらいでこれ見てればな」

またあった貼り紙を指して僕が言うと、

「もうおんなじ」

と美紗ちゃんは言った。①いまさらそんな仮定法なんかで考えられないという調子だった。息子もいつものマンホールの蓋《ふた》のマークを踏むのをしないで、とぼとぼと歩いていた。

道からゴルフ練習場の中がよく見えた。練習場というよりもコースのように広くて芝が生えていて、こんなことがなかったらきっと三人でフェンスのすぐそばまで寄っていって、しばらく中の様子を眺めて楽しかっただろうと思った。

ゴルフ練習場の角を曲がり鎌倉プリンスホテルの前あたりになると、「迷い猫」の貼り紙はなくなった。

海に降りて、波打ち際《ぎわ》をいつもと反対向きに歩いていると、そんな貼り紙なんかなかったような気にもなりかけたけれど、貼り紙は確かに存在していた。

僕たちは三人ともほとんど口をきかずに波打ち際を歩いた。おじさんがいつものようにトンビに餌《えさ》をやっていたけれど、僕たちはそのまま波打ち際を歩き、息子もそっちに行こうとはしなかった。そして、波打ち際を離れ砂浜から上がって帰りの道を歩きはじめたとき、息子がしくしく泣き出した。

しくしく泣き出した息子はそのまま声をたてて泣きはじめ、何て話しかけたらいいのかわからないまま、僕は息子の頭を茶々丸《ちゃちゃまる》にするのと同じようにこねるように撫《な》でて、前がかえに抱いた。

そうして道を歩いていると、今度は美紗ちゃんが泣きはじめた。

「猫ってさあ」

美紗ちゃんは息子の涙と鼻水を拭《ふ》いたハンカチで自分の涙と鼻水を拭きながら言った。

「あたしたちからは、親も兄弟もわからなくて——。そのとき飼ってくれてる人だけが頼りで——。そう考えたらかわいそうが止まらなくなってきちゃった」

「うん、——」

②前の飼い主は茶々丸のことが心配で心配でしょうがないのだろうけれど、それは茶々丸自身の問題ではなくて人間の側の問題で、茶々丸自身は前の飼い主のことなんかケロッと忘れていまの生活を楽しんでいる。

『サッちゃん』という童謡の三番の歌詞の、「遠くへ行っちゃうってほんとかな／だけどちっちゃいからぼくのことわすれてしまうだろ／さびしいな、サッちゃん」というところはかなしいけれど、これを聞いたときに感じる③「かなしさ」の中心が誰かといったら、サッちゃんのことを忘れないで「さびしい」と思っている「ぼく」ではなくて、そういうことを忘れてしまうサッちゃんの方のはずで、美紗ちゃんが茶々丸というよりも猫全体に感じた「かわいそう」はそれと同じ感情なのだと思った。

（保坂和志《ほさかかずし》『もうひとつの季節』より）

問一 ——線①とあるが、ここでいう「仮定法」を「もし〜たら、〜だろう。」の形で述べるとすると、どのような内容になるか。もし〜たら、の部分をA、〜だろう。の部分をBとし、Aには「もし」「たら、」、Bには「だろう。」を含めて、それぞれ三十字以上四十字以内で書け。

問二 難 ——線②とあるが、「僕」が「茶々丸自身の問題ではなくて人間の側の問題で」というのはどうしてか。最も適当なものを、次の中から一つ選び、記号で答えよ。

ア 茶々丸はいまの生活を楽しんでいるが、そのことを前の飼い主が知っていたら余計な心配などしなかったはずだから。

イ 茶々丸を心配する前の飼い主の気持ちに偽りはなくても、茶々丸はそうした心情とは関係なく存在しているのだから。

ウ 前の飼い主は茶々丸を心配しているのではなく、さびしくなってしまった自分の生活を悲しく思っているだけだから。

エ 前の飼い主が茶々丸を心配するのは理解できるが、茶々丸にすれば前の生活よりもいまの生活の方が楽しいのだから。

問三 難 ——線③とはどういうことか。最も適当なものを、次の中から一つ選び、記号で答えよ。

ア サッちゃんのことを忘れないでいる「ぼく」に比べ、遠くへ行って「ぼく」のことを忘れてしまうサッちゃんは、大切な子供時代の思い出が残せず、大人になった時にかなしく思うはずだということ。

イ サッちゃんが、「ぼく」を忘れて遠くへ行ってしまうことがかなしいのではなく、「ぼく」のことや今までのことのすべてを思い出すことすらないだろう、というところにかなしさがあるということ。

ウ サッちゃんのことを忘れないという「ぼく」の思いが通じないのはさびしいけれど、それは遠くへ行くということを理解していないサッちゃんの幼さのゆえなので、かなしく思うしかないということ。

エ サッちゃんが遠くへ行ってしまって「ぼく」のことを忘れてしまうのはさびしいけれど、知らない町へ行って心細い思いをするサッちゃんのほうが、「ぼく」よりももっとかなしいだろうということ。

（東京・都立青山高）

着眼 問二 「茶々丸」と「人間の側」＝「前の飼い主」それぞれの様子を対照させる。問三 「かなしさ」の対象を正確につかむ。

★★ 23

次の文章を読んで、あとの問いに答えよ。（句読点等も字数に数える。）　**解答** 別冊 *P.18*

その日から私は病院に行く前に、書店めぐりをして歩いた。繁華街や、隣町や、電車を乗り継いで都心にまで出向いた。いろんな本屋があった。雑然とした本屋、歴史小説の多い本屋、店員の親切な本屋、人のまったく入っていない本屋。しかしそのどこにも、おばあちゃんのさがす本はなかった。

手ぶらで病院にいくと、おばあちゃんはきまって落胆した顔をする。何か意地悪をしているような気待ちになってくる。

「あんたがその本を見つけてくれなけりゃ、死ぬに死ねないよ。」

あるときおばあちゃんはそんなことを言った。

「死ぬなんて、そんなこと言わないでよ、縁起でもない。」言いながら、はっとした。私がもしこの本を見つけださなければ、おばあちゃんは本当にもう少し生きるのではないか。ということは、見つからないほうがいいのではないか。

「もしあんたが見つけだすより先にあたしが死んだら、化けて出てやるからね。」

私の考えを読んだように、おばあちゃんは真顔で言った。

「だって本当にないんだよ。新宿にまでいったんだよ。いったいいつの本なのよ。」

本が見つかることと、このまま見つけられないことと、どっちがいいんだろう。①そう思いながら私は口を尖《とが》らせた。

「最近の本屋ってのは本当に困ったもんだよね。少し古くなるといい本だろうがなんだろうがすぐひっこめちまうんだから。」

おばあちゃんがそこまで言いかけたとき、母親が病室に入ってきた。おばあちゃんは口をつぐむ。母はポインセチアの鉢を抱えていた。手にしていたそれを、テレビの上に飾り、おばあちゃんに笑いかける。母は*あの日から泣いていない。

「もうすぐクリスマスだから、気分だけでもと思って。」

母はおばあちゃんをのぞきこんで言う。

「あんた、知らないのかい、病人に鉢なんか持ってくるもんじゃないんだよ。鉢に根付くように、病人がベッドに寝付いちまう、だから縁起が悪いんだ。まったく、いい年してなんにも知らないんだから。」

②母はうつむいてちらりと私を見た。

「クリスマスっぽくていいじゃん。クリスマスが終わったら私が持って帰るよ。」

母をかばうように私は言った。おばあちゃんの乱暴なもの言いに私は慣れているのに、もっと長く娘をやっている母はなぜか慣れていないのだ。

案の定、その日の帰り、タクシーの中で母は泣いた。またもや私は、ひ、と思う。

「あの人は昔からそうなのよ。私のやることなすことすべてにけちをつける。よかれと思ってやっていることがいつも気にくわないの。私、何をしたってあの人にお礼を言われたことなんかないの。」

タクシーのなかで泣く母は、クラスメイトの女の子みたいだった。

③母の泣き声を聞いていると、心がスポンジ状になって濁った水を吸い上げていくような気分になる。

（角田光代《かくたみつよ》『さがしもの』より）

＊あの日＝おばあちゃんが重い病気であることを初めて母が私に話した日。

問一 ――線①とあるが、この表現から「私」のどのような様子が読み取れるか。最も適当なものを、次の中から一つ選び、記号で答えよ。

ア おばあちゃんの命と本を見つけることを結びつけて、とまどっている気持ちを気づかれまいとしている様子。

イ おばあちゃんの願いを本気でかなえたいと思っているが、本を見つけることはできないと訴えようとしている様子。

ウ おばあちゃんが生きているうちに本を見つけようと努力しているのに、自分が責められて不満を感じている様子。

エ おばあちゃんに長生きしてもらうために、本を見つけられなかったとうそをつき続ける決心をしている様子。

問二 ――線②とあるが、このとき「母」と「私」はお互いに心の中でどのような会話を交わしたと考えられるか、二人の立場になって、それぞれ五十字以内で書け。

問三 難 ――線③とあるが、「心がスポンジ状になって濁った水を吸い上げていくような気分」について説明したものとして最も適当なものを、次の中から一つ選び、記号で答えよ。

ア おばあちゃんを思う優しい母の気持ちに胸がいっぱいになり、涙があふれそうになってきている。

イ おばあちゃんに理解されない母のつらい気持ちが、とめどなく私のなかに入り込んできている。

ウ 悲しみにじっと耐える母と同じように、私もどんなことでも受け止められる気がしてきている。

エ おばあちゃんの言葉に傷ついて、友だちのように再び涙を流す母にうんざりしてきている。

（東京・都立日比谷高）

着眼

問一 「そう」の指示内容をおさえる。 問三 「濁った水」が何をたとえたものかをつかむ。

★★★ 24

次の文章を読んで、あとの問いに答えよ。（句読点等も字数に数える。）　∧頻出　解答 別冊 P.19

右足が不自由な元助《げんすけ》は、母とともに村の庄屋の屋敷に引き取られて働いていた。この村には代々、土手の上から筑《ち》後川《くごがわ》に桶《おけ》を投げ入れて水を汲《く》み上げ、村の田畑の方に流し込む打桶《うちおけ》という仕事があり、十松爺《じゅうまつ》さんと伊八《いはち》の二人が担当していた。しかし、十松爺さんは死んでしまい、その初七日が過ぎた頃、伊八は元助を呼び、打桶をさせてみた。

「その打桶を担いで、わしのあとについて来い」

土手の上に立つまで、自分が十松爺さんの後釜《あとがま》になるなど思わなかったのだが、打桶を引き上げる腰つきを見て伊八が納得したように顎《あご》を引いた。

「二日前、旦那《だんな》様から元助はどうかと言われたばってん、わしは考えさせて下さいと答えとった。お前は右の足が不自由じゃろ。速くは走れんし、重か荷物は運べん。無理に違いなかと思っとったが、こうも考えた。お前に十松爺さんの後継ぎが務まるとなると、もうお前の右足を誰も笑わん。お前は*こまいときから、悪がきたちから歩きぶりを真似されて、ようからかわれよったろ。さすがに今じゃ、面と向かって誰も笑わんが、後ろでは指さしているもんもおる。それじゃけん、あしたからわしの相棒になれ。旦那様にも、見込みがありますと*申し上げとこ。お前のおっかさんも喜ぶに決まっとる」

元助には断るすべもなかった。伊八は主屋の飯炊き場にいる母親のいとにも、その旨《むね》を告げたようだ。①いとは納屋まで出向いて来て、元助に笑顔を見せた。

「伊八さんの言うことにゃ一理ある。お前があの十松しゃんの跡ば継いで打桶ができるようになると、人の見る目が変わる。旦那様もそこば見越しての*こつじゃろ。断った日にゃ、一生物笑いになると覚悟せにゃならん。やってみなっせ。お父っつぁんは、足腰が強かった。お前もその血は継いどるはず。右足が*不自由かこつは忘れて、やってみなっせ」

母親のひと言で元助の気持《きもち》はかたまった。

翌日の日の出前から伊八について土手に行き、まず桶を投げ下ろすところからしごかれた。水面が遥か下に見えた。ほどよく投げたつもりでも土手の根に当たり、やり直しが続いた。

うまく水面に落ちても、桶が舟のように浮かんでいては水がはいらない。やり直した。桶が沈み、伊八と二人で引き上げるとき、力のない元助が腰くだけになるたび、桶が傾いて、中の水がこぼれた。

夕焼けを背に、伊八と十松爺さんが軽々と水を汲み上げていたのは、何十年にもわたる修練のたまものだったのだ。

半ときもすると、膝《ひざ》が笑い、手に血豆ができた。

「元助、はよう覚えてもらわんと、麦の苗が乾いてしまう。大根も太らん。青菜も枯れる」

②伊八はわざと田畑の方を眺めやった。水口から延びた

溝は、村の方角に向かい、先は立ち消えになっていた。何のことはない。溝の水が行き届く地所だけ、作物らしい青々さがあり、あとは雑草の生えるがままになっていた。

その日は日の暮れるまで土手の上に立って打桶をした。夜、血豆の破れた手も疼《うず》き、腕も脚も腰も動くたびに軋《きし》んだ。

翌日も伊八に起こされ、かじかむ両手に息を吹きかけながら川に向かった。筑後川が恨めしかった。川を恨むなど初めてだったので、元助は自分という人間が変わってきているのではないかと思い、恐くなった。それまでの筑後川は泳いだり、潜ったりする場所で、恨みをいだくような所ではなかった。

それどころか、③川は元助の口惜しさを包み隠してくれる場所だった。道を歩いても、走っても、立っていても、同輩の子供たちからは笑われた。右足をひきずって歩くのが、ガマ蛙のようだと言われ、立つと五位鷺《ごいさぎ》が田の縁に立っているようだとはやされた。

元助は自分の姿を見たことはなかったが、ガマ蛙が地面を這《は》う恰好《かっこう》を眺め、自分もこんなふうに腰を動かし、いざるように進むのだと目の底に焼きつけた。畦《あぜ》に立っている灰色の五位鷺に至っては、片足を引っ込めて一本足で立っていた。そう言えば自分も遠くを見つめるとき、左足一本で立っていたのだ。

しかしそれもいったん川の中にはいってしまえば、他の子供たちと同じになった。陸では動きが不自由だった分、泳ぎは他の子供より早く覚えた。川上に向かって泳ぐのも、立ち泳ぎするのも、潜って川底の石を取ってくるのも、年上の子供たちにひけをとらなかった。川の中に浸っている限り、元助を笑う者はひとりとしていなかったのだ。

それだけに、日が暮れて泳ぎをやめ、川から上がるときは寂しい気持になった。他の子供たちが意気揚々と跳びはねるようにふざけあって歩く後ろを、元助だけは少し離れて足をひきずりながらついて行った。

（帚木《ははきぎ》蓬生《ほうせい》『水神』より）

＊こまい＝小さい。
＊申し上げとこ＝申し上げておこう。
＊こつ＝こと。　＊不自由かこつ＝不自由なこと。

問一　——線①とあるが、この時の「いと」の気持ちを「…気持ち。」に続くように四十字以内でわかりやすく説明せよ。

問二　——線②とあるが、なぜか。その理由を説明した次の文の（　）を二十字以内で埋めよ。

元助に（　　　）をわからせたかったから。

問三　——線③とあるが、なぜか。その理由を「…から。」に続くように具体的に三十字以内で説明せよ。

（福岡・久留米大附設高）

着眼

問三　元助の感じている口惜しさの内容と、それが川の中ではどう変化するのかをとらえる。

2 場面・心情をとらえる

★**25** 「ポチ」という犬を飼うはめになった犬が嫌いな小説家の「私」は、「ポチ」がひどい皮膚病にかかるに及んで、「ポチ」を薬で殺す決意をする。妻と相談のうえ、「私」は「ポチ」を連れ出すが、途中、赤毛の犬が「ポチ」に襲いかかる。この文章を読んで、あとの問いに答えよ。

解答　別冊 P.20

「やれ！」私は大声で命令した。「赤毛は卑怯《ひきょう》だ！　思う存分やれ！」

ゆるしが出たのでポチは、ぶるんと一つ大きく胴震いして、弾丸のごとく赤犬のふところに飛び込んだ。たちまちけんけんごうごう、二匹は一つの手毬《てまり》みたいになって、格闘した。赤毛は、ポチの倍ほども大きい図体《ずうたい》をしていたが、だめであった。ほどなく、きゃんきゃん悲鳴をあげて敗退した。おまけにポチの皮膚病までうつされたかもわからない。ばかなやつだ。

喧嘩《けんか》が終わって、私は、[A]。文字どおり手に汗して眺めていたのである。一時は、二匹の犬の格闘に巻きこまれて、私も共に死ぬるような気さえしていた。おれは噛《か》み殺されたっていいんだ。ポチよ、思う存分、喧嘩をしろ！と異様に力んでいたのであった。ポチは、逃げて行く赤毛を少し追いかけ、立ち止まって、私の顔色をちらと伺い、急にしょげて、首を垂れすごすご私のほうへ引き返して来た。

「よし！　強いぞ」ほめてやって私は歩き出し、橋をかたかた渡って、ここはもう*練兵場《れんぺいじょう》である。

むかしポチは、この練兵場へ捨てられた。だからいま、また、この練兵場へ帰って来たのだ。おまえのふるさとで死ぬがよい。

私は立ちどまり、ぽとりと牛肉の大片を私の足もとへ落として、

「ポチ、食え」私はポチを見たくなかった。ぼんやりそこに立ったまま、「ポチ、食え」

足もとで、ぺちゃぺちゃ食べている音がする。一分たたぬうちに死ぬはずだ。

私は猫背になって、のろのろ歩いた。霧が深い。ほんのちかくの山が、ぼんやり黒く見えるだけだ。南アルプス連峰も、富士山も、何も見えない。朝露で、下駄《げた》がびしょぬれである。①私は一そうひどい猫背になって、のろのろ帰途についた。橋を渡り、中学校のまえまで来て、振り向くとポチが、ちゃんといた。面目なげに、首をたれ、私の視線をそっとそらした。私も、もう大人である。いたずらな感傷は無かった。すぐ事態を察知した。薬品が効かなかったのだ。うなづいて、②もうすでに私は、白紙還元である。

家へ帰って、

「だめだよ。薬が効かないのだ。ゆるしてやろうよ。あいつには、罪がなかったんだぜ。芸術家は、もともと弱い者の味方だったはずなんだ」私は、途中で考えて来たことをそのまま言ってみた。「弱者の友なんだ。芸術家にとって、これが出発で、また最高の目的なんだ。こんな単純なこと、僕は忘れていた。僕だけじゃない、みんなが忘れているんだ。僕はポチを東京に連れて行こうと思うよ。友達がもしポチの恰好《かっこう》を笑ったら、ぶん殴ってやる。卵あるかい？」

「ええ」③家内は、浮かぬ顔をしていた。

「ポチにやれ。二つ在るなら、二つやれ。おまえも我慢しろ。皮膚病なんてのは、すぐなおるよ」

「ええ」④家内は、やはり浮かぬ顔をしていた。

（太宰治《だざいおさむ》『畜犬談』より）

＊練兵場＝軍隊の教練・演習などを行う広大な野原。

問一 [A] に入る語句として最も適当なものを、次の中から一つ選び、記号で答えよ。

ア ほっとした　イ うんざりした
ウ がっかりした　エ たまらない気がした

問二 ——線①とあるが、この時の「私」の気持ちを説明せよ。

問三 難 ——線②の「白紙還元」とは、「私」のどのような気持ちをたとえたものか説明せよ。

問四 ——線③と——線④で、「家内」が「浮かぬ顔」をしていた理由の説明として適当でないものを、次の中から一つ選び、記号で答えよ。

ア 「(芸術家は)弱者の友なんだ」ということと、「私」が「ポチ」をそのまま連れて帰ったこととの結びつきが、ピンとこなかったから。

イ 「ポチ」には薬が効かなかったという「私」の説明を聞いて、そういうことであるなら仕方がないとあきらめる気持ちになったから。

ウ 「私」と「ポチ」が出かけてからそのまま帰ってくるまでの、わずかな間に起こった状況の変化そのものが、よく飲み込めなかったから。

エ ポチの恰好を笑う者は「ぶん殴ってやる」とまで言い出した「私」の勢いにおされて、自分の考えを思うように言い出せなかったから。

（愛媛・愛光高・改）

着眼

問一 喧嘩の前後の「私」の発言から、「私」が喧嘩の結果をどう受けとめたかをつかむ。問二 「猫背」「のろのろ」という言葉から、「私」の気持ちを理解する。問三 「白紙還元」とは、「それまでの経緯をなかったものとして、もとの状態に返す。白紙にもどす」の意。

★★ 26　次の文章を読んで、あとの問いに答えよ。（句読点等も字数に数える。）

解答　別冊 P.20

十月十一日も終日病状が思わしくなかったので、泊り込むことにした。

「①あなたが仕切りはじめると、急にいろいろなことが動きはじめるのね」

と、家内は満足そうにいったが、私は何を「仕切」っていたわけでもなく、背の低い簡易ベッドに横になりながら、しびれていないほうの家内の左手を握りしめているに過ぎなかった。

それに加えて、九日に泊ったときには家内のそばにいる安心感でしばらくぐっすりと眠れたのに、十一日は終夜眠りが浅く、看護婦の動きがAしきりと気になった。

「こんなに何もせずにいるなんて、結婚してからはじめてでしょう」

と、家内がふと微笑を浮かべていった。

「たまにはこういうのもいいさ。世間でも充電とか何とかいうじゃないか」

と、B月並みなことを口にしながら、私はそのとき突然あることに気が付いた。

入院する前、家にいるときとは違って、このとき家内と私のあいだに流れているのは、日常的な時間ではなかった。②それはいわば、生と死の時間とでもいうべきものであった。

日常的な時間のほうは、窓の外の遠くに見える首都高速道路を走る車の流れと一緒に流れている。しかし、生と死の時間のほうは、こうして家内のそばにいる限りは、果して流れているのかどうかもよくわからない。それはあるいは、なみなみと湛《たた》えられて停滞しているのかも知れない。だが、家内と一緒にこの流れているのか停《とま》っているのか定かではない時間のなかにいることが、何と甘美な経験であることか。

この時間は、余儀ない用事で病室を離れたりすると、たちまち砂時計の砂のように崩れはじめる。けれども、家内の病床の脇に帰り着いて、しびれていないほうの左手を握りしめると、再び山奥の湖のような静けさを取り戻して、二人のあいだをひたひたと満《みた》してくれる。

私どもはこうしているあいだに、一度も癌《がん》の話もしなければ、死を話題にすることもなかった。家政の整理についても、それに付随する法律的な問題についても、何一つ相談しなかった。私たちは、ただ一緒にいた。一緒にいることが、何よりも大切なのであった。

何故なら、私たちの別れは遠くないからである。そのときまでは、できるだけ一緒にいたい。専門医の予測した長くて半年という期限は、既に二ヶ月も過ぎていた。こうしてまだ一緒にいられるのが、ほとんど奇蹟《きせき》のように感じられた。

私は、自分が特に宗教的な人間だと思ったことがない。

だが、もし死が万人に意識の終焉《しゅうえん》をもたらすものだとすれば、その瞬間までは家内を孤独にしたくない。私という者だけはそばにいて、どんなときでも一人ぼっちではないと信じていてもらいたい。そのあとの世界のことについては、どうして軽々に察知することができよう?

まだこれほど衰弱してはいなかった頃、小鳥のような顔をした若い看護婦が来て、

「江藤さんは、毎日御主人がいらしていいですね。ほんとにラブラブなのね」

と、感心してみせたことがあったらしい。

「……今だからそう見えるだけで、若いうちは毎日喧嘩《けんか》ばかりしてたのよって、いってやったけれどね。あの子ヘマばかりして、落ち込んでは話に来ていたの」

と、家内は、血圧を測りに来て病室を出て行ったその若い看護婦の後姿を、眼で追いながらいった。しかし、その視力が、既にひどく衰えていることを私は知っていた。

（江藤淳《えとうじゅん》『妻と私』より）

問一　══線A・Bの、本文中での意味として最も適当なものを、次の中から選び、それぞれ記号で答えよ。

A　しきりと
ア　思いのほか　イ　とっさに　ウ　意外と
エ　やたらと　オ　奇妙に

B　月並みなこと
ア　くだらないこと　イ　気を利かせたこと
ウ　ありふれたこと　エ　決まりきったこと
オ　機転を利かせたこと

問二　――線①とあるが、この時の家内の気持ちを説明したものとして最も適当なものを、次の中から選び、記号で答えよ。
ア　余命のわずかな自分を看病してくれる夫に、感謝するとともに心苦しさを感じている。
イ　わざわざ泊まり込みまでして夫が自分の傍にいてくれることに、安らぎを感じている。
ウ　病気に苦しむ自分を親身になって世話してくれる夫に対し、後ろめたさを感じている。
エ　何をするわけでもないがしっかりと手を握ってくれる夫に、ひたむきさを感じている。
オ　雑然とした身の回りを夫が片付けてくれることに、ありがたさと嬉しさを感じている。

問三　難　――線②と思った時の「私」は、「生と死の時間」をどういう時間ととらえているか。六十字以内で説明せよ。

（千葉・市川高）

着眼
問二　「仕切る」は、責任を持って処理する意。　問三　「生と死の時間」の対極にあるのが「日常的な時間」である。両者の違いをおさえて、「生と死の時間」がどのようなものであるかをまとめる。

★★ 27　次の文章を読んで、あとの問いに答えよ。

解答 別冊 P.21

「わたし」は、高校時代に「上田さん」という教師に出会う。上田さんは教科書を否定し、自分で選んだ現代詩を教材として使って授業を行う。しかし、生徒からは「少しもわからない」と言われてしまう。

調子の狂った上田さんは、その後ろの生徒に次の詩を読むようにいった。「おれは大地の商人になろう」と、彼は怒鳴るように大きな声で谷川雁の「商人」を読み終えた。そしてその後で、聞かれもしないのに「さっぱりわかりません」と答えて、教師を悲しませた。三番目の生徒が読まされたのは、岩田宏の「感情的な唄」という作品だった。学生、糊《のり》、ポリエチレン、酒、バックル、為替といったぐあいに、自分の嫌いなものを列挙していき、次にバス停留所、古本屋、猿、豚、指と、逆に好きなものを列挙していくだけの、きわめて簡単な構造をもった詩だった。これにはようやく生徒も「面白い」と積極的な反応を見せた。上田さんは①いかにもホッとしたような表情になった。このあたりでチャイムが鳴り、二回目の授業は終了した。

田村隆一、谷川雁、岩田宏……。上田さんが生徒たちに教えようとしたのは、自家製の現代詩のアンソロジー*だった。彼はそれを一通り終えると、谷川俊太郎の『二十億光年の孤独』や金子光晴の『女たちのエレジー』から作品を選んできてはガリ版で印刷し、生徒たちに読ませた。生徒たちのうちおよそ半分は、これまで小学校や中学校で見知ってきた詩なるものとあまりに違っているこうした現代詩を、まったく受け付けようとしなかった。残りのうち半分は、この新任教師の過激な実験的授業に対して、いったいそれが国語の能力にどう関係するのかといった調子で、反撥《はんぱつ》に近い反応を示した。わたしを含めて教室のなかの四、五人の生徒だけは、はじめて身近に接することになる、日本のもっとも新しい詩なるものに深い関心を抱いた。配られたプリントが、その年になって思潮社が刊行を開始した現代詩文庫の刊行順に、一人一編ずつ選びだして作ったものであることをわたしが知ったのは、ずっと後になってのことだった。

わたしは素朴に田村隆一が書き付けた「血」とか「夕焼け」という言葉に、これまでまったく知らなかった新鮮な感情を発見したような気がした。谷川雁の詩は晦渋《かいじゅう》*であったが、谷川俊太郎が自分とほぼ同じ年齢のときに愛犬の死を謳《うた》った「ネロ」という作品には、素直に共感できると思った。詩とはこんな風に、②隣にいる人間に息を吹きかけるまでに身近に書いていいのだという、奇妙な安心感を抱いたのである。こうして一学期の国語の授業は進行していった。二学期になると、上田さんは「今度は現代の小説を読もう」と教室で突然に提案し、大江健三郎の短編『死者の奢り』を教材にして、輪読を開始した。サルトルからノーマン・メイラーまで、さまざまな文学者の名前が、彼の口から漏れた。わたしがただちにこの未知の小説家に夢中になったことは、いうまでもない。

六〇年代の末には、難解であることが、芸術作品の価値を定めるさいに、もっとも重要な判断基準であるといった風潮が蔓延《まんえん》していた。フェリーニの『8½』が難解であるように、ジョン・コルトレンのジャズは難解であり、埴谷雄高の『死霊』はことさらに難解であるとされていた。それは、こうした作品が芸術として優れているという意味であった。八〇年代以降の芸術が、もっぱら面白いか、面白くないかという基準のもとに判断されるようになったのと比較してみると、これは③興味深い現象であったといえる。

（四方田犬彦《よもたいぬひこ》『ハイスクール1968』より）

*アンソロジー＝詩歌・文芸の選集。

*晦渋＝言葉・文章が難しく、意味のとりにくいこと。

問一 難 ——線①とあるが、なぜか。その理由として最も適当なものを、次の中から一つ選び、記号で答えよ。

ア 教科書を否定してまで自分が伝えたかった現代詩の面白さがようやく生徒たちに理解されたから。

イ 生徒の理解を得て、自分の授業に対する生徒たちの不満や反撥がいくらかでも減ると考えたから。

ウ 生徒たちの国語力のレベルにあった詩を発見することができ、今後の授業に役立つと考えたから。

エ 「わからない」としか答えなかった生徒たちとやっとのことでコミュニケーションが取れたから。

問二 ——線②とあるがどういう意味か。その説明として最も適当なものを、次の中から一つ選び、記号で答えよ。

ア 多くの人に理解してもらう必要はなく、限られた近しい人間にだけ理解できればいいのだという安心感。

イ 現代詩はとにかく難解なものでなくてはならず、周りの誰にでも理解できるものではないという安心感。

ウ 現代詩は難解なものと思われがちだが、身近な人・出来事を題材にしてもかまわないんだという安心感。

エ 多くの人に理解してもらうためには、周りの人に話しかけるように世に広めていけばいいという安心感。

問三 難 ——線③とあるが、なぜか。その理由を説明した次の文の空欄に入れるべき語を本文中から三字でさがし、抜き出して答えよ。

> 六〇年代の末には、難解であることが、芸術作品の価値を定めるさいに、もっとも重要な判断基準であったにもかかわらず、八〇年代以降の芸術が、もっぱら面白いか、面白くないかという（　　）基準のもとに判断されるようになったから。

（東京・郁文館高）

着眼 問三　字数指定がヒント。八〇年代以降の判断基準となる「面白い」が本文の中でどのような場面で使われているかをおさえる。

★★★ 28　次の文章を読んで、あとの問いに答えよ。

頻出　解答 別冊 P.21

真由子《まゆこ》は乱れた髪を押さえた。

「でも、今日はきてよかった。久しぶりに海も見られたし、清人《きよと》も上機嫌だから。この一年ほんとうにいろいろなことがあったから」

「そうだな」

謙太郎《けんたろう》はそうこたえただけだった。ひとことでそういうしかないほど、いろいろなことがあったのだ。清人の事故と左足切断、自分の研修センター送り。家のなかの空気は暗く重苦しく、ふさぎこむばかりの日が続いていた。

謙太郎は空を見あげた。厚い雲で一面灰色に染まった空だった。伊豆《いず》の海も空の暗さを映して、濁ったような青である。この風景のようにうちの家族の残り時間も、灰色のままますぎていくのだろう。土砂降りの雨にならないだけ、まだましじゃないか。心のなかでそう力強くいい切って、謙太郎はベンチから立ちあがった。肌寒いのだろうか、ひざにバスタオルをのせた妻にいった。

「なにかあたたかいものでも買ってくる。カフェオレでいいか」

すこしひとりになりたくて、謙太郎はポケットに手をいれて、ゆるやかな坂道を売店目指して歩き始めた。

*エントリー口はごろごろとこぶし大の石が転がる浜だった。そこにボンベを背負い、手に*フィンをさげた講習生たちが集まっている。波はおだやかで、ほとんど波音はきこえなかった。ウエットスーツを着た清人は、笹岡《ささおか》に抱きかかえられてやってきた。この足場の悪さではとても車椅子《いす》ははいれなかった。笹岡は清人をビーチに座らせるといった。

「いやー、清人くんは重いなあ。今度からエントリーがコンクリートで固められてるほうをつかおう」

そこで笹岡は全員を集めて、機材の最終確認をおこなった。アシスタントインストラクターがつぎつぎと講習生の機材をチェックするなか、笹岡は清人にかかりきりになっている。

離れて見ていた謙太郎には頭がさがる思いだった。どんなものでもしょせん金儲《かねもう》けにすぎない。そういう清人は正しいが、同時に誰ひとり金のためだけに働く人間はいない。こちらもまた正しい。正しいことがいくつもあり、それがときにぶつかりながら、世のなかがまわっていく。①そういう人の世のおもしろさを、清人がわかってくれたら。謙太郎は感情を殺して、初めての海にむかう長男を見つめていた。

清人は笹岡に支えられゆっくりと深さを増していくビーチを沖にむかった。腰のあたりまで海面がきたところで、マスクをつけたままこちらを振りむいた。軽く手を振る。真由子はちぎれるように手を振り返した。

そこから急に海底は深度を増しているようだった。笹岡と清人の頭はゆったりとうねる水面に消えていった。あとにはいくつか空気の粒があがっているだけである。真由子がいった。

「いっちゃったわねえ」

謙太郎はうなずいた。しばらく②黙ってからいう。

「いつか、ずいぶん先だけど、わたしたちがいなくなって、あの子はひとりで生きていかなければならなくなる。この海と同じだな。わたしたちは陸に残り、あの子は水のなかにいく。手を貸すことも、見ていてやることもできなくなるんだな」

そのときはっきりと謙太郎にはわかった。片足をなくした清人は、自分にとってお荷物などではなかった。わがままと皮肉しか口にしない息子だが、従業員に人並みの扱いをしないリストラ研修に耐える力がだせたのは、なにより清人のおかげだった。清人がいなければ、自分の心はとうに折れていただろう。

謙太郎はまた③黙りこみ、清人のいない灰色の海を見つめていた。

（石田衣良《いしだいら》『青いエグジット』より）

＊エントリー＝ダイビングの用語で水に入ること。またはその場所。

＊フィン＝ダイビングの用具。足ひれ。

問一 ――線①とあるが、どういうことがおもしろいのか、最も適当なものを、次の中から一つ選び、記号で答えよ。

ア 世の中には希望通りのやりたい仕事ができる人と、やりたくない仕事をさせられている人が共存しており、それだからこそうまく回っているということ。

イ 人は誰もみな自分が正しいと思っており、その違いをめぐって互いに議論し、歩み寄ることで丸く収まっていくものだということ。

ウ 仕事は金儲けのためにやっているという人が、金のためだけに働いているのではないという人を使うことで、社会のバランスが保たれているということ。

エ いろいろな人がいて、いろいろな考え方があり、それらが衝突しながら物事が動いていくからこそ世の中が成り立っているということ。

オ 仕事は金のためだけではないという建前と、本当は金のためにやっているという本音がぶつかりながら、人はみんな生きているということ。

問二 難 ――線②「黙って」と、――線③「黙りこみ」における謙太郎の気持ちは異なっている。違いがわかるようにそれぞれの気持ちを説明せよ。

（広島大附属高）

着眼

問二 いずれの行動も、謙太郎が自分の気持ちを整理するためである。②は、その後の謙太郎の発言内容から、どういうことを考えていたのかをつかむ。③は前の段落の内容を受けたものである。

★★★ 29　次の文章は、第二次世界大戦中、亡《な》き友の妹の「千枝子」から別れの手紙を受け取った「僕」が、知り合いから千枝子の婚約を聞かされる場面である。読んであとの問いに答えよ。（句読点等も字数に数えよ。）

解答　別冊 P.21

――矢代《やしろ》ですか？　と僕は聞いた。

――いいえ、石井《いしい》さんですの。沢田《さわだ》先生が何だかとてもお力を入れていらっしゃるようですわ。

僕らはすぐに別れた。一人《ひとり》になると、僕は①それでいいのだと思い続けた。僕は歩きながら口笛を吹いていた。

②それがショパンの協奏曲の旋律だということに、僕はなかなか気がつかなかった。

令状*を受け取った時に、僕が一番会いたいと思ったのは千枝子だった。それは愛の想《おも》いというより、古くからの女友だちに対する心からの友情のあらわれ、恋しさよりは懐《なつ》かしさのまさったものだった。千枝子のことなら僕は何でも知っていたし、僕のことで彼女の知らないことはなかった。二人はそういう友だちだった。いま僕が兵隊に行くという最後の時にあたって、彼女と会わずじまいで別れるというのはいかにも不自然な気がした。たとえだれと婚約しようと、千枝子は僕の最も近しい友だちなのではないだろうか。それに彼女の母親とも会いたかった。

しかし僕はすぐに反発した。僕は孤独な生きかたを自分に誓ったのだ。ここで千枝子に会うことは、ただ他人の同情をひくだけの感傷的な行為にすぎないだろう。それは自分の弱さを露呈する以外の何ものでもないだろう。今さら千枝子に会い、その快活な笑顔《えがお》を見、その少し甲高《かんだか》い声を聞いて、彼女の印象を僕の記憶に新しく刻み込んでいったところで、それが戦場に置かれた僕に何の支えになるというのか。支えは自分の孤独しかない、理性的な行為と理性的な死とを自分に課す、この厳しい小宇宙のほかにはない。要するに問題は僕一人に限られ、もはや千枝子が僕の内部に関与する余地は、残されていないはずだった。

しかし僕はまた思い返した。僕の青春はあまりに貧困だった。それは僕の未完成の小説のように（僕の小説は秋になってから少しも進行していなかった。草稿は塵《ちり》にまみれて、机の上に積み重ねられていた）、むなしい願望と、実現しない計画との連続にすぎなかった。この青春が、いま、ここで、国家の意志によって、無理やりに中絶されてしまうものならば、せめてその最後の一ページを、少しでも美しく飾ってはいけないだろうか。せめて……。

僕はぎりぎりまで東京《とうきょう》にいて、夜行列車で郷里*に立つつもりでいた。その最後の日の晩に、日比谷《ひびや》の公会堂で催されるピアノの演奏会の広告を、僕は新聞で見た。僕はその切符《きっぷ》を二枚買い求め、短い文章をつけてその一枚を千枝子に速達で送った。それが僕の予定した僕の青春の最後の一ページだった。もし千枝子が来れば、僕は彼女といっしょにショパンを聞き（その演奏会は、彼女の好きなショパンばかりの番組だった)、それから別れて汽車で立つだろう。もし来なければ、——その時はもともとなのだ。僕はこの計画を多少芝居《しばい》じみているとは思った。しかし作品を美しく構成することが芸術家の仕事だとすれば、現実を美しく構成することも、また一つの仕事ではないだろうか。特に僕のような失敗した芸術家にとって、最後の一ページを小説にではなく、現実の上に書きたいと思うことは、せめてもの③貧しい願いだった。

最後の日の朝、僕は下宿の庭へ出て、日記やノオトなどと共に、④未完成に終わった僕の小説の草稿を焼いた。

(福永武彦《ふくながたけひこ》『草の花』より。本文を改めたところがある。)

＊令状＝召集令状。臨時任用の兵隊になる人に出頭を求める手紙のこと。

＊郷里に立つ＝ここでは兵隊になる前に郷里に帰ること。

問一 ——線①の内容を十五字以内で答えよ。

問二 難 ——線②とあるが、この一文はどのような意味を持つか。六十字以内で答えよ。

問三 ——線③のここでの意味として最も適当なものを、次の中から一つ選び、記号で答えよ。

ア ささやかな　イ 絶望的な　ウ 頼りない
エ むなしい　オ 弱々しい

問四 難 ——線④とあるが、「僕」の気持ちとして最も適当なものを、次の中から二つ選び、記号で答えよ。

ア 完成できなかった小説に決着をつけ、現実の青春の最後を美しく飾ろうとした。

イ 芸術家として生きることを否定し、新たな自己を模索しようとした。

ウ 小説を焼くことで自分の孤独は確立し、人生に勝利することができると思った。

エ 戦争に行くにあたり死を覚悟し、未完成の作品に未練を残したくないと思った。

オ 戦争も愛も無意味であり、自分の生きた形跡をとどめたくないと思った。

カ 千枝子にも小説にも思いを断ち切り、戦争で燃え尽きようとした。

キ 千枝子の愛を失った以上、愛し合っていた過去も忘れなくてはならないと思った。

ク 千枝子も人生の希望も失い、この世の何もかもがいやになった。

(東京・お茶の水女子大附属高)

着眼

問二 「ショパンの協奏曲」が、「僕」にとってどのような意味を持つものかをつかむ。問四 「僕」の願いを正確にとらえる。

3 主題をとらえる

★**30** 次の文章を読んで、あとの問いに答えよ。(句読点等も字数に数える。) なお、キリコさんは「私」の家で家政婦として働いている人物である。

〈頻出〉 解答 別冊 P.23

十一歳の夏休み、仕事で一ヵ月ヨーロッパを回っていた父親から、お土産に万年筆をもらった。銀色で細身の、スイス製の万年筆だった。

キャップを取ると、磨き込まれた流線型のペン先が現われ、それは見ているだけでも胸が高鳴るほどに美しく、持ち手の裏側にはその曲線によく似合う筆記体で、私のイニシャルYHが彫ってあった。

おもちゃ以外のお土産をもらうのは生まれて初めてだったし、まわりで万年筆を使っている子など一人もいなかったから、自分が一足飛びに大人になったような気がした。この万年筆さえ手にしていれば、何か特別な力を発揮できると信じた。

私はいつどんな時も、書きたくて書きたくてたまらなくなった。国語の漢字練習帳がいるからと母に嘘をつき、お金をもらって大学ノートを買った。学校から帰るとランドセルを置き、真っすぐ机の前に向かってとにかく万年筆のキャップを外した。

いざとなって、自分が何を書くつもりなのか、ちっとも考えていないことに気づいたが、私はひるまなかった。そんなことは大した問題とは思えなかった。インクがしみ出してくる瞬間や、紙とペン先がこすれ合う音や、罫線の間を埋めてゆく文字の連なりの方が、ずっと大事なのだった。

大人たちはすぐに、娘が何やら夢中になって書いていると気づいたが、必要以上に干渉はしなかった。とにかく机の前で書き物をしているのだから、それは勉学、例えば漢字の書き取りのようなものに違いないと思い込んだらしい。

スリッパをはいて階段を登ってはいけないとか、お風呂に入った後は冷たいものを飲んではいけないとか、あの頃課せられていた多くの禁止事項の中に、〝書き物〟が加えられなかった代わりに、大人たちは誰も書かれた内容については興味を示さなかった。どうせ自分たちの知っている漢字ばかりなんだから、という訳だ。

私はまず手始めに、自分の好きな本の一節を書き写してみた。『ファーブル昆虫記』のフンコロガシの章。『太陽の戦士』の出だしのところ。『アンデルセン童話集』から『ヒナギク』と『赤いくつ』。アン・シャーリーが朗読する詩。『恐竜図鑑』のプテラノドンの項。『世界のお菓子』、トライフルとマカロンの作り方。……

想像したよりずっとわくわくする作業だった。たとえ自分が考えた言葉ではないにしても、それらが私の指先を擦り抜けて目の前に現われた途端、いとおしい気持に満たされた。

言葉たちはみんな私の味方だ。あやふやなもの、じれったいもの、臆病なもの、何でもすべて形に変えてくれる。ブルーブラックのインクで縁取られた、言葉という形に。

そしてふと気がついて手を休めると、ノート一面びっしり文字で埋めつくされている。ついさっきまでただの白い紙だったページに、意味が与えられている。しかもそれを授けたのは自分自身なのだ。

私は①疲労感と優越感の両方に浸りながらページを撫で付けた。まるで世界の隠された法則を、手に入れたかのような気分だった。

②〝書き物〟に対する態度が、他の大人と唯一違っていたのがキリコさんだった。干渉しない点については同じだが、彼女は明らかにこの作業を、勉学とは違う種類のものとして認めていた。敬意さえ払っていたと言ってもいい。

子供部屋やダイニングテーブルで作業に熱中している私を見つけると、一瞬キリコさんは立ち止まり、姿勢をただし、邪魔しないように注意を払いながら通り過ぎた。あるいはおやつを運んでくる時は、不用意にノートの中身に目をやって盗み見していると誤解されないよう、気を使っているのが分かった。自分の手元に視線を落とし、一切声は掛けず、ノートからできるだけ遠いところにジュースを置いた。コップに付いた水滴で、ページが濡れてはいけないと思ったからだろう。

やがて私は他人の文章を書き写すだけでは満足できなくなり、作文とも日記ともお話ともつかないものを書き付けるようになった。クラスメイト全員の人物評と先生の悪口、一週間の食事メニュー、百万円あったら買いたい品物のリスト、テレビ漫画の予想ストーリー、自分の生い立ち・みなしご編、無人島への架空の旅行記。とにかく、ありとあらゆるものだった。

今日は何にも書くことがないという日は、一日もなかった。キャップさえ外せば、万年筆はいつでも忠実に働いた。③だから初めてインクが切れた時は、うろたえた。

（小川洋子《おがわようこ》『キリコさんの失敗』より）

問一 ――線①とはどういうものか、四十字以内で説明せよ。

問二 ――線②とあるが、キリコさんの〝書き物〟に対する態度を表す言葉を文中から九字で抜き出して答えよ。

問三 ――線③とあるが、「私」は、なぜ鉛筆やボールペンではなく万年筆で書くことにこだわるのだろうか、具体的に説明せよ。

（埼玉・慶應義塾志木高）

着眼

問三 十一歳の「私」にとって、万年筆は、鉛筆やボールペンとどこが違うのかをおさえる。

★★ 31 十五歳の吾郎《ごろう》は八歳年上の姉と現在二人暮らしであり、父が妻子を捨てて出ていった後、母は事故死している。次の文章を読んで、あとの問いに答えよ。（句読点等も字数に数える。）

解答 別冊 P. 23

そんな雑然とした小さな町の片隅、緑色の三両電車が轟々《ごうごう》と過ぎるちっぽけな踏切《ふみきり》のすぐそばに、吾郎の父親が女のひとと暮らしている家がある。

吾郎は毎月同じ日にその家を訪ねるが、玄関の土間に女のひとの方が顔を出すことは滅多《めった》になかった。大抵《たいてい》は父親が扉を開き、軒下の薄暗い電灯に照らされて所在なげに佇《たたず》んでいる吾郎を見ると、「あン」とか「おう」とか短い声を出した。父は吾郎に「上がれ」と顎《あご》で示すこともあるし、近くの児童公園まで吾郎を連れ出すこともある。どうやら吾郎がその家に上がれるのは、女のひとの不在のときに限られるらしかった。

吾郎を家に招き入れることができる日は、父は吾郎を奥の茶の間に座らせる。何もいらないと言っても、父は台所からジュースやら煎餅《せんべい》やらを運んで来て吾郎の前に並べる。そして顔中に深く皺《しわ》を刻ませ、吾郎の顔を見る。学校はどうだ、とか、吾郎の姉の時子《ときこ》は元気か、とか、成績はいいか、とか、父の尋ねることは毎月決まっている。吾郎は畳の上で足をむずむず動かしながら、いちいち「うん」と頷《うなず》く。

吾郎にしてみれば、女のひとが今帰って来るかと気が気ではない。早く帰りたくてうずうずしてくる。

不思議に思うのは、あの川べりの長い道を歩いている間は、早く［A］て、というより早くこの家に着きたくて仕方がないというふうなのに、この家に着いた途端、早く帰りたいという気持ちでいっぱいになってしまうことである。①早く役目を果たして、そして来月までは自由の身だ。――そんな気持ちにさえなるのである。茶の間の畳に座った瞬間、時間が経《た》つことだけを念じてしまう自分を、吾郎は奇妙に思う。

父の話に一段落つくと、吾郎は次に父が口を開く前に立ち上がる様子を見せて言う。

「じゃ、俺《おれ》もうそろそろ……」

その一瞬に父の見せる表情を、吾郎は何と形容していいか分からない。口を少し開けたまま、父は空洞《くうどう》のような目をする。それは残される者の不安とも、残る者の安心とも言える。鼻づらを突然はたかれたかのような顔をして、父は「そうだな」と不興そうな短い声を出す。

吾郎は玄関の上がり框《かまち》*に腰かけ、②わざと時間をかけて靴のヒモを結ぶ。そうしている間に、父が後から封筒を持ってバタバタとやって来る。

「それじゃあ」

そう言って吾郎が土間に立つと、父は精一杯さり気ないような声で言う。

「忘れるとこだった、コレ」

その言葉は、父が唯一自分から示す父の感情である。「忘れるとこだった」さり気なく言うことで、父は吾郎がこの家を訪ねるのは、決してこの封筒のためだけではないのだ、ということを自分に納得《なっとく》させているようでもあった。封筒の中には、吾郎と姉の時子の、ひと月分の生活費があるのだ。

吾郎は曖昧《あいまい》な返事をして封筒を受け取ると、扉を開けて表へ出る。大仰に頭を下げて感謝することも、やれと言われれば吾郎にはできる。しかしそうすれば、③父は情けないほどに悲しい顔をするであろう。吾郎はそれを知っていた。かと言って無言のままぶっきらぼうに受け取ったのでは何か格好《かっこう》がつかない。それで吾郎はもごもごと口の中で不明瞭《ふめいりょう》なありがとうを言う。

「時子に、体に気をつけるようにってな」

吾郎の後ろ姿に向かって父は声をかける。吾郎の姉の時子は、中学校に上がるころまですぐに風邪《かぜ》をひき、熱を出しては学校を休んでいた。そのころの時子のイメージが、父にとっては強いのであろう。今の時子からは、そんなことは想像しにくい。

半ば振り返って父の言葉に頷き、軽く手を挙げると、あとは堪《た》まらなくなって吾郎は駆け出す。いまいましいほど*愚鈍な緑色の三両編成の電車が、すぐそばの踏切を轟音を立てて通り過ぎてゆく。

（鷺沢萠《さぎさわめぐむ》『川べりの道』より）

*上がり框＝家の上がり口で靴をはくために座る横木。

*愚鈍な＝のろまな。

問一　[A] に入れるべき語句を答えよ。ただし、自分で考えて、答えるものとする。

問二　――線①とあるが、ここでの「役目」とはどうすることか。その内容を、十五字以上二十五字以内で記せ。

問三　――線②とあるが、吾郎はなぜそのようにするのか。その理由として最も適当なものを、次から選び記号で答えよ。

ア　そうすることで、少しでも長い間、父と一緒の時間を過ごせるから。

イ　そうしなければ、父がますます機嫌を悪くしてしまうから。

ウ　そうすることで、わざと父をつらい気持ちにすることができるから。

エ　そうしているうちに、女のひとに会うことができるかもしれないから。

オ　そうすることで、父が封筒を渡しやすくなるきっかけが作れるから。

問四　――線③とあるが、父はなぜ悲しい顔をするのか。その理由を、四十五字以上五十五字以内で記せ。

（大阪教育大附属高平野校舎）

着眼

問四　封筒を受け取ることが吾郎の目的だとは考えたくない父の気持ちをおさえる。

★★ 32　次の文章を読んで、あとの問いに答えよ。

解答　別冊 P.24

おふくろは、掃除を済ませたあと、さっぱりとした炉端にぽつんと独りでいることがあった。①そんなときは、横《よこ》坐《ずわ》りになり、炉縁に左手を突いて上体を支え、右手の親指と人差指《ひとさしゆび》とで火箸《ひばし》の一本の頭をつまみ上げて、それをふらふらさせながら、自分がよく均《なら》したばかりの灰の上に、なにかを書いては消し、書いては消しするのである。

それは、子供のころから、おそらく何百回となく目にしてきた光景であった。はじめは習字の稽古《けいこ》でもしているのかと思った。けれども、それにしては火箸の先端の動きに秩序がなさすぎる。それとなく見ていると、文字のほかに、図形や模様のようなものも混じっている。それで、おそらく、物思いに耽《ふけ》りながら、心に浮かんでくる雑多なことを、とりとめもなく文字や形に描き出しているのではないかと思うようになった。

おふくろが火箸の一本を手にすると、炉端はなにやら近寄り難《がた》い静寂に包まれる。おふくろはなにかに没入しているようで、声を掛けるのも憚《はばか》られる。②遊び疲れて外から帰ってきた子供の私も、休暇で帰省している学生の私も、座敷《ざしき》に寝そべってうたた寝を装いながら薄目で炉端のおふくろをただ眺めているほかはなかった。

うつむいたおふくろの尖《とが》った鼻の先に、不意に水玉が宿って、きらと光るのを初めて見たのは、いつだったか、もう思い出せない。ああ、おふくろが独りでひっそりと泣いている、そう思って物悲しくなった記憶だけが微《かす》かに残っている。

その後、炉端のおふくろの鼻の先に水玉が宿るのを、何度見たことだろう。最初に宿った水玉は、光り、顫《ふる》え、やがて堪《たま》りかねて、落下する。落ちたあとには、すでに次の水玉が光っている。そうなると、水玉は次から次へと鼻梁《びりょう》を滑り落ちてきて、しばらくは途絶えることがない。

おふくろが、いま、なにを思い出し、なにを悲しみ、なにを哀れみ、なにを悔んでいるかを、いい当てることはできなかったが、その人生が悲しみに満ちた日々の積み重ねだったことを私は知っていた。おふくろには、押せば水玉の噴き出る記憶しかないはずであった。どんな同情も、慰めも、おふくろの心を傷つけるだけだろう。私は、胸を痛めながら、炉端の人の鼻先からしたたり落ちる水玉のはかない輝きを、ただ黙って見守っているだけであった。

しばらくすると、我に返ったように火箸を灰に突き差し、襦袢《じゅばん》の袖口《そでぐち》で目頭を抑え、自分が荒らした灰を灰均《なら》しでざっと均して立ち上がる。ふと、思いついたように、仏壇の鉦《かね》をちいさく叩《たた》いてくることもある。

私は、二十八の年に都落ちをして、一年、郷里の家で厄介になったが、その折に、おふくろが去ったあとの囲炉裏の灰のなかから、火箸で涙のかたまりを取り出す癖がついた。涙のしたたりを吸い込んだ灰は、大概、細長い円錐《えんすい》を逆様にした形に固まって、茶色に変色していた。巡礼の鈴のような形をしたものもあった。数珠《じゅず》の一部のように、おなじ大きさの玉がいくつか繋《つな》がっているのもあった。いずれも脆《もろ》いかたまりだから、すこし離れたところから注意深く掘り進めなければならない。（三浦哲郎《みうらてつお》『なみだつぼ』より）

問一 ——線①とあるが、「おふくろ」の「なにかを書いては消し、書いては消しする」姿を見て、「私」はどう思うようになったのか。最も適当なものを、次の中から一つ選び、記号で答えよ。

ア　おふくろは、とりとめもなく文字を書いているのだと初めは思ったが、そのうちに、文字のほかに図形や模様のようなものにも興味を持っているのだと思うようになった。

イ　おふくろは、なにかに没入しているのではないかと初めは思ったが、そのうちに、鼻の先に光る水玉に気を取られて考えがまとまらないでいるのだと思うようになった。

ウ　おふくろは、心に浮かんでくる雑多なことを描いているのだと初めは思ったが、それだけでなく、火箸の先端の動きに秩序を与えようと努力しているのだと思うようになった。

エ　おふくろは、単に物思いにふけっているのだと初めは思ったが、それだけでなく、だれにも話すことができないような悲しみにじっと耐えて生きているのだと思うようになった。

問二 ——線②について、次の問いに答えよ。

(1) **難** 「遊び疲れて外から帰ってきた子供の私も、休暇で帰省している学生の私も、」という表現は、この文の中でどういうことを表しているのか。次の□内のように答えるとき、（　）に入る適当な言葉を十字以上二十字以内で書け。

「私」が（　　　　　　　　）ということ。

(2) 「私」が「座敷に寝そべってうたた寝を装いながら薄目で炉端のおふくろをただ眺めているほかはなかった」のは、なぜか。最も適当なものを、次の中から一つ選び、記号で答えよ。

ア　炉端にぽつんと独りですわっているおふくろは、近寄り難い静寂を嘆いて、物悲しい思いになっていると思うようになったから。

イ　いつのころからか、おふくろの悲しみに満ちた人生は、同情することも慰めることもできそうにないと思うようになったから。

ウ　おふくろが習字の稽古をしているときは、親子であっても近寄れない厳しさを漂わせていると思うようになったから。

（東京・都立青山高・改）

着眼

問一　「子供のころから、おそらく何百回となく目にしてきた光景」でありながら、「私」の見解は時とともに変わっている。

33 ★★★ 二年一組では、かつていじめに関する事件があり、クラス討論で、「ケンカ禁止」を全員一致で決めていた。また、いじめ相談ポストとして、『青い鳥ＢＯＸ』が設置された。次の文章を読んで、あとの問いに答えよ。

〈頻出〉 解答 別冊 *P. 24*

みんなが『青い鳥ＢＯＸ』に注目するのをよそに、ぼくは村内先生の横顔を盗み見た。先生は腕組みをして窓の外を向いたまま、目をつぶっていた。なにかをじっと考えこんで——祈っているような横顔だった。

「なんだよ、これ」「ひでえなあ、サイテー」「こっちも！　信じられない！」

三年生の声にあわててテーブルに目を戻すと、五つのポストのまわりには、ゴミの小さなかたまりが五つできていた。（中略）

乱暴な字で〈いじめ上等〉とだけ走り書きしたノートの切れ端もあった。石野先生は、これは職員室に持ち帰るから、と言った。職員会議で筆跡をチェックして、「犯人」を探すのかもしれない。

「ねえ、これ、どうする？」

三年生の女子が、広げた紙を見せた。昇降口のポストに入っていたのだという。きれいに八つに折り畳んだ白い紙にパソコンの字でメッセージが書いてある。

広瀬先輩が、そのメッセージを読み上げた。

〈誰かを嫌うのも、いじめになるんですか？／それとも、好き嫌いは個人の自由だからＯＫですか？〉

いじめている生徒からなのか、いじめられている生徒からなのか、どちらでもない生徒からなのか、なにもわからない。

ぼくは村内先生に目をやった。先生は、まだ目を閉じていた。眉間《みけん》に皺《しわ》を寄せ、さっきより機嫌が悪そうに——悩んでいるようにも見えた。

広瀬先輩から紙を受けとった石野先生は、ふーむ、と喉《のど》を鳴らしてメッセージを何度も読み返し、ほかの先生と目配せし合って、「とりあえず預かっとくから」と言った。

「あの……石野先生」

ぼくは手を挙げて、先生に声をかけた。考えてそうしたのでなく、思わず手や口が動いてしまった。

「何年何組？」と広瀬先輩に訊《き》かれて、「二年一組の園部《そのべ》です」と答えたら、石野先生の顔が微妙にこわばった。

「先生、教えてください」ぼくは言った。「誰かを嫌うのも、いじめになるんですか？」

「……これ、きみが書いたのか？」

「そうじゃないんですけど……でも、ぼくもわからないんで、教えてください」

石野先生は顔をしかめて少し考えてから、「それもいじめだ」と重々しい声で言った。「みんなで一人の子を嫌って、無視したり意地悪なことをしたら、いじめになるだろう」

「でも、一人だったら？」

「うん？」

「一人で、心の中で嫌ってるだけなら、いじめにならないんじゃないんですか？」

石野先生はムッとした顔になって、「最初は心の中で思ってるだけでも、すぐに態度や行動に出るようになるんだ」と言った。「一人が二人になって、三人、四人と増えていくんだ、そういうのは」

そうなのだろうか。みんな仲良く、ケンカ禁止――。ひとを嫌いになるのも禁止――。

ほんとうにそうなのだろうか？

「じゃあ、先生には、嫌いなひとはいないんですか？」

石野先生はさらに不機嫌そうな顔になって、「いない」と言った。「学校の先生に生徒の好き嫌いなんかあるわけないだろう」

「生徒以外だったら？　おとなの中で嫌いなひとって、いないんですか？」

「おい……二年一組は、あれだけ反省して、屁《へ》理屈しか覚えなかったのか？」

石野先生は低い声で言ったあと、いかにも苦々しげに舌打ちをした。

広瀬先輩があわてて、とりなすように「でも、この問題、『生徒会だより』で特集してもいいかも」と言った。「この問題提起にどう答えるかっていうのを『青い鳥ＢＯＸ』に投稿してもらって、みんなで考えて、また生徒総会で話し合ってみるといいんじゃないかなぁ」

違う。話し合って、多数決で、答えが出るものじゃない。理由を箇条書きにして自分の意見を言うようなものじゃない。ぼくが訊きたかったのは、そういうんじゃなくて、もっと……。

テーブルに身を乗り出して、「でも……」と口を開きかけた。

「園部君、もう、やめろ」

村内先生が言った。いつの間にか目を開けて、こっちに向き直って、ぼくをじっと見つめていた。

「きっ、きききっ、きっ、①きみは……間違っている」

どうして――？

「でっ、でででも、みんな、間違ってる」

今度は石野先生が、不服そうに村内先生をにらみつけた。

（重松清《しげまつきよし》『青い鳥』より。本文を改めたところがある）

問一 難 ――線①とあるが、「ぼく」のどのような点が「間違っている」と思われるか。説明せよ。

問二 難 文中に「みんな仲良く、ケンカ禁止――。ほんとうにそうなのだろうか？」とある。「いじめ」は、「ケンカ」や「ひとを嫌いになること」と、どう違うのか。君なりの考えを記せ。

（東京・開成高）

着眼 問一 村内先生のそのあとの発言にも注意する。

4　小説文の総合的読解

★34 次の文章を読んで、あとの問いに答えよ。 解答 別冊 P.25

小学校の講堂には、良い絵が並んでいた。ほとんどは、浩が足もとにも及ばないほど達者だった。ある作は、工夫も技術もア自分をはるかに越えていることが解《わか》ったし、ある作は、単純な図柄に情感を籠《こ》めているのが解って、圧倒される思いだったが、かといって、その衝撃によって、イ自分からウ自分が脱け出ることはできなかった。相変《かわ》らず①暗い自分を引きずりながら、彼は会場を回った。そして、エ自分の絵の前に立つと、テもなくその暗い自分そのものに［A］しまった。構図はいたずらに単純だったし、色はくすんでいた。描き終えた直後に感じた疲れの塊《かたま》りの印象さえ消えていた。疲れさえ絵に籠めることができなかった、疲れはわが身にだけ引き受け、絵は脱け殻になってしまった、と彼は感じた。仔細《しさい》に検討するのはいやだった。そそくさと眼《め》を逸《そ》らし、他の作品の中をつっきって、講堂から逃れ出た。鮮かな他人の作品は、形や色を無力な少年のうなじの辺に浴びせかけてくるように感じられた。

家に帰ると、展覧会のことを語りかけてきたのは、母方の祖母だけだった。他の家族は、浩がそれを問題にするのを避けたがっているのに符節を合せるように、だれも問題にしなかった。

——浩の絵は、講堂へ飾ってあるそうじゃないか。あんた一生懸命やるね、と祖母は言った。

——いつ聞いた。

——今朝《けさ》、権《ごん》さに見に行ってもらったのよ。飾ってもらえなかったら、どうしようと思って。

——壁に並んでいれば、それでいいよ。

——それでいいさ、それで上々。賞はもらわなかったのかぇ。

——もらわなかった。

——浩が一番若いんじゃあないのかぇ。

——そうでもないだろう。

——もっと若い人がいるのかね。いやせんでしょう。どうだった、自分の絵を眺めて、自信がついたんじゃないか。

——がっかりした。

——②お前はいつも反対のことを言う。

祖母は浩の顔を見守っていた。喜びの色を見て取ろうと努めていた。しかし、祖母の腑《ふ》に落ちない表情は変らなかった。張り合いなげだった。浩は、自分が絵のことを思ってムキになっていたと、祖母が受け取るのは当然だと感じた。

果たしてムキになっていたのだろうか、と考えてみたが否定も肯定もできなかった。ただ、その間の瘠《や》せてぎこちない姿勢や動作だけが、克明《こくめい》に浮かびあがった。

彼は家の裏門へ行って、橋の上から水を見ていた。町の裏通りに沿っているその堀割りには、澄んだ水がせわしなく流れていた。湿った石垣には蛙《かえる》がひそんでいて、時おり水に入って泳いだ。流れのしわにまぎれて、魚の影が揺れているのも見えた。人工を離れて、心を無にすることはできないだろうか、と彼はぼんやり希《ねが》っていた。

祖母が後を追うように来て、

——行水をおつかい、と言った。

定まった仕事もしていない彼女は、不安になるのだろう、浩につきまとう時もあった。彼が盥《たらい》へ入ると、三箇《こ》の鍋《なべ》と、蒸器《むしき》にたたえた薄緑の水を、頸筋《くびすじ》から懸《か》けてくれた。それから、彼は水を注ぎ足し、タオルで体をすすいだ。苦しみを忘れるためには、結局この方法しかなかった。絵が索然《さくぜん》とした結果に終《お》わった今は、感じ方が倒錯して、この行水の慰めを得るために、あえて③あんなことをしたと、彼は自《じ》嘲《ちょう》をまじえて考えた。

（小川国夫《おがわくにお》『崖の絵』より）

問一　——線ア〜エの「自分」のうち、——線①の「自分」と同じ意味で使われているものを一つ選び、記号で答えよ。

問二　[A] に入る最も適当なことばを、次の中から一つ選び、記号で答えよ。

ア　ひいて　イ　はまって　ウ　背《そむ》いて

エ　あきれて　オ　浮かれて

問三　難　——線②の部分からは、絵が飾られた際の浩の内面を祖母がどのように見ていることがうかがえるか。最も適当なものを、次の中から一つ選び、記号で答えよ。

ア　自分の絵が飾られることに確信を抱いていたに違いない。

イ　自分の絵が飾られていることにさしたる関心もないようだ。

ウ　自分の絵が飾られたことに気を良くしていないはずはない。

エ　自分の絵が飾られたことに満足することはないだろう。

オ　自分の絵が飾られたことで慢心しているかもしれない。

問四　——線③とはどのようなことを指しているか。最も適当なものを、次の中から一つ選び、記号で答えよ。

ア　絵を描いて展覧会に出品したこと。

イ　他人の優れた作品に圧倒されてしまったこと。

ウ　自分の絵から目を逸らしてしまったこと。

エ　講堂から逃げ帰ってきたこと。

オ　祖母に言われるままに行水を使ったこと。

（東京・早稲田実業学校高等部）

着眼

問二　自分の絵の前に立つ前と後では「浩」はかわったのかを「暗い自分」をポイントに考える。

★35 次の文章は、牧場で働く博正が、大阪からやって来た久美子を、馬の花子の背に乗せる場面である。読んであとの問いに答えよ。

解答 別冊 *P.26*

そりゃあ寒いだろうなァ。スカートを相当まくりあげなきゃ、馬の背にまたがれねェもんなァ。博正は思わずゆるんでしまう自分の顔をひきしめた。花子の顔と自分の顔が殆《ほとん》どひっついてしまうほどに近づけ、彼は柵に沿ってゆっくり歩いた。

「馬って高いのねェ」

久美子が言った。

「初めて乗った人はみんなそう言うよ」

花子が首を廻《まわ》して、あぶみにかけた久美子の足の先を噛《か》んだ。それで、博正の目の前に、久美子の姿が映し出された。

「あかん。噛んだらいやや。こっち見たらあかん」

久美子は必死な声で馬に言い、博正に言った。

「こら！」

博正は頭絡《とうらく》をしゃくって花子を前方に向かせた。へへん、見ちゃった。あんなにスカートをまくりあげてりゃあ丸見えじゃねェか。博正は久美子に頭を三回叩かれた。叩かれながら、彼は久美子のすべてを許してやろうと思った。我《わが》儘《まま》も高慢さも、お天気屋なところも、俺を石か木みたいに扱ったことも全部帳消しだ。だって、俺、見ちゃったもんな。

「いま、わざとやったでしょう？」

「そんなことしないよ。久美子さんが、あぶみの角で花子の腹をこすったんだよ。だから、こいつ痛がって……」

「目をつむってるって約束したのに」

「だって、そんなの無理だよ。目ェつむってたら歩けないじゃねェか」

丘を下り、シベチャリ川の近くまで来た。花子の蹄《ひづめ》の音が静けさをあおった。彼は馬を停《と》め、セーターを脱ぐと、前方を向いたまま、それを久美子に差し出した。

「これで風をふせいだら？」

その意味がすぐに判ったらしく、久美子はセーターを受け取って、①また博正の頭を叩いた。人の頭、木魚みたいに思ってやがる。それでも博正はいっこうに腹が立たなかった。そうされるたびに、久美子への愛《いと》しさがつのった。

「俺、三十年たったら、きっとこの牧場を日本で有数の牧場にしてみせるよ。無駄遣いはいっさいやめて、金をためて、まずいい肌馬*を揃《そろ》えるんだ。それからいい種をつける。十年間、それに専念して、次の十年で土地を拡《ひろ》げるよ。そのあいだに、ちゃんとしたトレーニングコースも作るんだ。一周八百メートルくらいのを。そしたら、もう十年たったら、吉永ファームとまではいかなくても、このトカイファームは一流の牧場として評価されるようになってる。資金とか農地法とか、それ以外にも想像も出来ないような難しい問題が次から次へと出て来るだろうけど、俺は絶対やるんだ」

日は暮れてしまい、家の灯と、花子の白い鼻面以外何も見えなかった。

「夢なんか持つな。夢を持つから苦しむんだって、何かの映画のセリフにあったわ」

と久美子が言った。

「じゃあ、夢も目標も持ってねェ男と結婚するの？　金だけはあるってェ男と」

②その自分の言葉が、久美子を驚かせたことに、博正は気づいていなかった。彼は何気なく言ったのだった。けれども、それは図らずも博正の心を、如実に久美子に伝えていたのである。

「③夢と目標とは違うわ」

「俺のは夢じゃねェ。目標だよ」

（宮本輝《みやもとてる》『優駿』より）

＊肌馬＝母馬のこと。

問一 ——線①について、なぜ久美子は「また博正の頭を叩いた」のか。その理由として最も適当なものを、次の中から一つ選び、記号で答えよ。

ア 寒がっているのに気づくことが遅すぎ、その鈍感さをなじりたかったから。

イ 自分の格好が意識されて恥ずかしくなり、それをごまかしたかったから。

ウ 博正の優しさをわかっていながら、すぐに認めたくなかったから。

エ この馬はあばれたりしないと言った博正のうそを責めてみたかったから。

問二 難 ——線②とあるが、なぜ久美子は驚いたのか、説明せよ。

問三 ——線③とあるが、この言葉はどういう意図で発せられたのか。適当なものを、次の中から二つ選び、記号で答えよ。

ア 博正が、「夢」と「目標」とをほぼ同じ意味で使ったとしか思われないので、その二つの言葉は全く違う意味を持つものだということを、博正にわからせようとした。

イ 博正が先ほど述べた事柄は夢物語としか思われないので、どんなに具体的な方策を述べたところで、しょせん実現は不可能であるという忠告を伝えようとした。

ウ 夢にすぎないものを、できるだけ現実味のある目標といえるものに近づけていく努力をしてほしいという意味のことを言うことで、博正を励まそうとした。

エ 博正が先ほど述べた事柄は単なる夢物語としか思われないので、現実的な目標を持った相手でなければ自分は同調することができない、と博正に伝えようとした。

オ 大きな夢を語る博正に気持ちがひかれたが、「夢と目標は違う」と言ってみせることで、博正を急に意識し始めた自分の気持ちを精一杯ごまかそうとした。

（埼玉・立教新座高）

着眼 問二「図らずも」久美子に伝えられた「博正の心」とは何か。

★★ 36 次の文章は、祖母の死に衝撃を受けた甥《おい》のもとを「私」が訪ねる場面である。読んであとの問いに答えよ。（句読点等も字数に数える。）　〈頻出〉　解答 別冊 P.27

たしか二度目におかしくなった時のことだが、甥は、行列という言葉を口にした。甥は、私に、

「人間って、みんな死ぬの」

と、おびえきった眼《め》をして言った。

「その通りだ」

私は、即座に答えた。

「お母さんも、お父さんも、姉さんたちもぼくも、おじさんも……」

「そうさ、みんな死ぬんだ」

「お巡《まわ》りさんも、バスの運転手も、学校の先生も？」

「その通りだ。誰もみな死ぬんだ」

「すると、生まれた赤ちゃんが育って行くというのは、一日一日死ぬ日に近づいてゆくことなの？」

「そういうことになるな」

「じゃみんな行列しているんだね、死ぬ日にむかって……」

「①そうだ、行列だ。お前、うまいことを言うな、行列なんだ、行列なんだよ」

私が言うと、初めて甥の顔に微笑が湧《わ》いたのだ。

今も私が「行列」という言葉を口にすると、甥の顔には、わずかに誇らしそうな表情がうかんだ。そして、いつものように私と甥の間で何度かくり返された会話がかわされた。

「死んじゃうと、息もできなくなるんだね」

甥は、たしかめるように私の顔をおびえた眼で見つめる。

「そうとも」

「体も冷たくなって、動かなくなって、火で焼かれて灰になっちゃうんだね」

「よく知っているな、その通りだ」

甥は、考え深げに眉《まゆ》をよせて口をつぐむ。

「死ぬってどんな感じかな。死んだらどうなるの、灰になるだけ？」

「おじさんもまだ死んだことがないから、死ぬってどんな感じかわからないけど。なんにもないっていう感じじゃないかな。だって、灰になってしまうんだものな」

「死ぬって、なくなっちゃうことだね」

「たぶん、そうだろうな」

甥は、不安そうにまた黙りこむ。

「だけど、死ぬってわかっていて、なぜみんな平気な顔をしているのかなあ」

甥は、つぶやくように言う。

「それはな、忘れているだけなのさ。テレビを見たり、お酒を飲んだり、お金儲《もう》けしたり、きみだって遊んでいる時は忘れているだろう」

「そうなの、忘れている時が多いんだ。でも、気がついた時はこわくて仕方がないよ。おじさんも、死ぬのがこわいんだっけね」

甥の眼に照れくさそうな光がうかび、私の表情をうかがった。

「そうなんだ。こわくてたまらないんだ」

　私は、顔をしかめる。

「そんなにこわいの？」

「こわいさ」

　甥の顔に快感に似た色がかすめすぎ、口もとをゆるめて私の顔をながめている。

「行列って言うの、うまいだろ。おじさん」

「感じが出ているよ。お前は、頭がいいんだ」

　私は、甥の頭を指の関節で軽くたたいた。甥の眼になごんだ光がうかび、甥はその体を私の腕にさらにもたせかけた。

「それにしても、おじさんがそんなにこわいなんて、大人のくせに臆病《おくびょう》だよ。お父さんもお母さんも、死ぬことなんて少しもこわくないって言うぜ。病院のお医者さんもそう言ってたよ。それにくらべると、おじさんは変わっている」

「でもこわいものは仕方がないよ。毎日こわい、こわいと思って暮らしているんだ」

「本当に臆病だな、おじさんって」
　②甥は、眼を輝かせると、こらえきれぬように咽喉《のど》を鳴らせて笑った。顔が赤らみ、かすかに蔑《さげず》みの色もうかんでいる。
（吉村《よしむら》昭《あきら》『行列』より）

問一　難——線①について、「私」は、「行列」という表現のどのような点を「うまい」と思ったのか。五十字以内で説明せよ。

問二　難——線②について、はじめ変調をきたしていた甥の、「咽喉を鳴らせて笑った」までに至る心情を七十字以内で説明せよ。

問三　「私」の人物像の説明として最も適当なものを、次の中から一つ選び、記号で答えよ。

ア　甥の両親たちとは違って、甥の話によく耳を傾けて甥を人として正しい方向に導こうとする存在。
イ　深い悩みに沈む甥を元気づけようとして、わざとおびえた卑屈な態度をとり甥の気をひこうとする存在。
ウ　自分自身の人生に意義を見いだすことができず、甥の持つ不安以上に深刻に悩み続けている存在。
エ　甥が抱く不安について自分の経験から理性的に判断し、的確に答えることができる存在。
オ　不安におびえる甥に、身体の触れ合いと対話を通して向かい合い理解を示そうとする存在。
（高知学芸高）

着眼
問一　「甥」が、どんなものをどのような理由で「行列」にたとえたかを理解する。問二　「甥」の表情が変化する箇所を探し、その前後の違いを明らかにする。

★★ 37 次の文章を読んで、あとの問いに答えよ。（句読点等も字数に数える。）なお、原文を常用漢字・現代仮名遣いに改めている。　**解答** 別冊 *P. 27*

私は今年初頭①脳溢《いつ》血で倒れたのであるが、幸いに軽症だったので、死ぬるという心配はなかった。順調な経過ながら、②病気が病気であるところから、療養中多少の不安を感ずることはあった。例えば、眠りに[A]ようとする。すると、このまま死んでしまうのではないかと脅《おび》えるのだった。眠りから目がさめる度に、ああ、自分は生きていたんだな、と安心することもあった。自分でも再起を確信していたし、医者の話でも、そうやたらに血管が破裂するものではないと聞かされていたので、自分が死ぬるものとはほとんど考えなかった。

それにもかかわらず、だんだん病気が良くなるにつれて、私は自分の蘇《よみがえ》った命をしみじみ感ずるのだった。病後初めて月の姿を見た時のごときは、③自分の命をしかとつかんだ感じだった。月は、いわゆるきさらぎの澄んだ空に懸かっていた。満月にはまだ二三夜あるかと思われるいびつな月だった。すぐ近所のお風呂《ふろ》屋の高い煙突から出る白い煙が、その面をかすめながら、ゆるゆる流れていた。④私はその月を見た時、この世界には、月というものがあったんだと、今更驚いて凝視した。そのくせ、私は病中も、月のことを忘却していたわけではなかった。月の光は、或《あ》る夜は、枕《まくら》の上から見上げる南隣の家の屋根を照らしていることもあった。夜なかにはばかりへ起きると、私の家の便所と西隣の家の間に残っている雪の上に、その影を[B]ていることもあった。しかし、私が月そのものを見たのは、その夜が初めてだった。私はあたかも幼児の心で、月に吸いつけられた。

それは、二月初旬の或る夜のことだった。その頃《ころ》になって、私は一月《ひとつき》近い絶対安静からようやく解放されて、夕食も、茶の間へ出て行って、家族の者たちと一緒にとるようになっていた。そして食事の後では、火鉢に手を[C]て、「三つの歌」だとか、「今週の明星」だとか、「なつかしのメロデー」だとか、ラジオのそんな番組を楽しんでいた。その晩もラジオが一段落したところで、にわかに⑤所在なくなった私は、ふと立ち上がった。

「ちょっと、外へ出てみるかな。」

病気以来、私はまだ一度も外気に触れていないのだった。そこで、ふらふらと玄関へ出た私は、下駄を手に取って、しびれた足にはかせた。たたきの上で二三歩練習してみると、下駄ばきでも歩かれるのである。私はステッキにすがって外に出た。玄関の戸は、一尺ばかり開けたままにしておいた。万一応急の場合を考えたからである。

雪解けで外はぬかるんでいたが、水気の多い、静かな穏やかな晩なので、初めて触れる外気も、格別からだに[D]というほどのことはなかった。道に出て振り仰ぐと、東隣の二階の屋根越しに、月が懸かっていたのである。私は月から目を離さないで、路上にたたずんだり、少しばかり往《ゆ》き来してみたりした。

「お父さん、大丈夫なの。」

その声に驚くと、上の娘が玄関から顔を出して、私の動静を［E］ているのだった。

「うん、大丈夫だ。」

私の声はしっかりしていた。娘は安心したらしく、すぐ顔を引っ込めた。まだ私が寝ついていた時分、或る日私が便所に入っていると、今の娘が学校からかえって来た。家は無人で、私は寝床にいないのである。私に異変でもあったのではないかと、娘は急に不安に［F］たらしく、「お父さアん。」と頼りない声を出して、当てもなく私を呼んだ。私は便所の中から返事をした。娘はそれを聞いて、やっと安堵《あんど》した気配だった。娘は今もまた、私を危なっかしく思って、覗《のぞ》いたのだった。

私は月に堪能《たんのう》すると、事もなく、家にかえった。

これに味を［G］て、その明くる晩も、私は月を見に出た。その晩も、穏やかな静かな晩だったが、前晩にくらべて、空気が締まり、ぬかるみは凍《い》て［H］て、肌寒い晩だった。月は出たばかりだった。空は全然無風らしく、今夜は黒ずんでいるお風呂屋の煙が、まっすぐに立ち昇っていた。月はその煙突から大分離れたところに位置していて、昨夜とはちょっと勝手の［I］た感じだった。

（上林《かんばやし》 暁《あかつき》『月魄』より）

問一　［A］〜［I］に入れるべき最適の語を、次の中からそれぞれ一つ選び、必要に応じて適当に活用させて書け。

効く　つく　入る　違う　飾る
上げる　かざす　落ちる　落とす　占める
うかがう　こたえる　とらわれる

問二　――線①はどういう原因で起きる病気か、「脳の（　）ため」の空欄に入る適当な七字を文中から書き抜け。また、この病気の症状を表している部分を五字書き抜け。

問三　――線②はどういう意味か、「ということ」で終わるよう十五字以内で説明せよ。

問四　――線③はどんな感じなのか、「ということ」で終わるよう二十字以内で説明せよ。

問五　難　――線④で、どうして「驚いて凝視した」のか、その理由を「ため」で終わるよう五十字以内で説明せよ。

問六　――線⑤の意味として最もふさわしいものを、次の中から一つ選び、記号で答えよ。

ア　寂しくなった　イ　することがなくなった
ウ　何か食べたくなった　エ　わけがわからなくなった
オ　気持がぼーっとしてしまった

（神奈川・慶應義塾高）

着眼

問四　「しかと」は「しっかりと」と同じ意味。何かをつかむという行為は、自分でコントロールできる状態の比喩《ひゆ》的な表現であることをおさえる。　問五　病後初めて見た月に何を感じたのかをとらえる。

★★★
38　文学者の長江古義人《こぎと》は息子と故郷の土地で暮らし始めた。また、アメリカ人女性ローズさんは古義人の文学研究を兼ね、彼らの生活の手伝いをしている。そこに、古義人と同年輩で地元に暮らす織田医師が訪ねて来た場面である。次の文章を読んで、あとの問いに答えよ。(句読点等も字数に数える。)

解答　別冊 *P.28*

JR真木駅からタクシーで来た織田は、電話でもそう名乗った①「古風な町医者」を自己演出するふうで、あわいグレイの麻の背広に同じ色のメッシュの靴をはき、パナマ帽を右手に持っていた。相当なチップでもなければそういうことをしない土地の運転手が、田部夫人からの土産の食糧品の籠《かご》を恭しく提げて後に続いた。

短かく刈った艶《つや》のある白髪の頭、陽灼《や》けして血色の良い医師は、いかにも良家に生まれ育って、大学や職場でも思うように生きて来たというタイプだった。しかし②その積極的な性格が孤立を招くことがあったかも知れない。

——私は長江さんと同じ年の生まれです。それで人生の節目ごとに、あなたがどういう状態でいられるか、自分に引きくらべて考えることをしてきました。あなたは個人的な事情を書いたり話したりされることが多いでしょう？　まあ、日本の作家にはよく見られることですが、ともかく引照可能ですからね。

もう私も生の最終ステージに踏み込んでいると自覚します。そういう時にね、長江さんが東京の生活を引きはらわれ、こういう僻陬《へきすう》の地に移り住まれたことに……実際、現地に来てその思いを深めましたが……あなたとして本来的な理由があるんだろうと思うんです。お仕事についても、本の読み方にしても、新しいお考えがあってのことじゃないでしょうか？

③古義人が留保の目つきを——それも複雑に——したのであっただろう。コーヒーをサーヴィスしていたローズさんが答える役を引き取ってくれた。ローズさんはそれまでもコーヒーメーカーを置いた食卓の椅子に坐《すわ》って話を聞いていたのだ。

——古義人はいま、新しい小説の構想を積み上げたり壊したりしています……それが、仕事のやり方についてのいまの質問に答えとなるかも知れませんが……ちゃんとお話できる状態じゃありません。そこで、私が感じてることをいってみます。

織田医師は、ちょっととまどった様子だった。しかし、④開業医としての永い経験に鍛えられてもいる、ということだろう。

——願ってもないことです、と応じた。あなたもこちらに坐ってくださって、コーヒーを御一緒しながら、というのはどうでしょう？　男と女、別のテーブルで、というのはあまりに日本的ですから。

ローズさんは、自信のある振舞い方で移って来た。

——古義人も、このところ友人や先輩が次つぎに亡《な》くなられたことで、自分の残り時間を意識しています。そうなると、生き方自体をやりかえるのが古義人のスタイルです。

——それほどはっきりではないけれども……

——たとえば本を読む古義人を近くから見ている者には、とてもはっきりしていますよ。

いったん古義人に向けた目をローズさんに戻した織田医師は、社交的な微笑をおさめて質《たず》ねた。

——そうした変化が本の読み方に反映しているのを、感じていられるんですな。

（大江《おおえ》健三郎《けんざぶろう》『憂い顔の童子』より）

問一 ——線①は、この場合どういうことか。最も適当なものを、次の中から一つ選び、記号で答えよ。

ア 親しみやすく見せるために、昔の町医者の服装をし、周囲にも心遣いを欠かさぬこと。

イ 威厳があるように見せかけるために、昔の町医者の服装をし、振舞いまでまねること。

ウ 相手を威圧し、思い通り事を運ぶために、昔の町医者のような派手な格好をすること。

エ 昔の医者をまねることで、治療をする際に患者に信頼感を持たれるよう心がけること。

オ インテリだと強調するために、昔の町医者の服装をし、ぞんざいな振舞いをすること。

問二 難 ——線②では、古義人は織田医師をどのようなタイプの人物であると考えているか。最も適当なものを、次の中から一つ選び、記号で答えよ。

ア 恵まれた環境で育ち、何事にも不自由せず、屈託もないので、周囲から妬《ねた》みを受けてしまうタイプの人物。

イ 分析力に富み、常に指導的立場に立つが、他人への配慮が不十分なため、周囲から疎まれるタイプの人物。

ウ 主体的に何事にも前向きに取り組むが、協調性がないため独走しすぎて、周囲から疎まれるタイプの人物。

エ 頭脳明晰《めいせき》だが、歯に衣着せず、思いつくまま辛辣《しんらつ》な意見を述べて、周囲に不快感を与えるタイプの人物。

オ 思い込みが強く、他人にも自分の意見を無理強いしてしまうことで、周囲に不快感を与えるタイプの人物。

問三 難 「留保の目つき」「複雑に」したという表現に注意しながら、——線③における古義人の心情を五十字以内で説明せよ。

問四 難 ——線④は、どのようなことであるか。この場面に則して具体的に、六十字以内で説明せよ。

（兵庫・甲陽学院高）

着眼

問二 古義人がどのように考えたかが問題になっている。——線②をふくむ段落から読み取れる範囲で適するものを選ぶ。

問四 ——線④の結果として織田が身につけたものが、この場面でどのように役に立っているかを考える。

第2回 実力テスト

時間 40分　合格点 70点

得点 ／100

1 次の文章を読んで、あとの問いに答えよ。(句読点等も字数に数える。)　解答 別冊 P.29

「私」の父親は、五十八歳から俳句を作り始めたが、六十五歳で突然やめてしまった。現在父親は脳出血で入院しているが、病室に泊まり込んだ際、置いてあった俳句雑誌に父親の俳号を見つけ、「私」は驚きに打たれた。

前年の一月、父が八十八歳になった米寿《べいじゅ》の祝いに、九段《くだん》下《した》の料理屋に家族の全員が集まった。夕食を楽しみ、記念の写真を撮ったその帰り道、父がいつもの冗談《じょうだん》めかした調子で言った。

「少し、長く生きすぎてしまったかもしれないな」

その言葉に私は胸を衝《つ》かれた。八十八歳といえば現代においても長寿の部類に入るだろう。確かに、長く生きたかもしれない。しかし、少なくとも、私には父が「生きすぎた」とは思えなかった。もしかしたら、私は父を老人とすら思ったことがなかったかもしれない。長く生きすぎたなどということはありません、と言いたかった。しかし、父の言葉が、慰《なぐさ》めを求めて発せられたものでないことはわかっていた。自分が子供や孫に米寿の祝いなどされている。そのことの①面映《おもは》ゆさが言わせていたのだろう。だが、そこには、たとえわずかなものであっても、自分の人生を無に近いものと見なす気持《きもち》があるように感じられた。どうにかして父の一生が決して長すぎなどしなかったことを父自身に知らせる方法はないものだろうか。確かに、父は何事も成さなかった。世俗的な成功とは無縁だったし、中年を過ぎる頃《ころ》まで定職というものを持ったことすらなかった。ただ本を読み、酒を呑《の》むだけの一生だったと言えなくもない。無名の人の無名の人生。だが、その無名性の中にどれほど確かなものがあったろう……。

私は少々感傷的になりすぎていたのかもしれない。だが、そのとき、ふと思い浮かんだのが俳句だった。俳句には、父の生の断片が五七五によって定着されている。それを一冊に束《たば》ねれば、父が自分の人生を確かめるものになるかもしれない。そうだ、私家版《しかばん》の句集を出してあげよう。

しかし、いくら俳句を作った期間が七年あるといっても、そのあいだに病気をしていた時期もあり、大した数になっていないらしいことはわかっていた。四六判《しろくばん》の句集はおろか、ちょっとした冊子にまとめるほどの数もないだろう。

そこで、私は、長く生きすぎてしまったかもしれない、という父の言葉が聞こえなかったふりをして言った。

「また俳句でも作りませんか」

「どうして？」

父が怪訝《けげん》そうに訊《き》き返してきた。

「もう少しできれば、前に作ったのと合わせてあるていどの量になるんじゃないかな」

すると、父はそれがどうしたというふうに私を見た。

「米寿の記念に俳句の小冊子でも作りませんか」

私が言うと、父は即座に答えた。

「いやだよ、そんなの」

言われなくても、父がそう言うだろうことはわかっていたように思う。

「でも……」

私がさらに言い募《つの》ろうとすると、父は逆に私を労《いたわ》るような調子で言った。

「いいんだよ、そんなことをしてくれなくても」

私もそれ以上は強く勧めなかった。

このときも、惜しいなと思った。父には自己顕示欲というものがなかった。少なくとも私が物心がついてからは、父がそうした欲望を露《あらわ》にする場面を見たことがなかった。俳句を作るのも誰かに認められたいからではなく、ただ作りたいから作っていたのではないかと思える。なぜなら、父の作る俳句が、写生を金科玉条とするその句誌の仲間に理解されたとはとうてい思えないからだ。しかし、②飽《あ》くなき自己顕示欲を持つこと、それもまた才能のひとつであり、父に決定的に欠けているものだったのだろう。

その米寿の祝いの時点で、父の句集を作ろうなどという考えは捨て去っていた。

ところが、病床にあるこの句誌に父の俳句が出ている。内容から判断すると最近の句のようだ。父は俳句を再開したのだろうか。

その夜も、父はほとんど起きることなく眠りつづけてくれた。おかげで、私は持ってきていた本を二冊も読み終えることができた。

朝になり、体温を計り、寝間着を替えさせ、食事をさせるというような作業をした。寝間着は看護婦たちが着替えさせてくれ、食事は私が摂《と》らせようとしたが、やはりほとんど受けつけなかった。

「いや、もういい」

義理のようにひとくち食べると、あとは顔をそむけて食べようとしなくなった。

午前九時、母が手に紙袋を二つ提《さ》げて病室にやって来た。すべて前回のときとまったく同じだった。

「疲れたでしょ」

髭《ひげ》の伸びた私の顔がそうとうやつれて見えたらしく、母がそう言った。

「いや、ひと晩中よく眠っていてくれたから」

「あまり起きなかった？」

私が頷《うなず》くと、母は、それはよかったわ、と言った。実際、前回と比べると、格段に疲労は少なかった。最初は遠いと思われた道も二度目には短く感じられるのに似て、看護の一夜というのがどのように過ぎていくのかがわかってきたからだろう。

父は、母の顔を見ると、やはりまた安心したようにうつらうつら眠りはじめた。

そこで、私は気になっていた句誌のことを訊《たず》ねた。

「これは?」

母によれば、以前の俳句仲間のひとりが句誌を主宰《しゅさい》するようになっており、付き合いで購読していたが、去年の夏頃からその雑誌の雑詠欄に投句するようになったのだという。

なぜ不意に句作りを始めたのだろう。もしかしたら、それは私が米寿の祝いの折に言ったことが頭のどこかに引っ掛かっていたからなのだろうか。

「それからずっと?」

「そう、もう一年になるわね」

私はその句を読みたいと思った。こんど私が付き添うときまでにその句誌を全部持ってきておいてくれないかと母に頼んだ。

しばらくすると、父の担当医が来てくれた。外来の患者を診《み》る前に病室に寄ってくれたのだ。

担当医は、体温や血圧や脈拍のデータを見ながら、このまま行けばあと数日で退院できるかもしれないから、と父を励ました。そして、私に、昨日CTスキャンを撮ったが、脳の出血の痕《あと》はとてもよくなっている、と言い、これで熱さえ出なければいいんですが、と③小さな声で二度ほど繰り返した。

（沢木耕太郎《さわきこうたろう》『無名』より）

問一　本文を時間の経過に従って大きく二つの場面に分けるとすると、どこで分かれるか。後半部分の最初の五字を抜き出して答えよ。（20点）

問二　——線①とは、ここではどのような気持ちのことか。最も適当なものを、次の中から一つ選び、記号で答えよ。（15点）

ア　わざわざ子どもや孫に長寿を祝ってもらうことを照れくさく思う気持ち

イ　何もやり遂げなかった自分なのに祝ってもらうことを恥ずかしく思う気持ち

ウ　家族から米寿を祝ってもらうという形式的なことに抵抗を感じる気持ち

エ　慣れない晴れやかな席で自分を祝ってもらうことにためらいを感じる気持ち

問三　——線②とあるが、どうして「飽くなき自己顕示欲を持つこと」が「才能のひとつ」といえるのか、理由を説明せよ。（25点）

問四　——線③とあるが、なぜ(1)「小さな声で」、しかし(2)「二度ほど繰り返した」のか。(1)・(2)それぞれについて、十五字以内で答えよ。（各20点）

（東京・筑波大附属高）

3編

随筆文の読解

1 細部を読み取る

★39 次の文章を読んで、あとの問いに答えよ。（句読点等も字数として数える。）

解答 別冊 P.31

小学校の低学年で、私は都内から千葉県の松戸という場所に引っ越した。東京都の東を流れる江戸川を渡ったところだ。公務員をしていた父が、新築の宿舎の抽選を引き当てたからである。一九六〇年代後半の頃《ころ》だった。当時の松戸市は、東京圏というには田舎じみており、田舎というには中途半端な、開発途上の*ベッドタウンだった。

（中略）

引っ越してきた日の記憶がある。新居は運び込まれた荷物で一杯で、父と私は、近くの食料品店で菓子パンを買って野外で食べることにした。住宅からすこし離れたところに人気《ひとけ》のない開けた場所があった。そこは廃墟《はいきょ》だった。破壊された建物の残骸《ざんがい》が一面に散らばり、横たわっていた。破断面からは錆《さ》びた鉄筋が飛び出し、小石が混じったコンクリートは古びていた。奇妙な光景は、しかし、どこまでも明るく見渡せた。

私たちは陽あたりがよい広いコンクリート塊を見つけて、その上に登って昼食を食べた。気持ちのよい春の風があたりを吹き抜けていた。

後に知ったことだが、この眺めのよい台地の上には、一九四五年の敗戦時まで陸軍の広大な工兵学校があった。おそらく戦後、長らく放置されていたこの地は徐々に転用と再開発が進み、公務員住宅、裁判所、学校、公園などに変わりつつあった。私たちが引っ越してきたのは、そのような変貌《へんぼう》の終盤の頃だったのだ。

つまり①この場所は、地理的に、東京とその郊外が接する界面であっただけでなく、時間的には、戦後がなお戦前と接している界面《エッジ》でもあったのだ。界面とは、二つの異なるものが出会い、相互作用《エッジ・エフェクト》を起こす場所である。

引っ越しが決まった時、私はこの転居に気乗りがしなかった。東京の練馬に暮らしていた私は、そこが気に入っていた。今から思えば、当時の練馬区は、畑が広がり、ニワトリを飼っている農家が点在するようなのどかな田舎で、その意味では松戸と変わるところはほとんどなかっただろう。が、東武東上線沿いのこの街に私はとても愛着があったのだ。

しかし界面がもたらす作用の前に、②そんな小さな感傷はたちまち消し飛んでいくことになった。③次の日から、ここは、私たち少年にとってワンダーランドとなった。

私たちはさまざまな場所で、④止まったままの時間の断片を発見した。草むらの陰に入り口を開けた暗い防空壕《ぼうくうごう》。

おそるおそる階段を下りて中を覗《のぞ》こうとしたが、水がたまった地下の廊下は真っ暗でその奥行きは見えなかった。

台地と駅をつなぐ細い階段の途中の崖《がけ》には、分厚いコンクリートで固められた倉庫が埋め込まれ、鋲《びょう》を打った堅牢《けんろう》な鉄の扉が三枚ついていた。手で引くと意外にも扉はゆるりと開き、内部に棚が設《しつら》えてあるのが見えた。そこには一抱えもある大きな、青いガラス瓶がならんでいた。胴体にはクロロフォルムと記されていた。とはいえ瓶は栓が抜かれ中身は空だった。クロロフォルムが麻酔薬であることを調べた私は、それが一体何に使われたのか思いを巡らせた。

（福岡伸一《ふくおかしんいち》『生物と無生物のあいだ』より）

＊ベッドタウン＝大都市周辺の住宅都市。住民の大部分が昼に大都市で働き、夜だけ帰ってくるところからいう。

問一 ――線①とあるが、「この場所」とはどのような場所か。「～場所」に続く形で本文中から三十字以内で抜き出して答えよ。

問二 ――線②とあるが、その具体的な内容として最も適当なものを、次の中から一つ選び、記号で答えよ。

ア のどかな田舎だった練馬への強い愛着。
イ 気に入っていた練馬から引っ越した寂しさ。
ウ 転居に気乗りがしなかったという気持ち。
エ 人気のない廃墟で菓子パンを食べた悲しさ。

問三 ――線③とあるが、この部分から引っ越し先である松戸に対する、筆者のどのような気持ちがわかるか。次の中から一つ選び、記号で答えよ。

ア たいくつな生活にどうしてもなじむことができず、不満に思う気持ち。
イ もう練馬に帰ることはできないとあきらめ、新しい土地になれようと努めている気持ち。
ウ 新しい土地にこれまで知らなかったことを発見し、興味深く感じている気持ち。
エ 田舎の平凡だが平和な生活の楽しさがようやくわかり、満足している気持ち。

問四 ――線④とあるが、この場合いつのことか。本文中から五字以内で抜き出して答えよ。

（東京・明治大付属中野高・改）

着眼

問二 「小さな感傷」とあることから、強い感情ではないことをおさえる。

★★ 40 次の文章を読んで、あとの問いに答えよ。（句読点等も字数に数える。）

解答 別冊 P.31

これまでは自分が実際に歩んできた道のりを書いてきました。こうして振り返ってみると、たしかに多くの人が行かないような場所や、体験しえないような行為をしてきたのかもしれません。このような経験によって、ぼくは世間から「冒険家」などと呼ばれることもあります。

しかし、辺境の地へ行くことや危険を冒して旅することが、果たして本当の冒険なのでしょうか？　そもそも①「冒険」や「旅」には、いったいどんな意味があるのでしょう？　あることをきっかけに、ぼくはよりいっそうそんなふうに考えるようになりました。

観光旅行に行くことと旅に出ることは違います。観光旅行はガイドブックに紹介された場所や多くの人が何度も見聞きした場所を訪ねることです。そこには実際に見たり触れたりする喜びはあるかもしれませんが、あらかじめ知り得ていた情報を大きくⅠ逸脱することはありません。一方、旅に出るというのは、未知の場所に足を踏み入れることです。知っている範囲を超えて、勇気を持って新しい場所へ向かうことです。それは、肉体的、空間的な意味あいだけではなく、精神的な部分も含まれます。むしろ、精神的な意味あいのほうが強いといってもいいでしょう。

人を好きになることや新しい友だちを作ること、はじめて一人《ひとり》暮らしをしたり、会社を立ち上げたり、いつもと違う道を通って家に帰ることだって旅の一部だと思うのです。実際に見知らぬ土地を歩いてみるとわかりますが、旅先では孤独を感じたり、不安や心配がつきまといます。旅人は常に少数派で、異邦人で、自分の世界と他者の世界のはざまにあって、さまざまな状況で問いをつきつけられることになります。多かれ少なかれ、世界中のすべての人は旅をしてきたといえるし、生きることはすなわちそういった冒険の連続ではないでしょうか。

生まれたばかりの子どもにとって、世界は異質なものに溢《あふ》れています。もともと知り得ていたものなど何もないので、あるがままの世界が発する声にただ耳を澄ますしかありません。目の前に覆《おお》いかぶさってくる②光の洪水に身をまかせるしかないのです。そういった意味で、子どもたちは究極の旅人であり冒険者だといえるでしょう。歳をとりながら、さまざまなものとの出会いを繰り返すことによって、人は世界と親しくなっていきます。やがて、世界の声は消え、光の洪水は無色透明の空気みたいになって、何も感じなくなっていくのでしょう。それは決して苦しいことではありませんから、世界との出会いを求めることもなくなり、異質なものを避けて五感を閉じていくのかもしれません。そうして世界がすでに自分の知っている世界になってしまったとき、あるがままの無限の世界は姿を変えて、ひどく小さなものになってしまいます。③そのことを否定するつもりはまったくありませんし、自分もそうならないとは限りませんが、Ⅱ不断の冒険によって最後の最後まで旅を続けようと努力したいとぼくは思うのです。

現実に何を体験するか、どこに行くかということはさして重要なことではないのです。心を揺さぶる何かに向かいあっているか、ということがもっとも大切なことだとぼくは思います。だから、人によっては、あえていまここにある現実に踏みとどまりながら大きな旅に出る人もいるでしょうし、ここではない別の場所に身を投げ出すことによってはじめて旅の実感を得る人もいるでしょう。

ぼくが冒険家という肩書きに違和感を抱《いだ》く理由がわかって［Ａ］でしょうか。いま生きているという冒険をおこなっている多くの人々を前にしながら、登山や川下りや航海をしただけで、「すごい冒険だ」などとは到底思えないのです。

（石川直樹《いしかわなおき》『いま生きているという冒険』より）

問一　［Ａ］には「もらえた」の謙譲表現が入る。ひらがなで答えよ。

問二　――線Ⅰ、――線Ⅱの意味として最も適当なものを、次の中からそれぞれ一つ選び、記号で答えよ。

Ⅰ「逸脱」
ア　上回ること　**イ**　間違えること　**ウ**　下回ること
エ　それること　**オ**　抜かすこと

Ⅱ「不断」
ア　いつもと同じこと　**イ**　永遠に続くこと
ウ　生活の中のこと　**エ**　絶え間ないこと
オ　だまって行うこと

問三　難　――線①とあるが、「冒険」や「旅」には「どんな意味」があるか。五十字以上七十字以内で答えよ。

問四　――線②は、何のどのような様子をたとえているか。五十字以内で答えよ。

問五　――線③とあるが、その内容として最も適当なものを、次の中から一つ選び、記号で答えよ。

ア　子どもたちが歳をとりながら、さまざまなものとの出会いを繰り返すこと。
イ　すでに自分の知らないことがまったくないような世界になってしまうこと。
ウ　世界が異質なものに溢れている子どもの心をいつまでも失わないこと。
エ　世界との出会いを求めなくなり、異質なものを避けていってしまうこと。
オ　無限の世界が姿を変えて、とても範囲の小さな世界になっていくこと。

（東京・お茶の水女子大附属高）

着眼

問三　観光旅行と旅との違いが述べられている部分から、筆者が考える旅とはどういったものであるかをおさえる。
問四　「洪水」という語は、大量のものがあふれている様子を表している。

★★★ 41　次の文章を読んで、あとの問いに答えよ。

頻出　解答　別冊 P.32

一冊のふしぎな本があった。その本はドイツ製で、子供のための絵本だったが、絵ではなくて、白黒の写真で、どうやら二匹の犬の話が語られているらしかった。らしかった、としか言えないのは、説明文のドイツ語が、私たちにはまったく読めなかったからである。

二匹の犬は、いま考えると、ビーグル犬のような、毛のみじかい、耳のながい、短足の犬だったが、それが二匹とも、人間のように、服を着せられ、二本あしで立たされて、買物に出かけたり、病気になってベッドにはいっていたり、 A のはてはナイトキャップをかぶせられて、本を読んでいたりした。私と妹は、はっきりいって、この本がきらいだった。絵ではなくて、写真なのが、どういうわけか、うとましかった。犬を人間のように見立てているのも、わざとらしくて、いやだった。犬だって、あんな格好《かっこう》をさせられて、けっして愉快ではなかっただろう。さらに、ドイツ語で書かれていて、まず、本の題名からしてちんぷんかんぷんなのも、 B にさわった。それなのに、私たちは、ながいこと、この本からはなれることができなかった。たくさんの本が、ともだちに貸して返ってこなかったり、背表紙がぼろぼろになっておとなに捨てられたりしてしまうなかで、この本だけが、何年も生き残った。戦争で、だんだんあたらしい本が買えなくなると、①ますますその本は、いばっているようにみえた。なくした、と思っていても、また出てきて、いやな本だなあ、と思いながら、また手にとって、私たちは開いて見た。病気のときなど、読む本がなくなると、「あいつ」が出てきた。②「読まれる」危険はない本だったけれど、いまでも、あの本のことを考えると、なにかうっとうしい気分になる。

この本は、おそらく写真でつづった絵本というのが、当時にしてはひどくめずらしくて父の目にとまったのだろうけれど、そして、父にしたら、ずいぶんハイカラな本を子供に持ってかえったつもりだったのだろうけれど、 C な子供の気には入らなかったわけだ。私も、妹も、あの本の話を、どんなにあの本がきらいだったか、それなのに、いつまでも離れることができなかったという話といっしょに、とうとう父にはしたことがなかったと思う。したところで、どんな本だったか、父はおぼえていなかっただろう。

父がくれた本というのは、すくなくとも記憶にあるかぎりではこの奇妙な犬の本が最初だったが、ある年のクリスマスに、大判のうつくしい、やはり子供のために書かれた『平家物語』をもらった。小村雪岱《こむらせったい》という日本画家の挿絵が数葉はいった、クリーム色がかった用紙をつかった、かなり贅沢《ぜいたく》な本だった。妹は『アンデルセン童話集』をもらって、私の「地味」な本にたいして、その派手さが、はじめはちょっとうらやましかった。

クリスマスの贈物といっても、いまのように、父親が自分で手わたしてくれるわけではないし、クリスマス・ツリーを飾ったわけでもなくて、クリスマスの朝、お茶の間に降りていくと、床の間にかざってあるだけだった。私たちを起しにきてくれた叔母から、「プレゼント」がある、という話だけは聞いてどきどきしながら二階から降りてくるのだったが、贈物をじっさいに見ると、たとえようないてれくささに襲われた。あっとよろこびの声をあげるにはあげる。つぎの瞬間には、勇気をかきあつめて、食事をしている父に、両手をついてお礼をいう。パパ、ありがとうございました。おしりがバッタみたいに突ったっていないか、ちゃんと両手を畳につけて、正座しておじぎをしているかどうかは、祖母がよこから監視していた。

父は、そのとき、私に、この本は本文も大切だが、さし絵がいいのだ、というようなことを、言った。小村雪岱という画家の名が、それ以来、私にとって、忘れられない名前になった。雪岱、という漢字が読めるようになって、雪岱がえらい日本画家だということも、その本でおぼえたのだった。表紙に使った日本紙が、手のなかですこしずつケバだって行くのも、なにかこのもしい本だった。

清盛が晩年、うたがいぶかくなって、少年たちを女の子のようによそわせ、京の町に放って、スパイをさせた話があった。赤い着物を裾《すそ》みじかく着て、三々五々たむろする、「かむろ」とよばれた黒髪の子供たちの絵が、ページいっぱいに描かれていて、私はこんなうつくしいものがこの世にあったのかと、何度もその箇所をひらいて、行ったことのないむかしの京の町を想像した。

いちばんこころを動かされたのは、大原御幸のくだりだった。とくに、後白河院が建礼門院と悲しい思い出話をするという物語そのものが、私をあの透明な悲しみの世界にすっとさそいこみ、何日も、たぶん何年も、③小学生なりの寸法でしかなくても、私は平氏の滅亡を、この本のなかでかぎりなく哀《かな》しんだ。だれの文章だったのだろうか。そして、まるであの日、自分も後白河院の一行に連れそっていたみたいに、私は、裏山から仏壇にそなえる花をもって降りてくる建礼門院の声を、澄みきった山の空気のなかに、はっきりと聞いたし、二位尼が安徳天皇を抱いて極楽にまいりましょうといいながら入水《じゅすい》した物語があわれで、私は小さい弟を抱いて死のうとする夢をみたりした。

（須賀敦子《すがあつこ》『遠い朝の本たち』より。本文を改めたところがある。）

問一 A B に、最も適当なひらがな三字を入れよ。

問二 C に入る語を、次の中から選び、記号で答えよ。

ア 保守的　イ 利己的　ウ 理性的　エ 日本的

問三 ――線①とは、どのようなことか、説明せよ。

問四 ――線②とは、どのようなことか、説明せよ。

問五 難 ――線③をわかりやすい表現に直せ。

（東京・慶應義塾女子高）

着眼

問五 小学生であった筆者の本の読み方をおさえる。

2 事実・経験をとらえる

★**42** 次の文章を読んで、あとの問いに答えよ。 **解答** 別冊 ***P.33***

生まれたときから都会に暮らしている子どもたちは、ふだん口に入れているものがどこから来ているのかを知らない。スーパーに行けばたいていの食材は手に入るし、その名にふさわしい鮮度を保った生鮮食品も容易に見つかるからだ。[A]、そこで生命のにおいに触れられる品目はほんとうに限られていて、ごくわずかな甲殻類と泥鰌《どじょう》などを除けば、生きたまま売られている食材にはまずお目にかかれない。足の早い青物はべつとして、多くは冷凍と解凍の二重手間がかかっているし、そもそも肉類は原型をとどめていないのである。

しかし、これはいまさら意地悪く言う必要もないほどありふれた、[B]時代遅れの話だ。一般家庭の食材調達事情は、[C]田舎でも都会でも似たようなものだろう。「さばく」という熟練の技を店頭で目撃することはあっても、その背後になにがあるかはきれいに隠されている。産地直送の通販を利用すれば、味の鮮度がます一方で、過程の間引きも大きくなっていくだろう。

たとえば「絞《し》める」という言葉が特定の生きものの命をもらって人間の血肉に変えるために用いられ、絞めて、毟《むし》って、血を抜いて、それからようやく「さばく」ことが可能になるのだと知ったときの驚きと恐怖を、私はいまも忘れられない。食肉処理には、かならずその前段階がある。庭の一角に鶏小屋や兎《うさぎ》小屋があるような農家で育ったとしても、少年少女の時代には家禽《かきん》なんて概念もないわけだから、真実を知ったときには動揺するのだ。

半世紀まえのアメリカ映画に、こんな場面があった。クリスマス・イヴの夕刻、幼い兄妹が世話をしていた七面鳥の姿が見えなくなる。すると、夜の食卓にみごとな鳥の丸焼きが供された。皿に盛られたものの正体を悟り、「飼う」ことのほんとうの意味を理解した彼らは号泣する。親たちがどんなに慰め、宿命の必然を説いても、知ってしまった事実の重みからはもう逃れられない。

また、二十年まえのフランス映画にも、①同様の教訓があった。都会育ちの少年が、ひと夏を、田舎に住む両親の友人夫婦のもとにあずけられる。犬猫のほか生きた動物など見たことのない少年は、小屋に飼われている兎たちに餌《えさ》をあげたりして親しむようになるのだが、祭りの日、母の友人である女性がその兎の両耳を握ってぶらさげているのを見てしまう。変わり果てた姿を見た瞬間、彼は世界の真理の一角に触れる。もちろん、その晩、彼は出された肉を食べることができなかった。

肉類を口にする際には、うしろめたさとそれに倍する感謝の念を持たなければならない。肉食の国で何年か暮らした影響もあるのだろう、②肉屋のケースから取り出された塊を切り分けてもらうまえに、私はもう調理後の盛りつけを想像しているようなありさまで、ここ何年かは、前述のような映画との再会の機会も、③命の連鎖を身近に感じることもなくなりつつあった。

（堀江《ほりえ》敏幸《としゆき》『彼女のいる背表紙』より）

問一 [A]～[C]を補う言葉の組み合わせとして最も適当なものを、次の中から一つ選び、記号で答えよ。

ア A＝しかも　B＝まるで　C＝なぜか
イ A＝けれど　B＝いつも　C＝きっと
ウ A＝ただし　B＝むしろ　C＝いまや
エ A＝まして　B＝いまだ　C＝やはり

問二 ——線①について、これらの映画から、筆者はどのような「教訓」を読み取ったのか。その内容が示されている一文を本文中から探し、最初の五字を抜き出して答えよ。

問三 ——線②とは、どういうことか。最も適当なものを次の中から一つ選び、記号で答えよ。

ア 肉の塊を生命とつながりのあるものとしてとらえず、食材としての一面しか見ていないということ。
イ 肉の塊から世界の真理を感じ取ろうとせず、表面的な事柄にばかり注意をはらっているということ。
ウ 肉の塊が空腹を満たしてくれるだけでは満足できず、食卓をどう飾るかまで考えているということ。
エ 肉の塊にそうなるまでの血生臭い過程があると知らず、動物の悲しみなど思いもしないということ。

問四 ——線③について具体的に述べている部分を、本文中から二十字以内で探し、最初と最後の三字を抜き出して答えよ。

（東京・桐朋高・改）

着眼

問三 「肉の塊」から「調理後の盛りつけ」を想像することで、見失っているものは何かを考える。

★★
43 染織家である筆者は、藤原中学という山の中の小さな中学校の生徒から「志村さんのように桜がうまく染まらないので来てほしい」という手紙をもらった。次の文章は、筆者が、その小さな中学に行き、雪の森で、桜、みずなら、みずき、こぶし等を採切し、理科教室のコンロで炊き出した時の文章である。読んで、あとの問いに答えよ。〈頻出　解答 別冊 *P.34*

どの植物からもさかんな匂いが発せられ、理科教室はそれらの匂いで充満した。春を待つ樹々が貯めこんだ精気としかいいようのない、*清冽《せいれつ》な刺激にみちた匂いだった。生徒たちは授業の終わるのを待ちかねてやってきた。「うわー、臭え、臭え」。はじらいと好奇心とうれしさとで、どの顔もはちきれんばかりのまっかな頬《ほお》。はじめは戸惑ったようにモジモジしていた子も、自分の糸が染まってゆくのを見ると、たちまちいきいきと輝くような表情になる。

やがて、桜を染めることになった。前もって桜の灰も用意され、みなは*固唾《かたず》をのんで私の手もとを見守っていた。桜の液につけられ、桜の*灰汁《あく》で*媒染された糸は、淡いが、匂い立つような桜色になるはずだった。ところが液からひき揚げた糸は、赤味を帯びた黄色だった。生徒たちの間で「なーんだ」というような落胆の気配がして、一人の生徒が「本当の桜はどんな色ですか」質問した。

とっさに私は、「これが桜の色です、藤原の桜の色です」と答えた。逃げもかくれもできない。今ここにあるこの色、きのう雪の中で折れまがったような桜の枝をとってきた、それがこの色だった。京都の小倉山のふもとの桜は桜色だったが、藤原の雪の中の桜は黄色なのだ。私は生徒たちの目の前でその事実に直面して、自分の①思い上がりを打ちのめされたようだった。

しかし、生徒は次の手紙でこの事実を素晴らしい言葉で裏付けてくれた。「私が一番心に残ったことは、同じ桜でやっても同じ色がでない、それで、これが本当の色なんだっていうのがないことです。藤原の桜は黄色です。これが藤原の桜の色だと思うと、とてもうれしいです。勉強していれば、必ず本当のことがあるから、いっそううれしく思いました。私が思うには、②染色というのは〈自然の証明〉なんじゃないかなと思いました。色は私たちに何かを語りかけてくれます。だからそれが色の主張だと思うのです。だから私は染色がとても好きになりました」というのである。

また若い教師は、「樹々が厳しい自然のなかで全精力を傾けて芽吹きの準備をしている。その生命と、色と香りをいただいてしまった私たちは、どうあっても〈植物の側の言い分〉をきかなければいけない。日頃生徒たちと接していて、充分に生徒たちの言い分をきいていただろうか。言葉にならない言葉をきいてあげただろうか。こちら側にそれを受けとめる素地がなければ色は命を失うのです、という言葉が今はじめて切実にわかったような気がします」とたよりをくれた。

生徒たちの素晴らしい反応は、自然の厳しさ、優しさに密着して生きている人々のまじりけのない感受性によるものであったが、それらが私にあたえてくれた透明な*叡智《えいち》のようなかがやきを、私は終生忘れることができないだろう。それは思いおこせばいまだに、樹々の清冽な香りがする。中学生のあの生徒たちの芽吹きの匂いである。

その折、私は生徒たちに一束ずつ糸をわたした。その糸で藤原の森の、野の、草の色を染めて送ってください、と。春の終わりの頃、生徒たちから糸の束がとどいた。栃《とち》、りんご、桃、みずね桜、沢ききょうなど、まるで春のかたまりだった。

私はその糸を*経《た》てて織った。③何もデザインはいらなかった。子どもたちの染めた色をそのまま縞《しま》にして、緯糸《よこ》を白で織った。それを「藤原の雪」と名づけた。

（志村ふくみ『色を奏でる』より。一部省略等がある。）

*清冽＝清らかで冷たいさま。
*固唾をのんで＝事のなりゆきがどうなるかと、息をこらして。
*灰汁＝灰を水につけて得る上澄みの液。
*媒染＝染料と布とを結びつける薬を用いて染めること。
*叡智＝すぐれて深い知恵。　*経てて＝縦糸にして。

問一 ――線①とあるが、この言葉の意味として最も適当なものを次の中から一つ選び、記号で答えよ。

ア 自分が実際以上に優れていると思うこと。
イ 自分の考えを最後まで貫こうと思うこと。
ウ 自分を励まし前向きに生きようと思うこと。
エ 自分は他人から注目されていると思うこと。

問二 難 ――線②とあるが、この生徒はある体験を通して、染色は自然界のあるべき姿を示している、と考えた。「ある体験」・「自然界のあるべき姿」とは、それぞれどのようなことか。「ある体験」については二十字程度、「自然界のあるべき姿」については三十字程度で書け。（句読点等も字数に数える。）

問三 難 ――線③とあるが、なぜ筆者はそのように考えたのか。最も適当なものを次の中から一つ選び、記号で答えよ。

ア 春の草木と森に残る雪の清らかで純粋なイメージを表現するためには、余計な技巧はいらないと考えたから。
イ 桜では見せられなかった、それぞれの植物がもっている本当の色というものを今度は見せたいと考えたから。
ウ 生徒たちが染めた糸にはそれぞれの思いや言葉が込められており、それをそのまま生かしたいと考えたから。
エ それぞれの植物の精気によって染められた糸の美しさに魅せられ、自分の手助けなどいらないと考えたから。

（和歌山・県立向陽高）

着眼

問二 この生徒の「考え」は、同じ段落の生徒の手紙の中に述べられている。

★★★ 44

次の文章を読んで、あとの問いに答えよ。(句読点等も字数に数える。)　**解答** 別冊 *P. 34*

「卒業式か――。」

私は炬燵《こたつ》に入ったまま、テレビをつけるのも忘れて、アこの言葉を繰り返した。

「日本晴れだったな、あの日も。今日のように。」

梅の花に日が差して、芝生《しばふ》にも日が差して、庭はいよいよ明るい。今日が日本晴れかどうかは庭に出ていないのでたしかめようがないが、その日が日本晴れであったことは、式を終わって、これでこの土地ともお別れかと木立《こだち》のなかに塔の尖《さき》の見える八幡《はちまん》神社の岡《おか》を眺めたから、覚えている。

そして、心も日本晴れだった。それからのち、いろいろなことがあったが、あのまだ人生の経験に乏しい柔らかい心に差し込んだ①一条の光ほど眩《まぶ》しいものはなかった。勉強が苦しかっただけに、むくわれたよろこびは大きく、目覚めの際や本などをよんでしばらく外のことに心を移したあとに、ふと自分を取り戻すと、願いごとが夢ではなく現実となっているのが嘘《うそ》のようで、イあらためてよろこびが湧《わ》いてくるのであった。

しかしその日本晴れの心のなかに、かすかなかげりのようなものも、浮かんでいなかったわけではない。当座はただ眩しさにまぎれ、その後も折々思い出す程度で誰に言うことでもなかったが、年が経《た》つにつれて、その日本晴れのなかの一点のくもりのようなものに思いのいくことが多くなった。

幾何の問題に、解けないのが一つあった。中でいちばん簡単な問題で、簡単そうに見えてひねってあるのではなく、素直に解いていけばよいはずと見当はついているのだが、はじめに取り付いて、しばらくやってみても手懸かりが摑《つか》めない。

後にまわしてほかの問題にかかり、中には力にあまるのをねじふせるようにして解いたのもあって手間どったが、片付いて、はじめに残した問題にかえった。それが解けない。

時間はあといくらもなかった。張りつめていた試験場の空気も緩んで、椅子《いす》のがたつく音がつよくなった。半ば諦《あきら》めて、諦め切れずにウ肘《ひじ》をついて考えていると、右手一つ前の席の子供子供した小柄な少年は切りがついたと見え、鉛筆を置き、背筋を伸ばした。しばらくその姿勢で答案を眺めていたが、そのうち頸《くび》のうしろに両手をあて、指を組むと、うーんというように、声こそ出さないが、実のある仕事をしたあとの満足感をみせて伸びをした。

少年の水平に張った腕の下、反らした胸の前に答案用紙があらわれた。そして、私の解きあぐねている円と三角形を組み合わせた図形に、斜めに一本、補助線の引かれているのが見えた。

急いで定規を当て、三角形の頂点から底辺の或《あ》る点を通って外接円に向かう一本の補助線を引く。証明を終わるのに、五分とはかからなかった。証明を終わるのと、終了のベルの鳴るのとは同時だった。

「それまで。」

力強い声で制する監督官の声を、私は眩暈《めまい》を覚えるほどの安堵《あんど》をもって聞いた。

「あの補助線は、自分の一生にとって何だったのだろう。」

いまもその問いから自由になっていない。その一題の成否が合格を左右したかどうかはたしかめるすべもないが、もしそれを落としていたら危なかったのではないか、という疑念は消えない。

あの試験場の崖《がけ》っぷちで、命綱がするすると降りて来るように一本の補助線があらわれて私を救いあげてくれてよりこのかた、幸運の補助線は幾度も私の前に姿を見せているのではないだろうか。あのような手品さながらのあらわれ方ではないにしても、野の小川を飛び越そうとして立ちすくんだときも、辻《つじ》に立って踏み出す一歩に迷ったときも、森の道のあまりの暗さに引き返したくなったときも、命綱の補助線はスリットを洩《も》れる細い瞬間の眩しい輝きのように眼前にひらめいたのに違いなかった。エたしかにその光の見えたと思われたときもあった。見えようと、見えまいと、私は数知れぬ補助線に導かれて今日まで歩いて来たようなものだった。

三角形の頂点から外接する円に向かって引かれた一本の補助線――②私はそれを盗んだものとして長いあいだ恥じてきたが、いまは与えられたものと思うようになっている。

補助線は少年の水平に張られた肘の下、反らした胸の前の空間に私の視線がとどくよりも先に、空の一角から私に向かって落ちてきていた。

（上田三四二《うえだみよじ》『補助線』より）

問一 この文章には、次の一文が抜けている。文章中に入れるとすればどこが最も適当か。直前の文の最後の二文節を抜き出して答えよ。

○解法は光よりはやく脳裏にひらめいた。

問二 難 ------線ア～エの出来事を、古い順に並べ替えるとどうなるか。記号を順番に記せ。

問三 ――線①とは、どういうことを表しているのか。最も適当なものを、次の中から一つ選び、記号で答えよ。

ア 故郷の中学校を無事に卒業できたこと。
イ 苦労して希望の高等学校に合格したこと。
ウ 田舎《いなか》を離れ都会で新しい生活が始まること。
エ 解けない問題の解法が偶然見えたこと。
オ 陽光の降り注ぐよい時節を迎えたこと。

問四 難 ――線②とあるが、そのように変わったのはなぜだと考えられるか。その理由を三十五字以上四十五字以内で記せ。

（大阪教育大附属高平野校舎）

着眼

問二 全体が「現在」の部分と三段階の「回想」の部分から構成されていることをつかむ。

3 意見・心情をとらえる

★**45** 次の文章を読んで、あとの問いに答えよ。 A 頻出　解答 別冊 P.35

この鳥はふしぎな鳥だった。

仕事帰りの夕暮れ、道ばたの工事現場で野鳥とは思えない真っ白な小鳥が一羽、行き昏《く》れて所在なげに佇《たたず》んでいた。そっと近づいて手を出すと、その鳥はひとあし、ふたあし、ぴょんと飛びながら、三歩目にわたしの手に停まったのだ。①運命、と言うほかない。

そっとてのひらに包みこむと、わたしは家に急いだ。子どものときに鳥を飼ったことがあったから、小鳥は体重が軽い分、ひっきりなしに餌を食べていないと、たった一日、餌がとぎれてもあっけなく死ぬことを知っていた。どこかの家からはぐれてきたのだろう、わたしの手に停まるほどひとになじんだ飼い鳥が、自分で餌をとれるような野性を持っているとは思えなかった。

ありあわせの空き箱に小鳥を入れてから、わたしは近くのスーパーに走った。閉店時刻は近づいていた。なにがなんでも、今夜中に［A］。

その日から、ピーコはうちの住人になったのだ。

（中略）

冬が近づいて、暖房を入れる季節が来た。わたしはガスストーブを室内で使っていたが、排気ガスが小鳥に悪いだろうと考えた。それで当時はまだ新しかったＦＦ（強制排気）式のガス温風暖房機を、借りていたアパートに奮発して設置した。

毎朝の日課だった水浴びも、寒さの訪れとともに水が日々に冷たくなると、ピーコは水に入るのをためらうようになった。それで洗面台に温水をためながら、人肌に温めたお湯をわたしのたなごころにすくうと、ピーコはそのなかにぽしゃんと飛びこんで水浴びならぬ湯浴《ゆあ》みをした。翼を勢いよくばたつかせるものだから、わたしは顔も服も水浸しになったのだが、ピーコのため、と思えば苦にならなかった。

あれやこれやで、わたしはこの鳥を、「国際過保護鳥」と名づけていたのだ。

親ばかならぬペットばか、関係ないひとが聞けば、愚にもつかない話だろう。だから、ペット話をする相手は、よほど選んだほうがよい……。

ペットはその絶対の依存性と信頼性で、小さな子どもに似ている。子どもも少し大きくなれば、ずるさや媚《こ》び、不信や軽蔑《けいべつ》を学ぶが、うんと小さな子どもは生きていくために絶対の信頼を親に寄せるほかない。

小児麻痺《まひ》で脚が不自由だったわたしの友人は、子どもの頃、それをふびんに思った父親から溺愛《できあい》されて育った。父親は幼な子だった彼女を毎晩自分のふとんのなかに入れて、掻《か》き撫《な》でながら育てた。彼女にとって異性との愛の原体験は父親がくれた絶対的な愛だった。おとなになってから、父親が与えてくれたような愛をほかの異性に求めても無理なこと、②どんな愛も条件付きの相対的なものであることを知った。だから彼女は結婚を望まない。

「だけどね、子どもはほしいと思うのよ。」

なぜなら、子どもなら絶対の愛、だれかと比べたり何かと引き替えにしたりしない、かけ値なしの信頼を与えてくれるから……。

子どもにとってなら、かけがえのない「オンリー・ワン」でいられる、という彼女のもっともな望みを聞いて、でもわたしは、そうね、そのとおりね、産んでみたら？　と③励ます気持ちになれない。

なぜって、それなら子どもはペットと同じだから。そしてペットを持ちたいと思う気持ちのなかには、無償の愛情ばかりでなく、絶対的に依存的な存在を自分に従属させたいというエゴイズムがあることを、わたしは知っているから。そしてこういう動機で子どもの母親になったら、子どもがかわいそうだと思うからだ。子どもはペットではない。

事実、父親にペットのように愛された子どもの頃のわたしは、その親の愛の身勝手さを鋭敏に感じとっていたはずなのだ。それなら子どもを持つよりペットを持つほうが、よほど罪がない。

（上野《うえの》千鶴子《ちづこ》『ひとりの午後に』より）

問一 ——線①とあるが、筆者はどのような「運命」を感じたのか、答えよ。

問二 [A] に入れるのに最も適当な語句を、次の中から一つ選び、記号で答えよ。

ア　小鳥の餌を手に入れなくちゃ
イ　小鳥の飼い主を探さなくちゃ
ウ　小鳥の野性を取り戻さなくちゃ
エ　小鳥をかごに入れてあげなきゃ
オ　小鳥を自分のペットにしなきゃ

問三 ——線②とはどのようなことか。本文中の言葉を用いて説明せよ。

問四 ——線③とあるが、なぜか。理由を説明せよ。

（兵庫・灘高）

着眼　問三　この場合の「愛」は、父親の愛とは異なることをおさえる。

★★ 46 次の文章を読んで、あとの問いに答えよ。（句読点等も字数に数える。）　**解答** 別冊 *P.36*

　病気をビョーキとカタカナで表記するのが流行《はや》った時代があった。この場合、ビョーキとは本格的な身体疾患ではなくて、常識では理解できない行動や趣味のことを指している。「彼のあのワインへののめり込み方、ほとんどビョーキだよね」などと使う。そこには若干の①尊敬も含まれていたと思う。

　今は、「病気なんだよ」と言ったとき、かつてのビョーキを連想する人はまずいない。若者であっても、「どこか悪いんですか」と心配してくれるだろう。「ビョーキだから」と軽く茶化すことで病気が持っている深刻さを少しでも薄めよう、とする人はいなくなったのだろうか。健康幻想が広まる中、とにかく病気は悪くてネガティブ*なもの、という考えが広まっているのかもしれない。あるいは、ビョーキと言われてまで個性的でいるのはいや、と思う若者が増えているとも考えられる。

　一方、「傷ついた」「心の傷がある」と自ら口にする若者は、急激に増えている。子どものときに心に傷（トラウマ）を受けたために、大人になってからも生きにくさを抱えている人を一部の心理学者やジャーナリストがアダルト・チルドレンと呼んだところ、あっという間に広まった。今ではこのアダルト・チルドレンに関係したホームページは、ほとんど無数にある。そこは、「私は病気でもないし、心に傷を受けてもいない」という人は立ち入ることのできない世界。しかし、ひとたび「傷を受けた」とさえ認めれば、仲間たちがあたたかく迎え入れてくれる場所だ。

　かつてのビョーキは、突出した特徴や個性の代名詞であった。人にはきらわれるかもしれないが、思わぬ生産性や才能に結びつくこともありえた。ところが、今の若者たちが好んで使う「心の傷」の方は、突出ではなくて同じような仲間との同化の方向にしか発展しない。大人から見ると、彼らが訴える苦痛や過去の物語はどれもこれも同じように見えてしまうが、そうやって〝みんなと同じ〟と受け入れられることがまず大切なのだろう（ここでは、災害や事件、虐待などによる実際の「心的外傷」と、若者が簡単に口にする「心の傷」とをあえて分けている）。

　しかし、まわりに同化する時期がしばらく続くと、必ず今度は「自分らしくありたい」という個性化の欲求が生まれるはず。ただ、「傷ついた」という思いを核に個性を築いていくのは容易なことではない。では、「傷は癒《い》えた」となればいいかと言うと、そうも行かない。癒えるということは、これまで「わかるよ」となぐさめてくれた仲間の元を離れるということにもつながるし、心の傷がなくなったあとには、もしかすると個性的ではなく平凡な自分しか待っていないかもしれないからだ。「自分はどこにでもいる人間だと認めたくない」という〝平凡恐怖症〟を持つ若者は、二十年前も今も一定の割合で存在する。

ビョーキにまでなってまわりの注目を集めたり、孤立してしまったりするのは怖い。もちろん、本当に苦しい病気はイヤ。そこで、「心の傷」を足がかりにだれかとつながり、「同じだね、わかるよ」と認め合いたい。でも、そこから次の一歩をどうやって踏み出せばよいかわからない。今そんな若者が、たくさんいる。「自分らしく生きなさい」「ふつうじゃ面白《おもしろ》くない」と口では言いながら、ではどうすれば個性的な生き方ができるかを若者や子どもに教えられなかった大人にも、その責任の一端はある。あるいは、かつて②「オレ、ビョーキ」と言いながら好きなことをしてきた元・青年が今、四十代、五十代となってはつらつと生きていないことにも、若者が「平凡はいやだけど特別もコワイ」と怖《お》じ気《け》づく原因があるのではないか。

病気、ビョーキ、心の傷、どれももろ手をあげて歓迎すべきものではないが、それらをきっかけに自分の生き方を見つめなおすことはできるはずだ。今の若者が自分の生きにくさを「傷ついた」と表現し、それを仲間どうしで共有し合ったあとに、それぞれがどうやって立ち上がっていくのか。それとも、いつまでもそこに停滞したままなのか。若者たちが自分で決定するのを、大人は祈るような気持ちで見守るしかないのだろうか。

（香山《かやま》リカ『若者の法則』より）

＊ネガティブ＝否定的。

問一 ――線①とあるが、それはなぜか。その理由を、本文中の語句を使いながら、三十字以上四十字以内で記せ。

問二 難 ――線②とあるが、彼らが若いころに「オレ、ビョーキ」と言っていたのはどんな考えを持っていたからか。「…という考え。」に続くように、二十五字以内で抜き出して答えよ。

問三 難 筆者の考えに合っているものを、次の中から一つ選び、記号で答えよ。

ア 「傷ついた」若者にとって、傷が癒えるということは、まわりとの同化を自ら拒否することを意味する。

イ 「オレ、ビョーキ」と言ってきた人々からすれば、今の若者の多くはみんな同じように見えてしまっている。

ウ 「心の傷」を表す言葉は、かつての「ビョーキ」から現代の「病気」へ様変わりして来つつあるといってよい。

エ 「傷ついた」ことで他人と自分を区別していた若者は、他人と同化することでより個性をなくすかもしれない。

オ 「オレ、ビョーキ」と言って好き勝手に生きてきた人々よりは、お互いの傷を癒《いや》せる若者の方がすばらしい。

（大阪教育大附属高平野校舎）

着眼

問二 「ビョーキ」は、「突出した特徴や個性がある」の意。それをかつて自認していた人たちが、自分はどうありたいと思っていたかと考える。

★★★
47 次の文章を読んで、あとの問いに答えよ。（句読点等も字数に数える。） 解答 別冊 P.36

初めて詩を書いた、詩のつもりのものを書いたのは、敗戦の一年前、国民学校二年生のときだった。父が中支*で戦病死した知らせを受けた日のことを書いたのだが、最後の二行だけ覚えている。

わたしも　かなしかったが
お母さまは　もっとかなしそう。

担任の先生が、自分の気持《きもち》だけでなく人を思いやったところが良いと褒めてくださった。悲しく恨めしく誇らしく、こんがらがって困ったその時の気分が鮮やかに思い出される。

あの日、学校から帰ると、母がまるで睨《にら》むような険しい顔付きで私を二階へ引っ張っていった。そして階段を上りきった途端、声を殺して嗚咽《おえつ》しながら、「お父ちゃまが死んだのよ。もう帰ってこないのよ」と言った。その時、私に父の姿がはっきりと見えた。それはおかしなことに一枚の写真の父の姿だった。あぁそうか、こんな風に人の姿が眼前にはっきり現れることがあるんだなぁ、それにしても何故《なぜ》あの写真なのだろうと思いながら呆然《ぼうぜん》と突っ立っていた。涙は出なかった。母は念を押すように言った。「戦死しても嘆いちゃいけないの。名誉なことと思わなくちゃいけないの。だから泣いたのは内緒……」。

はじめて短歌のようなものを書いたのは、敗戦後、天皇のご巡幸*のあとの宿題だった。

万歳の嵐の中を天皇はしずかに帽子振られて去りぬ

まるで町民の全部が集まったように小学校の校庭は人で溢《あふ》れ、前列に戦死者の遺族が並んだ。随分と時間がたってから天皇は現れた。遺族たちに励ましのお言葉を掛けられ（これは後に知ったのかもしれない）、それから朝礼台に立たれて何か仰《おっしゃ》った。そして帽子を振られ立ち去ったのだった。天皇は気詰まりではないのだろうかと、ふと思った。陛下の乗られた自動車を追って生徒たちは校庭の端へ走った。私も走った。

私の書く行為はここから始まった。私たち母子は父の生家に暮らしていたので、生活に不自由はなかったし子供にとっては取り立てて苦労はなかった。しかし、もはや無邪気という平和を手放したのだった。戦争がなかったら、父が死ななかったら、母が悲嘆にくれなかったら、どのような少女に育ったのかそれは分からない。或《ある》いはそれが私の資質であったのかも分からない。

人が死に向かって生きていること、死んでしまった人には金輪際、思いを届けることが出来ないことを体得したのだ。父の愛した私の、少しずつ成長し変わってゆく姿や心を、決して知らせられない無念を抱えた。父の愛した私が、父を恋しく思っていることを絶対に知らせてあげられないということの慚愧*《ざんき》が日々に育った。人生には、絶対に取り返しのつかないことがあることに呆然としたのだった。それが私の小学生時代である。

しかし、数知れない多くの人々が同じような経験をしていることは知っていたから、自分を悲劇の主人公とは思わなかった。偶然のように私たちはその時代のその場所に、人に生まれて生きている。そう意識すると、①自分の小さな喜びや悲しみは、偶然のような必然の、その時々の雲の形のように思われた。

これらが資質に加わって、現在の私のシラケにも似た客観性を作ったように思う。私の俳句が私を私とせず人間の一つの例として書かれることの因も、謳《うた》い上げない俳句形式に辿《たど》り着いた因も、そこにあるのかもしれない。

また、私の書く行為が戦争に関わって始まったことを思えば、次第に読者に通じにくくなるその主題を手放すわけにいかないのだけれど、俳句のそれが難しくて困ってしまう。

「キミがひたすら俳句を書いていることは、あっちでよく知っていたよ」と父が微笑《ほほえ》んでいる、夢のような夢を見て驚いたことがあった。あっちの国があるとも思えないけれど……②だから私は書く。

（池田澄子《いけだすみこ》『休むに似たり』より）

＊中支＝中国中部のこと。現在では華中と呼ぶ。
＊ご巡幸＝天皇が各地を見回ること。
＊慚愧＝自分の過ちなどを反省し、深く恥じ入ること。

問一 難 ——線①とあるが、ここから少女時代の筆者のどのような思いを読み取ることができるか。自分の言葉で、わかりやすく説明せよ。

問二 難 ——線②とあるが、筆者の書くことに対する動機の原点には、どのような思いがあると考えられるか。わかりやすく説明せよ。

問三 次の各句は、本文の筆者・池田澄子の詠《よ》んだ俳句である。この中から一句を選び、八十字以上百二十字以内で鑑賞文を書け。鑑賞文を書くにあたっては、次の点に留意すること。
○どのような情景が描かれているか、簡潔に再現すること。
○本文の内容を参考にして、どのような作者の思いや人柄が表れているか、簡潔に述べること。

A じゃんけんで負けて蛍に生まれたの
B 泉あり子にピカドン*を説明す
C 青嵐*神社があったので拝む

＊ピカドン＝広島・長崎に落ちた原爆の俗称。「ピカ」は閃光を、「ドン」は爆発の音を表す。
＊青嵐＝夏の季語。青葉のころに吹くやや強い南風。

（東京・開成高）

着眼

問一 筆者は父親を戦争で亡くしているが、自分の感情を「小さな喜びや悲しみ」と相対化してとらえていることをおさえる。
問二 筆者の書く行為は、「戦争に関わって始まった」とある。この部分が直接のきっかけを述べていることをおさえ、さらに「だから」の直前の部分もあわせてまとめる。

4 随筆文の総合的読解

★★ **48** 次の文章を読んで、あとの問いに答えよ。（句読点等も字数に数える。） 解答 別冊 P.38

川の流れを見るのが好きだ。たとえどんな小さな川であろうと、川のうえにあるのは、いつだって空だ。川の流れをじっと見つめていると、わたしは川の流れがつくる川面を見つめているのだが、わたしが見つめているのは、同時に川面がうつしている空であるということに気づく。ふしぎだ。川は川であって、じつは川面にうつる空でもあるということ。すなわち川は、みずからのうちに、みずからの空をもっているということ。

川の流れをずっと見ていて、いつも覚えるのはそのふしぎな感覚だ。川の流れの絶えることのない動きがうつしているのは、いつだってじっとして動くことをしない空だ。川の流れについてそういう感じ方をもちつづけてきて、なじめないのは、流れという比喩《ひゆ》の言葉だ。時の流れ、歴史の流れといったふうに、①流れという言葉が比喩として語られると、ちがうと思う。

川の流れは、流れさってゆくと同時に、みずからうつすものをそこにのこしてゆくからだ。流れさるものは流される。のこるのは、流れさるものがそこにうつす影像だ。時や歴史についていえば、流れとしての時や歴史でなく、流れさる時や歴史がそこにのこす影像こそ、いつだって流れさる時や歴史についてよりいっそうおおくを語りかけてくるように、わたしには思える。

桃の花の咲きはじめる季節に、生まれそだった東北の街の郊外にひろがる桃畑をたずねる機会があり、引っ越してから四十五年経って、かつて短いあいだ暮らしたことのあるサクランボ畑や桃畑のある風景のあいだをあるいたが、たたずまいをいまはすっかり変えた街並みには、記憶の入口となるべきものがまったくない。にもかかわらず、幼い日の記憶が変わらずにそこにのこっていたのは、川だ。

そこに暮らしていた一学期のあいだだけ通ったそこの小学校のことは、一枚の記念写真もなく、何も覚えていない。ただ通学した小道は覚えていた。小道にそって小川が流れていた。その小川がいまも流れていた。春の日差しをうつす小川は、細かく光の粒を散らし、小さな流れがこっちにぶつかり、そっちにぶつかって、小道にならんでつづく。②その川面のかがやきに、幼い日の記憶がそのままにのこっていた。

あとにのこるのは、或《あ》る時の、或る状景の、或る一場面だけだ。こころにそこだけあざやかにのこっている或る一場面があって、その一場面をとおして、そのときの日々の記憶が確かなものとしてのこっている。そこだけこころに明るくのこっているものだけが手がかりというしかたでしか、過ぎさったものはのこらない。日々に流れさるもののかなたでなく、日々にとどまるもののうえに、③自分の時間としての人生というものの秘密はさりげなく顕《あら》われると思う。

木下杢太郎《きのしたもくたろう》の、とどまる色としての青についての詩を思い出す。

ただ自分の本当の楽しみのために本を読め、
生きろ、恨むな、悲しむな。
空《くう》の上に空《くう》を建てるな。
思ひ煩ふな。
かの昔の青い陶の器の
地の底に埋もれながら青い色で居る――
楽しめ、その陶の器の
青い「無名」、青い「沈黙」。(「それが一体何になる」)

人生と呼ばれるものは、わたしには、過ぎていった時間が無数の欠落のうえにうつしている、或る状景の集積だ。親しいのは、そうした状景の中にいる人たちの記憶だ。自分の時間としての人生というものは、人生という川の川面に影像としてのこる他の人びとによって、明るくされているのだと思う。

(長田弘《おさだひろし》「自分の時間へ」『記憶のつくり方』所収より)

問一 ――線①とはどういうことか。最も適当なものを、次の中から一つ選び、記号で答えよ。

ア 「流れ」という言葉が実感から離れ、抽象的な表現として使われること
イ 様々な要素を持つ現象が、「流れ」という言葉で単純化されてしまうこと
ウ 「流れ」という言葉が、複雑な意味を持った修飾語として用いられること
エ 人生の実体から無縁な形式表現として、「流れ」という言葉が扱われること

問二 ――線②とはどういうことか。最も適当なものを、次の中から一つ選び、記号で答えよ。

ア 幼い日々の記憶は、私の中でいつまでも消えぬ川面のきらめきのように輝き続けているということ
イ たとえ周囲の風景がどれだけ変化しようと、この小川だけは永遠に昔の姿を留めているということ
ウ 私がかつて過ごした幼い日々の時間そのものを、その川面のきらめきがよみがえらせるということ
エ その川面にまつわる幼年期の記憶は、人生に疲れた私に慰めと安らぎをもたらしてくれるということ

問三 難 ――線③という表現で筆者は何をいいたいのか、五十字以内で説明せよ。

(神奈川・日本女子大附属高)

着眼

問一 筆者は、「川の流れ」をどのような現象ととらえているか。

★**49** 次の文章を読んで、あとの問いに答えよ。 ∧頻出 解答 別冊 P.38

　午前零時に東京の本郷を歩いていたヤドカリは、二時間後には湯島にさしかかっていた。その方角で歩いていけばまもなく上野、その先が浅草、そして東京湾に入る。そうか、ヤドカリは歩いて海に帰るつもりなのか。アスファルトの上でため息をつきながら、しかしその歩みは速かった。迎え入れてくれる海を目ざして、迷うことなく道を急いでいた。それはヤドカリの自由への逃走であった。

　あの汚れた東京湾より、もう少しマシな海に連れていってやりたいと僕は思い始めていた。何度か躊躇《ちゅうちょ》した後で、そのヤドカリを拾い上げた。家に連れて帰った。自由への逃走を挫折《ざせつ》させられたヤドカリは、ひどく落胆してしまったようであった。餌《えさ》も食べずに箱の隅でしょんぼりしてきた。

　翌朝、朝一番の特急に僕はそのヤドカリを連れて乗った。汽車が海岸線に出てきて潮風が伝わってくると、まだ気落ちしていたヤドカリは、にわかに騒がしくなってきた。ありったけの力で僕に抵抗した。千葉の館山で下車して洲崎《すのさき》行きのバスに乗る。以前によく行ったことのあった房総半島の突先の海岸に向かった。

　海岸に立つと、夏の太平洋の香りの強い浜風が僕の衣服をバタつかせた。かつてよくサザエ取りに訪れた岩場まで来ると、ヤドカリは渾身《こんしん》の力をふりしぼって僕の手を押しひろげた。そうして岩の上へと飛び降りていった。体じゅうに波を浴びて、岩陰に隠れ去っていった。

　僕は砂浜の落花生畑を横切り松林を歩いて、国道にと戻ってきた。バスに乗り、汽車に乗って東京に帰る。もしかすると重い殻を背負って海へと急いでいたヤドカリの健康な走りに、生きることへの迷うことなき逃走に、僕は少しだけ羨望《せんぼう》の思いを持っていたのかもしれなかった。

　迎え入れてくれる海を目ざして走っていく、それは僕たちが既に失ってしまったたくましさであるように思えた。僕たちはいつごろから、生きようとする衝動をこれほどまでに失ってしまったのであろうか。まるで生きることが憧《あこが》れではなくなってしまったようだ。

　現代の僕たちには、生きるという問題が、精神のなかでブラックボックスのように、あるいは空白の円のように広がっているような気がする。①ドーナツの輪の上を回るように生活をしているうちに、次第に真ん中の空白は大きくなってきて、今ではドーナツのような輪も、人がやっと歩けるだけの幅に挟まってしまったような気がする。

　そうして、どんなに追いつめられた精神を持っていたとしても、それでも人は生きていけるという単純な事実にさであるような気がする。戦争のなかで敵を殺したときに喜びを感じるような悲しさを、人はどこかに持っているのである。②僕は落胆するのである。

人間が肉体的に生きている、それは自分の生命のバランスがまだ保たれているということである。

しかしそれもまた人間の悲しさであった。僕の体に与えられたさまざまな出来事が、体を狂わしていく。しかし人間の体は狂っているなりに、それでも生きようとする自然の力が働いて、体のなかに錘《おもり》をつくり骨を曲げて、生きるためのバランスをとりつづけていくのである。屈折を重ねながら、どんなにみじめな状態でも人の体は生きていこうとする。

きっと人間の精神も③同じことをしているのだろう。どこまで誇りを失っても、どんなにみじめな精神を持っていても、屈折したバランスを保ちながら人は生きていけるのである。

海に向かってアスファルトの道を歩いていったヤドカリの姿を、僕は時々思い出す。④彼は生きることへの憧れを、体いっぱいに表現していた。そんなありふれたことに、なぜ僕たちは感動しなければならないのだろうか。

（内山《うちやま》節《たかし》『自然と労働―哲学の旅から―』より）

問一 ――線①とあるが、わかりやすくいうとどういうことか。その説明として最も適当なものを、次の中から一つ選び、記号で答えよ。

ア 生きる意味を見いだせずに、とりとめもなく生きる日々を繰り返している。

イ 非常に危険で、いつ足をすべらせるかわからず、不安とともに生きている。

ウ 視野の狭い生き方を余儀なくさせられて、ただ堂々巡りをしている。

エ ものごとの価値をうわべだけで判断し、自分自身を甘やかしている。

問二 ――線②とあるが、なぜ落胆するのか。その理由として最も適当なものを、次の中から一つ選び、記号で答えよ。

ア どんな人も生活に追われて生きざるを得ないという運命から逃れられないのが悔しいから。

イ 人間としての誇りを奪われても、なんとか適応してしまうことに傷つくから。

ウ 理想を持って自由に生きて欲しいのに、追いつめられた時人間は単純になるのが悲しいから。

エ 人間は、結局は肉体にひきずられて精神の弱さを隠そうとしている姿が醜いから。

問三 ――線③とあるが、どうするというのか。本文中から、二十字以内で抜き出し、最初と最後の三字ずつで答えよ。

問四 難 ――線④とあるが、筆者は、そのようなヤドカリの姿に何を見たというのか。本文中から六字で抜き出して答えよ。

（東京・十文字高）

着眼

問一 直前の文の「あるいは」という言い換えの接続詞に注目し、ドーナツの真ん中の「空白」とは何かをとらえる。

★★★
50 次の文章を読んで、あとの問いに答えよ。なお、原文を常用漢字・現代仮名遣いに改めている。

解答 別冊 *P.39*

秋のもの静かな日の午後であった。私は上野*《うえの》の森を通り抜けて根岸*《ねぎし》まで行こうと思い、博物館のわき、新坂*《しんざか》上の所まで来た。

この辺は、森も奥のこととて、道は広く綺麗《きれい》であるが、辺りは極めて静かだ。左手の方は椎《しい》の木立を洩《も》れてちらちらと秋の日が零《こぼ》れ、そして幹と幹との間からは、博物館の煉瓦《れんが》の壁が透いて見える。右手は見上げるような大きな槻*《つき》の木が並んで、枝は道を蔽《おお》っている、そしてその下陰の薄暗い辺りには幾十基とも知れぬ数多《あまた》の石灯籠《いしどうろう》が、二列になって、一町*余りも続いている。

この石灯籠は、昔、東照宮*の神前へと諸侯*から献じたものので、麗々しくその名が刻まれているが、今は邪魔物にされ、寧《むし》ろここへ棄《す》てたという風にして並べ重ねてある。そしてその石灯籠の灯《ひ》入れという灯入れは、尽《ことごと》く小石で埋められている。これはどこにもある、少し離れて、灯入れを狙《ねら》って小石を投げ、その石が入れば思い事が叶《かな》い、外れれば叶わぬという、かの運試し*の結果であろう。

上野の森というのが、既に一種の感を起こさせるのに、①この石灯籠を見ては、更にその感が強められる。然《しか》るにこの石灯籠をば、運試しというかりそめの心すさび*の的にしている多くの人があると思うと、私は寂しさと②賑《にぎ》わしさを一緒に見せられるような気がし、ここを通る度ごとに、必ず眺めながら歩くものにしていた。

今日もここまで来、ふと石灯籠の方に目を遣《や》ると、私から五、六間*《けん》前の所に、一人の老婆が、こちらに背を向けて佇《たたず》んでいるのを見た。

老婆は洗いさらした黒い袷*《あわせ》に、幅の狭い帯を小さく結び、古びた蝙蝠傘《こうもりがさ》を差している。そしてさっきから同じ所に佇んでいたらしい。何をしているのだろうとの好奇心が起こったので、私は歩みを遅くして、窺《うかが》うともなく窺い見た。

老婆は屈《かが》んで小石を一つ拾った。そして身を反らし、手*を担《かつ》いで、ちょうど子供のするようにして、その石をば石灯籠目掛けて投げた。例の運試しだ、……この老婆が、と思うと、私は③微笑したくなった。石は老婆の手を離れると、かちりと笠《かさ》を掠《かす》めて飛び去ってしまった。

老婆はその石の行く手を見送っていたが、やがてまた石を拾い、前と同じようにした。これは台に当たって石灯籠の下に落ちてしまった。

老婆は失望したらしく、暫《しばら》くはぼんやりとしていた。が、やがてまた一つの石を拾い、そしてちょこちょことその石灯籠の下まで行き、棚へ物を載せでもするような身振りをして、そっとその石を灯入れへ投げ込んだ。これは無論入った。

私は吹き出してしまった。そしてその足音に驚いたらしく、老婆は振り返って私を見た。

老婆の顔の表情と言ったらない、小さな、皺《しわ》だらけな、いかにも人の善く、気軽そうな顔へ、④きまりの悪いという表情をし、そして歯ぐきを見せて作り笑いをするのであった。私も微笑したいような、⑤しては悪いような気もして、急いでそのわきを通り抜けてしまった。

老婆よ、御身の皺にも服装《なり》にも、既に運の賽《さい》は幾十度となく投げられ、試み尽くされた跡が見えるではないか、それを今にして更に試みるべく、いかなる残る運を夢みているのであるか。棺桶《かんおけ》の中にまでも夢を連れ込もうとする人よと思うと、私は、⑥浅ましいとよりは寧ろ羨《うらや》ましい気がして、新坂を下るのであった。

（窪田空穂《くぼたうつぼ》『残れる運』より）

*上野・根岸・新坂＝いずれも東京都台東区の地名。
*槻の木＝ケヤキの古名。
*一町＝町は長さの単位で、一町は約一〇九メートル。
*東照宮＝上野公園にある神社。　*諸侯＝諸大名。
*心すさび＝気晴らし。
*五、六間＝間は長さの単位で、一間は約一・八メートル。
*袷＝秋から春先にかけて用いる裏地のついた着物。
*手を担いで＝手のひらを上に向けた手を自分の肩の上に載せて。　*賽＝さいころ。

問一 難 ――線①とあるが、なぜ「石灯籠を見」ると「その感が強められる」のか。「その感」とはどのようなものかが分かるように説明せよ。

問二 ――線②とは、ここではどのようなことか。最も適当なものを、次の中から一つ選び、記号で答えよ。
ア 周囲に見られるこの日の人通りの多さ。
イ 長い年月のうちに多くの人が運試しをしたこと。
ウ 二列に長く続いている石灯籠の並び。
エ 昔、東照宮へ参詣《さんけい》したであろう諸侯のおもかげ。
オ 公園の奥まで誘われてくる風流な人たち。

問三 ――線③とあるが、そのときの「私」の気持ちを答えよ。

問四 ――線④をした「老婆」の気持ちとして、最も適当なものを、次の中から一つ選び、記号で答えよ。
ア 秘密の願い事を人に知られてしまい悔しい。
イ 知らない人に挨拶《あいさつ》するのは少し恥ずかしい。
ウ 近くに寄って石を入れたのを見られて困った。
エ 早くも思い事が叶《かな》ったようでどきどきする。
オ 石灯籠のそばには二人だけしかいないので緊張する。

問五 難 ――線⑤のような気がしたのはなぜか。

問六 ――線⑥とあるが、どのような点が「浅ましい」「羨ましい」のか。

（東京・筑波大附属駒場高）

着眼

問一 直前の「上野の森というのが、既に一種の感を起こさせる」の「感」と同じものをさす。「感」は「感情」と同じ。
問六 「浅ましい」は「嘆かわしい」や「卑しい」という意味。老婆の一つの行動を見て、筆者が二通りの感じ方をしたことをおさえる。

第3回 実力テスト

時間40分　合格点70点

得点　　/100

1 次の文章を読んで、あとの問いに答えよ。 解答 別冊 P.40

道子、穂高《ほたか》、冬樹、明雄の四人の子供の父親である「私」は、教師を辞めて苦しい生活の中で大学へ通っている。ある霜《しも》の朝、乳離《ちばな》れしない子猫を子供たちが拾って来た。

家族の一員に加わったしろ――いつの間にかしろと呼ばれてしまったが、このしろも、少し弱い穂高のためにとってやっていた牛乳を飲まされたり、襤褸《ぼろ》で温められたりしていた二、三日の中に、何とか生きものらしくなって、子供達の生活はこのしろの動静を中心にうごき始めた。しろが牛乳を目をつぶってのんだとか、鼻に入れてしまって前脚《あし》で鼻をこすったとか、大きくなったらどこからか出入りすることにしなくてはならないとか、晩飯は大変な会議になってしまって、妻はもうすっかり子供の気分に入りこんで、ここがいいでしょうかしらなどと、子供が踏み破った戸の破れに本気になって手を入れてみたりしていた。私も子供の質問に答える必要から、猫は何を好くかとか、猫はいつから鼠《ねずみ》をとるかとか、そういうようなことを真面目《まじめ》になって考えてみたり、鈴《すず》を買わなくては、とかいうふうにされてしまった。

①明雄はこの驚くべき玩具《がんぐ》を、如何《いか》にして姉や兄達の目を盗んで持ち出すかで、虎視眈々《こしたんたん》としているのであった。道子にとっては人形よりもずっと世話の仕甲斐《しがい》があるらしい――遊びから帰ると「寒くないのね」などと話しかけたり頬摺《ほおず》りをしたりするのだ。穂高は帰ってくるとすぐ覗《のぞ》いてみて、「眠ってやがら」とⅠくすぐったそうによろこんでいる。私も露地に踏みこむ日々の帰りに、子供達の笑顔のひまから、空を探る子猫の鼻を思い出すのだ。こうして、子猫自身の生存のあたたかさは、私達の生活の中に思いがけぬあたたかい嵐《あらし》を吹きこんで、晩飯の時、しろについて、皆が目を見合わせたりする瞬間があったりして、②生きているためには、生きることを喜ぶ気持ちがやはりどこかになくてはならないのだと思うのだった。

一層深くなった霜が、敷石《しきいし》は勿論《もちろん》土の上に見えるようになったある晩、しろが来てから半月位たってだったろう、私の帰りがやや遅くなったのに、その晩は例になく起きていた三人の子供達――明雄はもう寝ていたが、この三人の中でいつも、最ものんびりしているが、何かあると思いきったことをする冬樹が、いちにち腹に溜《た》めていた鬱憤《うっぷん》を一遍《いっぺん》にはき出そうとするように言った。「お父ちゃん、しろがね、しろがね、いないんだよ。冬樹がね、今日見たらね、いないんだよ。お父ちゃん、探して来て」というのだ。「一体どうしたんだ」というと、道子と穂高とが一緒に言った。

「裏のお墓へ誰かがほうりこんだんだって、ひどい奴《やつ》、でもきっと帰って来るね。お父ちゃん、きっと来るでしょう」


　しろがなげこまれたという墓地の森は、四十番地と鉄筋コンクリートの高さ＊二間《にけん》ぐらいの塀で仕切られて居《お》り、この塀はまた、家数百に余る四十番地の一号から五号にわたる露地と直角に＊一町ばかり走って、それから＊雑司ヶ谷《ぞうしがや》の墓地の方へ十町余続いているのである。

　子供達の心配が並々でなかったし、私も目をつむって乳を求めていたあの稚《おさ》なさが、目に不思議な哀愁を残していたので、とうとう探しに出てみた。塀に耳を圧《お》しつけて猫の声らしいものを聴きわけようとするのだが、霜に生きつづけている虫の心細い音がきこえるばかりであった。

　子供達もこうして二、三日努力を続けたが＊杳《よう》として行方はわからなかった。子供達は晩飯の時必ず情報を持ち寄るのだが、皆、どこかに生きつづけてくれればよいが、という願いが言葉の端々《はしばし》に出るのだった。勿論、誰だかわからない暴虐者についての＊詮議《せんぎ》も進められたが、誰か＊大人だったというだけで、これもとりとめない結果に終ってしまった。

「しろはもう死んだね」

と長男の穂高が、何日かしろについては何も言わない日が続いた果《はて》に思いつめたようにこう言い出したのは、氷が水道の口に垂れていた年末のある朝だった。

「死なないさ。大丈夫だね。お父ちゃん、しろはきっと生きているね」

と次男の冬樹は抗弁するように、私の床《とこ》の枕許《まくらもと》へ来て同意を求めるのだった。

「死んだよ」

と、③憤ったような口調で穂高が言った。そういいながらも、この幼少の頃《ころ》から病弱だった感受性の鋭い七つの子は、そういわなくてはやりきれない心配をじっと胸に湛《たた》えているにちがいない。

「たべものあるかしら」

と姉の道子がいう。

「あるさ、蜥蜴《とかげ》だって、鼠だって何だって食べるさ、ねえ、お父ちゃん」

と冬樹がいうと、穂高は何か言いたそうだったが、黙って私の顔をみつめていた。私も穂高が黙っている通り、生きていてくれればよいと思うのだが、多分駄目《だめ》かとあきらめかけているのだった。

（加藤楸邨《かとうしゅうそん》『四十番地の猫』より。問題作成のために表記を一部改めている。）
＊二間＝「間」は長さの単位で、一間は約一・八二メートル。
＊一町＝「町」は距離の単位で、一町は約一〇九メートル。
＊雑司ヶ谷の墓地＝東京都豊島区にある雑司ヶ谷霊園の通

称。

＊杳として＝ぼんやりしたさま。

＊詮議＝評議して物事を明らかにすること。

問一　――線Ⅰの、この文章中での意味として最も適当なものを、次の中から一つ選び、記号で答えよ。（20点）

ア　おもしろそうに　イ　てれくさそうに

ウ　触ってみたそうに　エ　物足りなさそうに

オ　偉そうに

問二　――線①とあるが、このとき明雄はどのような思いでいるか。説明せよ。（30点）

問三　――線②の表現を通して、「私」はどういうことを言おうとしているか。最も適当なものを、次の中から一つ選び、記号で答えよ。（25点）

ア　あたたかい家庭に囲まれてしろがか弱い命をつなぎとめたように、しろが生きて行くためには、しろが幸せに暮しているということが必要であるということ。

イ　生まれたばかりのしろを家族があたたかく見守っているようにしろが幸福であるためには、しろが生きていてよかったと思う人達が周囲にいる必要があるということ。

ウ　捨てられていたしろの命を取り留めたことを家族がうれしく思うように、心豊かに暮らすためには、自分の命のありがたみを私達一人ひとりが感じる必要があるということ。

エ　幼いしろが生きていることが家族にぬくもりをもたらすように、生き生きと暮らすためには、生きていること自体に私達が幸福感を見いだすことが必要であるということ。

オ　幼いしろがいることで家族の心が一つになるように、私達家族が幸福であるためには、しろが家族の一員として幸せに暮らしていることが必要であるということ。

問四　――線③とあるが、なぜこのような様子で言ったと「私」は思っているか。その説明として最も適当なものを、次の中から一つ選び、記号で答えよ。（25点）

ア　穂高は行方のわからないしろのことを心配したってしょうがないと思っているのに、冬樹がいつまでもくよくよとしろのことを言うことをやめないから。

イ　穂高はしろへの思いをふっきるためにしろは死んだのだと自分に言い聞かせようとしているのに、そんな気持ちも知らないで、冬樹は自分の希望のままに主張するから。

ウ　穂高は寒さがこれほど厳しいのでか弱いしろが生きていられるはずはないと思っているのに、幼くて状況を理解できない冬樹は無邪気な主張をするから。

エ　「私」の愛情を求めている幼い冬樹は、「私」に味方になってもらおうとして、「私」にしろが生きていると訴えかけているのが、穂高には不快に感じられるから。

オ　穂高は幼いしろへの愛情が深かっただけに、姿を消してしまったしろに裏切られたように思い、これ以上しろについて話したくないと思っているから。

（愛媛・愛光高・改）

4編

韻文の読解

1　詩の理解

51 ★★　次の詩を読んで、あとの問いに答えよ。（詩の中の1～5は、連の番号を示している。）

解答　別冊 P.42

詩人の言葉　　丸山《まるやま》薫《かおる》

1
いまは亡《な》き中原中也が言った
「海には人魚はいないのです
海にいるのは
あれは波ばかりです」と

2
この言葉は不思議に
私の胸に生き生きしている
この言葉を繰りかえして唱《とな》えると
言葉のあわい*から人魚の顔が覗《のぞ》いて出る

3
この言葉を呟《つぶや》きながら
去りし日の南の航海を想い起こすと
海づらの青い高まりに
無数の人魚の手と尾が見え隠れする

4
また　曇り日の荒磯《ありそ》に佇《た》って
この言葉をぼんやり考えていれば
①うちよせる泡のはじけが
みんな人魚の溜息《ためいき》にきこえる

5
いまは亡き中原中也が私に遺《のこ》した
波という言葉は人魚になった
人魚という言葉は
波になった

（丸山薫『青春不在』より）

＊あわい＝間。すきま。

問一　1で用いられている表現技法と同じ技法を含む文章を、次の中から一つ選び、記号で答えよ。

ア　ああ、メロス様、お願いします。走るのはやめてください。もう、あの方をお助けになることは……。

イ　メロスは走るのだ。殺されるために走るのだ。友を救うために走るのだ。王を打ち破るために走るのだ。

ウ　メロスは川岸にうずくまり、ゼウスに手を上げて哀願した。ああ、沈めたまえ、荒れ狂う流れを、と。

エ　メロスは、走る間に一度、友を裏切る悪い心を持った。友は、待つ間に一度、メロスを疑う弱い心を持った。

問二 この詩のそれぞれの連は、詩全体の中でどのようなはたらきをしているか。最も適当なものを、次の中から一つ選び、記号で答えよ。

ア 1によって生まれた主観的な思いを、2と3と4で並列の関係によって具体的に表現している。

イ 1では丸山が詩を作った理由を述べ、2では中原の言葉から生まれた感動を客観的に説明している。

ウ 1と2では個人的な印象を述べ、3と4ではその印象を具体例を使い分かりやすく説明している。

エ 1で述べた事実を5で反復することで、中原の言葉が読者に与えた影響の大きさを強調している。

問三 ――線①とはどういうことか。最も適当なものを、次の中から一つ選び、記号で答えよ。

ア 打ち寄せる波が荒磯にはじかれて泡となってしまう様子が、悲しく訴える人魚の溜息のように思えたということ。

イ 打ち寄せる波に生じた泡がはじける時の小さな音の一つ一つが、人魚のはかない溜息のように思えたということ。

ウ 打ち寄せる波が荒磯にぶつかりはじけて泡となる時の激しい音が、人魚の大きな溜息のように思えたということ。

エ 打ち寄せる波に浮かぶ泡がたがいにはじき合う時の輝きが、語り合う人魚たちの溜息のように思えたということ。

問四 難 次の文章はこの詩の鑑賞文である。文中の Ⅰ 、 Ⅱ 、 Ⅲ に入る最も適当な言葉を、詩の中からそれぞれ、五字以内でそのまま抜き出して答えよ。

この詩は、中原中也の「北の海」という詩をもとに、丸山薫が作ったものです。 Ⅰ とあるように、中原とはもう会うことも話すこともできません。しかし、中原が残した詩の言葉を繰り返し味わうと、丸山の心の中には、中原が Ⅱ と言ったはずの存在が逆に浮かんでくるのです。時を超えて、読む人の心に新たなイメージを作り上げる、こうした Ⅲ な感動を呼ぶ力を詩人が発する言葉は持っているのでしょう。このことを実感した丸山の感動は表題にもそのまま表れているのです。

（岩手）

着眼

問二 表題にある「言葉」が、それぞれの「連」でどのように使われているかをおさえ、連と連との関係をつかむ。 問三 直後の「きこえる」から「泡のはじけ」とは何かを考える。 問四 Ⅰ は直後の「中原とはもう会うことも話すこともできません」が、中原のどういう状態を表しているのかを考える。 Ⅱ は後の「逆に」をヒントに考える。 Ⅲ は形容動詞の語幹が入ることをつかむ。

★★ 52

次の文章を読んで、あとの問いに答えよ。　頻出　解答 別冊 P.42

花

春のうららの隅田川《すみだがは》、
のぼりくだりの船人《ふなびと》が
櫂《かひ》のしづくも花と散る、
ながめを何にたとふべき。

見ずやあけぼの露浴びて、
われにもの言ふ桜木を、
見ずや夕ぐれ手をのべて、
われさしまねく青柳《あをやぎ》を。

錦《にしき》おりなす長堤《ちやうてい》に
くるればのぼるおぼろ月。
げに一刻《いつこく》も千金《せんきん》の
ながめを何にたとふべき。

第一連、第二連、すべてをやまとことばで綴《つづ》った部分には、平安朝以来の和歌のさまざまの映像が織りこまれ、第三連の「長堤」とか「げに一刻も千金の」とかの漢音読みのところには、いうまでもなく中国漢詩・日本漢詩でなじみの表現が借り入れられている。

しかし、それだからこそこの作は、日本人誰しものなかに昔から宿されている「川」「船人」「花」「あけぼの」「青柳」「おぼろ月」など、それぞれに固有の、豊かな、優美な映像と連想をつぎつぎによびおこし、それらを連ねて①一つの隅田川絵巻《えまき》に仕立てて、万人の愛唱する歌となりえたのであろう。

それにしても「櫂のしづくも花と散る」などというのは、水の上にまで桜の花がきらきらと咲いては散るかのようで、美しい。「見ずやあけぼの露浴びて」というのも、個々の語彙《ごい》や倒置法は*常套的《じょうとうてき》でも、桜をおおう朝露に射《さ》しそめる朝の光が、桜の花のあの薄い甘い香りを隅田の土手いっぱいにおしひろげてゆくかのようで、やはり美しい。

詩のなかのそれら新旧さまざまの要素をみなすくいとって生かして、瀧廉太郎《たきれんたろう》は「優美に」という指定をもつあのメロディーに乗せた。春の隅田の流れそのもののようにうららかに*たゆたい流れる曲に乗せられることによって、詩のなかの古い伝統のイメージまでが、不思議に新鮮なきららかな光をおびはじめたのである。

私はいったいいつごろからこの歌をおぼえ、歌いはじめたのだろうか。誰でもそうかもしれないが、いつごろからというのはさだかでない。「われにもの言ふ桜木を」とか「われさしまねく青柳を」とかの擬人法の句の意味が、ずいぶんあとまでよくわからなかったこと、しかしとにかく「げに一刻も千金の」の一行が案外に歌いにくいこと、「ながめを何にたとふべき」で、うまく余韻をもってうたいおさめられることなど、すでにさまざまの経験と記憶がこの唱歌にはまとわりついている。

そして歌えば、いつどこででも彷彿《ほうふつ》としてひろがってくるのは、水青く花におやかに柳は緑の、なつかしい隅田川の春のすがたである。私は現実にはそのような「春のうらら」の隅田の景を、今日まで一度もこの目に見たことはない。②だがすでに何度も見たことがあるような気がし、その風景に胸が痛むほどの郷愁をおぼえさえする。

（芳賀《はが》徹《とおる》『詩の国　詩人の国』より）

＊常套的＝決まりきった（やり方）。

＊たゆたい＝ゆらゆらとただよって。

問一 ——線①とあるが、ここでいう「隅田川絵巻」の説明として最も適当なものを、次の中から一つ選び、記号で答えよ。

ア 春の隅田川を行き来する船人の生き生きとした様子を、鋭い観察力によって躍動的に描いている。

イ 季節が春から夏に向かう隅田川の様子を、散りゆく桜に焦点を合わせて具体的に描いている。

ウ 隅田川周辺の春の様子を、対象に近づいたり遠ざかったりしながら効果的に描いている。

エ 春の隅田川の一日の情景を、時間とともに移りゆく自然の風物の描写をもとに印象的に描いている。

問二 難 ——線②とはどういうことか。最も適当なものを、次の中から一つ選び、記号で答えよ。

ア 「春のうらら」の歌で歌われた華やかな風物はもうすでに失われたものにすぎず、歌えば歌うほど人々の心の中に、二度と味わえないという強い感動までもがわき上がってくること。

イ 「春のうらら」の歌で歌われたような風景を実際に見たことがないのに、歌うことによって不思議とかつて見たことがある風景のように切なく感じられ、懐かしい心持ちすら浮かんでくること。

ウ 「春のうらら」の歌は日本人の心に深く染みついている古典語をもととしているため、ひとたび口ずさめば、人々の心の中にこの歌にまつわるさまざまな思い出がよみがえってくること。

エ 「春のうらら」の歌が古きよき時代の風景を美しく描写しているため、時代が移っても歌い継がれていくうちに、現代の私たちの心にも当時の人々と同じような美的感情が生み出されてくること。

（東京・都立両国高）

着眼

問一 表題の「花」は「桜」のこと。 問二 「郷愁」とは「他郷にあって故郷を懐かしく思う気持ち」の意。——線②の言葉をていねいに対応させてゆく。

★★★
53 次の文章を読んで、あとの問いに答えよ。なお、原文を常用漢字・現代仮名遣いに改めている。

解答 別冊 *P.43*

大寒も近づいた。深い雪でも来るかと待ち受けさせるような空模様の日が続きに続いた。年のはじめの屠蘇《とそ》*を祝え雑煮を祝えと言ったのはつい昨日のことのように思われているのに、もはや松の内も過ぎて、部屋の壁に掛けた裏白《うらじろ》*やゆずり葉も既に取り捨てた。来そうで来ない雪のかわりに、今日はまた寒い正月らしい風が町を吹き回している。自窓に近く行って、半生の旅のことを思い出してみる。自分等《ら》が出発した当時のこと、平素は忘れていてめったに思い出しもしないような若い日のことまでが、何となく自分の胸に浮かんで来る。

心の宿の宮城野*よ
みだれて熱きわが身には
日影も薄く草枯れて
荒れたる野こそ［A］
独り寂しきわが耳は
吹く北風を琴と聴き
①悲しみ深きわが眼《め》には
色なき石も花と見き

この旧《ふる》い旅の歌を書いたのは今から二十九年の前にあたる。青年時代の私にはこれを書く前に、既に長い冬の背景があった。ある人は私の旧い詩を評して、私の詩の心は否定の悩みでなくて、肯定の苦に巣立ったものだと言ってくれた。あの言葉は自分でもよくうなずける。ここに記した数行の詩の句の中にも②青年時代の私の心持ちは出ているかと思う。

不思議にも自分の半生の旅はこの早い出発点で決してしまった。私はまだ年も若く心も感じやすかった時代に一旦《いったん》自分の選んだ方針がこんなにも長く自分を支配するかと思って、心ひそかに驚くこともある。前途は暗く胸の塞《ふさ》がる時、幾度となく私は迷ったり、つまずいたりした。私の歩いた道がどんなに寂しい時でも、しかしその究極において、いつでも私は自分の出発した時と同じように、生を肯定しようとする心に帰って行った。世にはさまざまの人があり、さまざまの性格があり、さまざまの生涯がある。長い旅の途中には私は「経験」そのものと言いたいような髪の白い翁《おきな》にも逢《あ》った。物に澱《よど》まず、滞らず、世とともに押し移ることを私にささやいて見せるのもその髪の白い翁だった。ある友達はまた私のそばへ来て、あまりに人生を重く見るな、あまり真剣になるものではないと、私にささやいてくれることもある。「愚かなるものは思ふこと多し。」とか。実に齷齪《あくせく》とした自分なぞは、青年時代に踏み出した時と少しも変わりのないような、それほど長い夢を今日まで見つづけている。そして眼前の暗さも、幻滅の悲しみも、冬の寒さも、何一つ無駄になるもののなかったと思うような春の来ることを信ぜずにはいられないでいる。

俳諧《はいかい》に遊んだ昔の人は「風狂*」ということをこの私に教える。この世のさびしさの中にも浮かれることを知っていた古《いにしえ》の人の心を思うと尊い。その涙も尊い。そういえば、③あの早春の先駆のような深い雪が来て町を埋めるのも、もはやそんなに遠いことでもないだろう……。（大正十四年の正月）

（島崎藤村《しまざきとうそん》『春を待ちつつ』より）

*屠蘇＝正月の祝いに飲む酒の一種。

*裏白やゆずり葉＝どちらも正月の飾りにする植物。

*宮城野＝現在の仙台市周辺。筆者は若い時に仙台に住んでいたことがある。　*風狂＝風雅に徹すること。

問一　詩の中の［A］に入れる語として最も適当なものを、次の中から一つ選び、記号で答えよ。

ア　うれしけれ　　イ　はげしけれ

ウ　わびしけれ　　エ　ひさしけれ

問二　――線①とあるが、それはどのようなことを表しているのか。最も適当なものを、次の中から一つ選び、記号で答えよ。

ア　悲しみだけに目を奪われてきたわが身にとっては、純粋で清いものでも移ろいゆくものに見えた。

イ　悲しみから逃れられなかったわが身にとっては、醜いものでもうわべだけは美しいものに見えた。

ウ　悲しみに目を曇らせているわが身にとっては、世間で役に立たないものでも大切なものに見えた。

エ　悲しみを経験し続けているわが身にとっては、取るに足らないものでも価値のあるものに見えた。

問三　――線②とあるが、それはどのようなものであったか。その説明として最も適当なものを、次の中から一つ選び、記号で答えよ。

ア　思わぬ困難が次々と起こったが、よい解決法が見つからず自暴自棄になることもあった。

イ　何とかしようと思っても前向きに考えることができず、焦り落ち込む日々が続いていた。

ウ　多くの友人が自分の悩みに助言をしてくれたが、他人を頼らずに一人で生きようとしていた。

エ　苦しいこともあったが、つらいことでも受け入れようとする強い意思や希望は失わずにいた。

問四　――線③とあるが、それは筆者の、自分の人生に対するどのような姿勢が表れたものか。「姿勢。」という語句へつながるかたちで、本文中から十字で抜き出して答えよ。

（神奈川・県立横浜翠嵐高）

着眼

問一　宮城野では、「吹く北風を琴と聴き」、「色なき石も花と見き」と表現されている。

2 短歌の理解

★54 次の短歌を読んで、あとの問いに答えよ。 **解答** 別冊 *P.44*

A 吹かれくるアカシヤの花わさび田の谷の緑に撒《ま》かるるごとく

B 憂なくわが日々はあれ紅梅の花すぎてよりふたたび冬木

C まだ暗き暁まへをあさがほはしづかに紺の泉を展《ひら》く

D 高原の明けゆく空のむらさきをとどめて咲ける露くさの花

E 桜ばないのち一ぱいに咲くからに生命《いのち》をかけてわが眺めたり

問一 作者が自分自身の願いを述べたあとで、対象の姿を描き出す、という構成になっている短歌はどれか。A〜Eの中から一つ選び、記号で答えよ。

問二 今を盛りと咲き誇る花の姿に心を打たれた作者が、自らもそれに応じるかのように一心に花を見つめ、花との一体感を覚えているときの感動をうたった短歌はどれか。A〜Eの中から一つ選び、記号で答えよ。

問三 難▶ 次の文章は、A〜Eの中のある短歌の鑑賞文の一部である。この鑑賞文の[I]に入る最も適当な言葉を、その短歌の中から三字でそのまま抜き出して答えよ。

作者は、歌全体を通して流れるように言葉を続けながら、咲き始めようとしている花の様子をとらえています。その花は、「[I]」という比喩《ひゆ》によって表現され、そのことによりすがすがしく、美しい情景を想像させる歌となっています。

（福島・改）

着眼 問一 作者の願いが述べられた句を探す。 問三 咲き始めようとしている花の様子をとらえた句を探し、その花が何にたとえられているかをつかむ。

★★55 次の文章を読んで、あとの問いに答えよ。 **解答** 別冊 *P.44*

白菊の花をよめる

心あてに①をらばやをらむ②初霜のおきまどわせる
白菊の花　凡河内躬恒《おほしかふちのみつね》

「心あてに」は、「当て推量で」という意味で、全体の意味としてはこういうことでしょう。「もし折るのなら当て推量で折ることにしようか。何しろ初霜が降りて、その白一色のおかげで、真っ白な白菊の花が見分けもつかず紛らわしくされてしまっているから。」つまり、霜と菊を、白さという点で同一視している。しかし、何といってもそんなことはありえないわけで、正岡子規《まさおかしき》がこの歌を槍玉《やりだま》にあげているのもわかります。初霜が降りたくらいで白菊と区別がつかなくなるなんてことは、とてもありえない、嘘《うそ》っぱちだ、と。

一方この歌は、凡河内躬恒自身の自賛の歌なんです。そして、紀貫之《きのつらゆき》を初めとして古今和歌集の撰者《せんじゃ》たちはこれを入集《にっしゅう》したのですから、もちろん優れているとみていたわけです。

この歌を認める側に立っていいますと、この歌の眼目というのは、結局、霜と菊が紛らわしいというふうな実景の上での面白さにあるわけではないのです。初霜が降りた。その呼び起こすすがすがしさ、冬がやがてやってくるその訪れを告げ、身を引き締めるようにさせる初霜の厳しさと、もう一方で、白菊の清楚《せいそ》な気品、すがすがしさ、一種の厳しく鋭い感じ、そういうものが実景においてではなく、観念の中で近付けられている。二つを同じ場所に置いているのです。そこに感興の源泉がある。物をじかに密着するのではなくて、物が呼び起こす観念の重ね合わせの中に詩情を感じているわけで、中心になっているのは物ではなく心なのです。

（大岡信《おおおかまこと》『四季の歌　心の歌』より）

問一　――線①を意味の上で一か所切るとしたとき、どこで切るのが最も適当か。切る部分の次の二字を答えよ。

問二　――線②が表現している様子を説明しているものとして、最も適当なものを、次の中から一つ選び、記号で答えよ。

ア　初霜が降りて現実にはない白菊があるように見えている。
イ　初霜が降りて白菊と霜との区別がつかなくなっている。
ウ　初霜が降りて白菊が窓から見付けられなくなっている。
エ　初霜が降りていつもより白菊の形が際立《きわだ》って見えている。

問三　難　次の文がこの和歌に対する筆者の評価をまとめたものになるよう、[A]・[B]に入れるのに最も適当な言葉を、[A]については二字、[B]については十五字で、それぞれ本文中から抜き出して答えよ。

この歌の眼目は、初霜と白菊とを[A]として同一視することの面白さにあるのではなく、作者が、霜や菊から呼び起こされたものを同じ場所に置いている点、つまり、[B]に詩的な情趣を感じているのである。

（岡山）

着眼

問三　筆者の評価は、鑑賞文の最終段階にあることをおさえ、問三の文と対照させ、適する語句を抜き出す。

★★★ 56 次の文章を読んで、あとの問いに答えよ。なお、本文中の［　　］内の文は、本文で引用されている『万葉集』の和歌の現代語訳である。 ∧頻出 解答 別冊 P.45

〈風〉は、〈水〉とともに万葉集のスターだ。風や水が、たとえば農作業や漁業活動といった日常生活圏での自然気象現象でだけあった時代を経て、それ自体自立したイメージとしての〈もの〉ないしは〈こと〉として捉《とら》えられる目が獲得されたとき、万葉集は成立したのであった。スターとはいささか俗に過ぎた言い方であるが、万葉集をつぶさに読めば、風が、水が、あたかも初めて見つけ出されたそれのように、新鮮に作品中にうたい込まれているのが見られるはずであり、その颯爽《さっそう》とした新鮮さは、スターと表現するのにふさわしいと私には思われるのである。

玉垂《たまだれ》の小簾《をす》の隙《すけき》に入《い》り通ひ来《こ》ねたらちねの母が問はさば風と申さむ（巻十一・二三六四）

［玉垂の　簾《すだれ》のすき間に　入り通《かよ》って来てください。母《かあ》さんが聞いたら　風よと申しましょう］

母親に気づかれて咎《とが》められたら、「あら、今のは風よ。」と答えましょう、という見立てが楽しい歌である。この歌は、通説のように声に出してうたわれた民謡の類《たぐい》であったろうが、万葉時代人たちは、想像世界の中で恋人を風に置き換えた誰とも知らぬこの歌の作者の着想に共感したのだったろう。そして、その共感の根の部分に、こんな新鮮な〈風〉もあったのか、という驚きがあったはずである。なぜなら、ここでの〈風〉は〈恋人〉の比喩《ひゆ》にまで至っておらず、風の気配と不可視性という二つの属性をクローズアップした素朴な見立ての段階にとどまっているわけで、それはとりもなおさず、自然現象としての風ではない風の発見の初期性を暗示していると解せられるからである。

ごく割り切った言い方をすれば、①万葉集は日本の精神史における〈心〉の発見の記念碑であった。発見、むしろ対象化と言ったほうが正確だろうが、〈心〉という輪郭もつかめず、その動きが本人にも予測がつかない、捉えどころのない何かが、それでも存在するそのことに人々は注目しはじめたのである。なんとか〈心〉の在り場所を、輪郭を、動きを対象化したい、この希《のぞ》みが芽生えたとき、万葉集成立が予約されたと見てよい。七世紀のことであった。

〈心〉はどこに在るのか。彼らは肉体の内部の、それも内臓器のあたりに場所を想定した。ここで注目すべきは内臓そのものの中に〈心〉が在るわけではなく、内臓と内臓の間に〈心〉が在るとしたことである。「肝向ふ」「群肝《むらきも》の」という心にかかる*枕詞《まくらことば》のありようがこのことを示している。肝が向かい合ったところ、肝が寄り合っているところ、そこに〈心〉があるとした彼らの捉え方が見てとれる。

このように〈心〉の対象化という課題を自らに課したとき、あらゆるもののそれまで見えなかった側面が姿を現したのであった。雲、霧、霜、露等々。自然現象がそれまでとは違う意味と形をもって目に見えはじめたのである。

ありつつも君をば待たむ打ち靡《なび》くわが黒髪に霜の置くまでに（巻二・八七）

このままで　君を待ちましょう　たらしたままの　わたしの黒髪に霧が置くまでも

②秋の田の穂の上《へ》に霧《き》らふ朝霞《あさがすみ》何処《いづへ》の方《かた》にわが恋ひ止《や》まむ（巻二・八八）

（佐佐木幸綱《ささきゆきつな》『万葉集の風』より）

＊枕詞＝和歌の表現技法のひとつ。

問一　――線①とあるが、「〈心〉の発見の記念碑」について、次のようにまとめるとき、［A］・［B］に入る最も適当な言葉を、［A］には三字の語で、［B］には十字以上十五字以内の言葉で、それぞれ本文中から抜き出して答えよ。

万葉集には〈心〉の発見が刻まれている。万葉集の時代の人々は、目に見えないが存在する〈心〉というものを［A］しようと思うようになっていた。風は単なる［B］風として歌によみ込まれるようになり、人々が〈心〉と向き合い、〈心〉を表現するようになっていった足跡が、万葉集には記されている。

問二　難　――線②とあるが、本文で筆者が述べている内容に基づいてこの歌を説明したものはどれか。最も適当なものを、次の中から一つ選び、記号で答えよ。

ア　秋の田の稲穂の上に朝霞が漂っている。いったいどちらに行けば、霞が晴れるように私の恋の行方がはっきりするのだろうかと悩む心情を表している。

イ　秋の田の稲穂の上に朝霞が漂っている。その霞が消えるように、いつ自分の恋心がはかなく消えてしまうのだろうかと思う不安な心情を表している。

ウ　秋の田の稲穂の上に朝霞が漂っている。霞がどちらに流れていくとしても、いったいだれに私の恋がとめられるだろうかと思う迷いのない心情を表している。

エ　秋の田の稲穂の上に朝霞が漂っている。霞が途切れて日の光が明るくさしてくる中で、自分の恋がかなうのはいつだろうかと期待する心情を表している。

（東京・都立新宿高）

着眼

問一　〈心〉〈風〉それぞれの語がくり返し使われているところから、字数指定や字数制限をヒントに抜き出す。　**問二**　晴れない想《おも》いのうっとうしさを、「霞」の晴れやらぬさまにたとえて表現している。

3　俳句の理解

★57 次の文章を読んで、あとの問いに答えよ。（なお、『源氏物語』の本文のあとには、［　］で現代語訳を補ってある。）　**解答** 別冊 *P. 46*

旧版『漱石《そうせき》全集』第十二巻（新版では第十七巻）に、漱石*の全句が収録されている。まず、子規*が漱石と「須磨《すま》の巻」について語り合った明治二十八年の秋以降の作品を見てみよう。『源氏物語《げんじものがたり》』*に関係する俳句がないだろうか。

すると、「正岡子規へ送りたる句稿　その三」とある一連の俳句（明治二十八年の「十月末」と明記されている）の中に、

①時鳥《ほととぎす》たつた一声《ひとこゑ》須磨明石《あかし》

という漱石の句が発見できる。作成時期から見て、明らかに子規の「読みさして月が出るなり須磨の巻」*の影響を受けている。子規が褒《ほ》めた『源氏物語』須磨の巻とその次の明石の巻を、漱石も新たな感慨をいだいて読んでみたのだろう。

しかし、なぜ「時鳥たつた一声」なのか。子規が感動したという「八月十五夜」の場面では、時鳥ならぬ「雁《かり》の鳴き声」が印象的であるのに。その部分の原文を引用しておこう。

沖より舟どもの歌ひののしりて漕《こ》ぎ行くなども聞こゆ。ほのかに、ただ小さき鳥の浮かべると見やらるるも心細げなるに、雁《かり》の連《つら》ねて鳴く声、楫《かぢ》の音《おと》に紛《まが》へるを、……

［沖を通って幾つも船が大声で歌いながら漕いでゆく音なども聞こえる。船の影がかすかでただ小さい鳥が浮んでいるかのように遠く見えるのも心細い感じであるうえに、雁が列を作って鳴く声が船の楫《かじ》の音によく似ているのを、……］

「時鳥たつた一声須磨明石」という漱石の俳句のおもしろさは、何よりもこの句が子規に送ったものであることだ。なぜなら子規という俳号が「ほととぎす＝時鳥」を意味しているからである。「時鳥たつた一声」というのは、松山*で正岡子規とせっかく再会したのに「ほんの短い会話」しかできなかった、けれどもその時『源氏物語』の須磨の巻に触発された子規の句稿を見せられたのだったなあ、という漱石の懐《なつ》かしい気持ちを詠《よ》んでいるのだ。「須磨・明石」の二つの巻を熟読してみたら、鳴いていたのは「ほととぎ

す」ならぬ「雁」だったけれども、自分は子規（ほととぎす）との短い会話を果たした、というオチである。

（中略）

もう一句、漱石は『源氏物語』須磨・明石の巻の本歌取*りを作っている。明治二十九年七月八日の日付《ひづけ》がある「正岡子規へ送りたる句稿　その十五」の中に含まれている。この時、漱石は既に松山中学を去って、熊本の第五高等学校の教師に転じている。

②涼しさの闇《やみ》を来るなり須磨の浦

「涼しさの」の「の」は、主語を示す「の」であり、「涼しさ」が無生物主語なのだろう。「涼しさが暗い闇の中を伝って、この荒涼とした須磨の浦までやって来ることだ」というのが、句の大意だと思われる。

（島内景二《しまうちけいじ》『文豪の古典力』より）

＊漱石＝夏目漱石。明治・大正時代の小説家。
＊子規＝正岡子規。明治時代の俳人・歌人で、漱石の友人。
＊『源氏物語』＝五十四巻から成る、平安時代の長編物語。
＊読みさして＝本を読むのを途中でやめて。
＊松山＝愛媛県の県庁所在地。正岡子規の出身地。
＊本歌取り＝古歌の語句や発想を取り入れて、新しい作品を作る手法。

問一　――線①の句が表現している内容として最も適当なものを、次の中から一つ選び、記号で答えよ。

ア　自分も『源氏物語』を読んでみたが、ほんの少し読んだだけで子規の俳句はこの物語の影響を受けていることがわかった。

イ　『源氏物語』の須磨の巻では雁の鳴き声が印象的に描かれているが、松山ではほととぎすの声が自分の心に残っている。

ウ　子規が褒《ほ》める『源氏物語』の須磨の巻と明石の巻を読んでみたが、たしかに「八月十五夜」の場面が一番印象的であった。

エ　久しぶりに友と会って『源氏物語』について語らう楽しい時を過ごしたが、その時間もあっという間に終わってしまった。

問二　――線②の俳句について、次の問いに答えよ。

(1)　この句の季語と季節を答えよ。

(2)　この句の季語と同じ季節を表す季語を、次の中から一つ選び、記号で答えよ。

ア　うららか　**イ**　夕立
ウ　天の川　**エ**　節分

（東京・都立八王子東高・改）

着眼

問一　この句は子規に送られたものであることをふまえて、意味をとらえる。

★★
58 次の文章を読んで、あとの問いに答えよ。

解答 別冊 P.47

旅。そして秋の夕暮れ。と言えば、多くの人は芭蕉《ばしょう》を思い浮かべるでしょう。芭蕉のあの有名な句を。

《A》此《この》道や行人なしに秋の暮

だれも行く人のいない寂しい道を、秋の夕べ、ひとり歩んで行くという句です。此道ということばの中には、もちろん[I]の道という意味もこめられています。「ある時は*仕官懸命の地をうらやみ、一たびは*仏離祖室の扉《とぼそ》に入らむとせしも、たどりなき風雲に身をせめ、花鳥に情を労して、暫《しばら》く生涯のはかり事とさへなれば、終《つひ》に無能無才にして此《この》一筋につながる」（*幻住庵《あん》記）という、その一筋の道を、芭蕉はただひとり歩みます。自分とて、あるときは仕官をして禄《ろく》を食《は》む生活をうらやましく思い、また、あるときは仏門に入ろうと思ったこともあった。が、そのどちらにもなりきれず、あてもない旅をつづけ、花鳥風月に心を奪われているうち、いつか俳諧《はいかい》が生活の糧のようにもなったので、ほかに才もないわが身は俳諧の一筋の道につながれてしまった、と言うのです。

しかし、そうは言いながらも、芭蕉には自負がありました。俗世間の俗事に心をわずらわせている人たちに対して、苦しいけれど孤高に生きるという限りない誇りが。『幻住庵記』に記された前記の文章は、自嘲《じちょう》であるとともに、自負でもあったのです。こうして芭蕉は旅人になりました。

《B》旅人と我名よばれん初しぐれ

《C》年くれぬ①笠《かさ》着て草鞋《わらじ》はきながら

《D》旅に病《やん》で夢は枯野《かれの》をかけ廻《めぐ》る

芭蕉の句のどれをとっても、旅人ならざる姿はなく、その旅人の姿は、そのまま求道者《ぐどうしゃ》の姿でもありました。

蕪村《ぶそん》はどうだったのでしょう。彼もまた旅人であることを、はげしく願いました。彼は芭蕉を心の師と仰ぎ、芭蕉の死後百年足らずしてすっかり草におおわれてしまった*蕉風の俳諧の道を、もういちど、もとに返そうと思っていたのです。彼は芭蕉の跡を慕って、奥羽行脚《あんぎゃ》を試み、遠く陸《む》奥《つ》の外ヶ浜まで苦しい旅をつづけています。

けれど、蕪村は、ついに芭蕉のように旅人に徹することはできませんでした。芭蕉は「無能無才にして」俳諧の道一筋につながったのですが、蕪村には、なまじ画才がありました。その画才のゆえに、彼は絵画の道と俳諧の道、二足の草鞋をはきつづけることになるのです。あるときは絵の道で大成したいと寒夜に絵筆の氷を噛《か》み、あるときは俳諧に打ち込んで夜を徹して句作を試みます。が、結局、俳諧の道においては芭蕉におよばず、画業においては同時代の*大雅に一歩譲らざるをえませんでした。彼は四十歳半ばにして、旅人たることをあきらめ、妻をめとって京都に家を持ちます。やがてひとり娘くのが生まれます。蕪村は家庭の人となるのです。しかし、彼は家庭に埋没して俗世間に生きることもできませんでした。画料によって生活はそれほど苦しくはなかったようですが、蕪村の心を常に領していたのは、自分がついになりきれなかった旅人芭蕉の姿でした。

《E》さみだれのかくて暮行《くれゆく》月日かな

《F》冬ごもり壁をこころの山に倚《よる》

《G》しぐるるや我も②古人の夜に似たる

一日降りつづくさみだれ。そのさみだれの中を芭蕉は旅をしつつ「笠嶋《じま》はいづこさ月のぬかり道」と詠《よ》んだ。それなのに自分は、旅どころか世事に埋没して、ああ、きょうもこんなぐあいに暮れていく、という述懐です。

（森本哲郎《もりもとてつろう》『ことばへの旅』より）

＊仕官懸命＝官吏の職に就き、生活を支えること。
＊仏離祖室＝禅門・仏門に入ること。
＊幻住庵記＝江戸時代中期の俳文。松尾芭蕉作。作者が元禄三年（一六九〇）四月から八月中旬にかけて幻住庵に住んだときの生活や感慨を記したもの。
＊蕉風＝俳諧で、松尾芭蕉およびその一門の俳諧。それまでの滑稽《こっけい》を中心とした俳諧を自然詩まで高めた芸術性豊かな俳諧。
＊大雅＝池大雅。江戸時代中期の画家。

問一 [I] にはどのような言葉が入るか。本文中から抜き出して答えよ。

問二 《A》～《G》の俳句について、次の問いに答えよ。

(1) 《A》・《E》の句中の「や」「かな」は、句中にあって余情を持たせたり、主題を強調したりする働きをしているが、このような語を俳句の世界では何というか、答えよ。

(2) 《D》《E》の句からそれぞれ季語を抜き出し、その季節も答えよ。

(3) ——線①から、作者がどんな状況にいることが読み取れるか。最も適当なものを次の中から一つ選び、記号で答えよ。
ア 生活が貧しいこと。
イ 多忙な日々を送っていること。
ウ 旅の途中であること。
エ 冬支度をしていること。

(4) 《D》の句から読み取れる作者の心情として最も適当なものを、次の中から一つ選び、記号で答えよ。
ア 夢の中にまで病気の苦しさがしのび寄りつらい気持ち。
イ 旅の途中で倒れながらも、なお旅にあこがれる気持ち。
ウ 旅先で倒れる夢を見て、将来のことを不安に思う気持ち。
エ 旅に出たい気持ちが募り、いてもたってもいられない気持ち。

(5) ——線②の意味として最も適当なものを、次の中から一つ選び、記号で答えよ。
ア 昔の人　イ 古風な人
ウ 死亡した人　エ 古い友人

（東京・十文字高）

着眼 問一 芭蕉が「ひとり歩んで行く」道とは何の道か。

★★★ 59 次の文章を読んで、あとの問いに答えよ。（句読点等も字数に数える。） 頻出 解答 別冊 P.48

*蕪村《ぶそん》の句のなかに、夜の*しじまにともる灯火を詠《よ》む例がかなり見られる。

A　*雛見世《ひなみせ》の灯《ひ》を引《ひく》ころや春の雨
B　窓の燈《ひ》の梢《こずえ》にのぼる若葉《わかば》哉《かな》
C　秋の燈やゆかしき奈良《なら》の道具市《どうぐいち》
D　*鰒汁《ふくじる》の宿赤々《やどあかあか》と燈《とも》しけり

とりあえず、四季一句ずつ。灯火にすかし出される春雨《はるさめ》のかそけさ、窓からもれる灯に映える若葉のみずみずしさ、いかにも古都奈良にふさわしい古道具市のなつかしさ、そして寒夜の鰒汁のたまらない温《ぬく》もり、こうした感触がこころにしみいるように伝わってくる。この繊細な感受性は、灯火のあかりがあって、はじめてかもし出されるものだろう。

E　花の香《か》や*嵯峨《さが》の燈火《ともしび》きゆる時

梅とちがって、桜の花の香りはほんのかすかなものにすぎない。それでも、灯光がなくなってみると、香りがほのかにただよってくる。視覚性を封印してようやく、嗅覚《きゅうかく》の鋭敏さによってやっととらえられるほどの香りなのだ。①「灯火」の存在を裏返した句法といえる。

いまあげた句どもは、いわば②灯火の効果的利用法とでもいうものであった。蕪村の叙情詩人としての資質は、表現効果の域をこえて、さらにこの先に存している。

F　*野分止《のわきや》んで戸《と》に灯《ひ》のもる村はづれ
G　*初秋《はつあき》や余所《よそ》の灯見《ひみ》ゆる宵《よい》のほど
H　*住むかたの秋の夜遠《よとお》き灯影《ほかげ》哉《かな》

これら遠目に見える家のともしびは、見るひとのこころに温もりと安らぎの光をともしてくれるかのようだ。家からもれる明かりは、わびしいこころにぬくもりを与えるものとなっている。右の句がみな秋季であるのも、偶然でないかもしれない。ひとのこころに、さびしさやわびしさが忍び寄ってくる秋は、ひとしお灯火が慕わしくなるものだろう。

I　宿かさぬ燈影《ほかげ》や雪の家つづき

旅人が雪の夜に行き暮れたにもかかわらず、どこの家も宿をかしてくれない。皮肉にも、その家いえではいかにも暖かそうにともしびの光がゆらめいている。一宿をゆるしてさえもらえれば、旅人もその輪のなかに加わることができるというのに……。うらめしいばかりの灯火なのだ。③蕪村の手際は、まことにこころにくい。

（藤田真一《ふじたしんいち》『蕪村』より）

＊蕪村＝江戸中期の俳人、画家。芭蕉を尊敬し、天明俳諧を

確立した。　＊しじま＝静寂。
＊雛見世＝雛祭りの雛や道具類を売る店。春の季語。
＊鰒汁＝魚のふぐを汁物にしたもの。冬の季語。
＊嵯峨＝京都市右京区の一地区。嵐山《あらしやま》から御室《おむろ》にわたる丘陵地を指す。
＊野分止んで戸に灯のもるる村はづれ＝野分（秋に吹く疾風、台風）が吹きやんで、村はずれの家の戸からもれる灯から、夕暮れの平和で和やかな気配が漂っているように感じられる。
＊初秋や余所の灯見ゆる宵のほど＝秋になったなあ。日暮れが早くなり、家々にともる団欒《だんらん》の灯が、宵（日が暮れて間もないころ）のやみに浮かびあがる。
＊住むかたの秋の夜遠き灯影哉＝人家のある方を見ると、秋の夜、窓の灯が遠く小さく見えることだ。

問一 難 ——線①とあるが、「『灯火』の存在を裏返した」とはどのようなことか。Eの句に即して五十字以内で答えよ。

問二 ——線②について、A～Dの各句について説明したものとして正しくないものを、次の中から一つ選んで答えよ。

ア　Aの句は、雛を売る店の灯火によって、春雨がかすかに降る様子を浮かび上がらせる効果。
イ　Bの句は、窓からもれる灯によって、若葉が照り映え、木々の生命力を生き生きと見せる効果。
ウ　Cの句は、奈良の古道具市を照らし出す灯火によって、店先の品々をきらびやかに輝かせる効果。
エ　Dの句は、宿にともる灯火によって、冬の夜、鰒汁の温かさが想像されてぬくもりを感じさせる効果。

問三 ——線③とあるが、A～Iの、どの句のどのような点について「まことにこころにくい」と述べているのか。最も適当なものを、次の中から一つ選んで答えよ。

ア　A～Eの句はそれぞれの季節感や状況から受ける感覚を灯火によって効果的に浮かび上がらせているが、F～Iの句は灯火によってもたらされる心情にまで深め、叙情豊かに詠んでいる点。
イ　A～Hの句では四季それぞれの季節感を叙情的に趣深く描写しているが、Iの句では雪の夜に貸してもらえぬ宿にともるあかりを叙事的に描き、表現の可能性をさらに広げて詠んでいる点。
ウ　Eの句では灯火の存在を裏返して桜の香りを叙情豊かにとらえ、技巧を凝らして詠んでいるが、F～Iの句では灯火から直接感じ取ることのできるわびしい秋の季節感を効果的に詠んでいる点。
エ　F～Hの句は寂しい秋にともる灯火の暖かさを客観的に詠んでいるが、Iの句は冬の寒さの中泊めてもらえぬ宿の灯火に対するねたましさを主観的に表しており、対照的な手法で詠んでいる点。

（東京・都立新宿高）

着眼
問一 「燈火きゆる時」と表現されている点をおさえる。

第4回　実力テスト

時間 40分　合格点 70点

得点　　／100

1　次の文章を読んで、あとの問いに答えよ。（なお、(B)の歌のあとには〔　〕に現代語訳を補ってある。）

解答　別冊 P.49

どうしたら晴れ*の場の歌よみの一人となれるか。どうしたら*歌合《うたあわせ》に勝利を得られるか。またどうしたら*撰集《せんしゅう》のチャンスにめぐりあって入集《にっしゅう》がはたせるか。歌への執念を心に抱いて、試行錯誤を繰り返しつつ悩む歌人たちの姿が、説話にはさまざまな克苦の業とともに伝えられているが、一番リアルな努力と工夫が払われているのは言葉の問題である。失敗もあり、論争もあり、発見もあるが、どれも今日の問題とつながるものばかりであるのが感銘深い。

(A)　惜しむべき春をば人に厭《いと》はせて空頼めにやならんとすらん　*因幡《いなば》

この歌は「夏ニ契《ちぎ》ル恋」という題で詠《よ》まれた歌だが、*折ふし合評の歌合で、人々に好評だった。ただ問題点として出された点がある。「春をば人に」というところで、この曖《あい》昧《まい》さがよくないというものだ。

代案は「春をばわれに」とすれば明快にわかり、いっそうよい歌になるという意見である。

「名残惜しいはずの春なのに、その春をさえ、私にとっては厭わしいまでにつれなく逢《あ》おうとしないあなた。たぶん『夏には逢おう』という約束さえ、①当てにならないものになってしまうのでしょう」という内容なので、「人」は、はっきり「われ」とする方がよいというのである。

*俊恵《しゅんえ》はこの一部始終を聞いて、「何という歌ごころのないことをいうものか」と歎《なげ》き、「人に」といったからとて誰が「われ」以外のものを想像するだろう。「惜しむべき春をばわれに厭はせて」といったなら、「われ」が突出して歌がらがまことに品位低くなるのがわからないのだろうか。より明快かどうかはさておいて、これはやわらかに「人に」と詠んだのがよい、と決断した。

「人」という言葉は、「百人一首」にも頻出するように、和歌の世界では大きな用語である。不特定な世間一般の「人」として使われた例は「百人一首」中十二首、相手の人をさして間接的に「人」とよんだ例は七首ある。このように「百人一首」のうち、五分の一近くに「人」が登場するのをみても、「人」への関心の高さがわかるが、それに付随して「君」というところをあえて「人」という間接の表現を用い、かえって余情のふくらみを感じさせる方法に人気があったことがわかる。

しかし、ここのあげた*女房《にょうぼう》因幡の歌は、「貴方《あなた》」という代名詞としての「人」でもなく、「われ」の代名詞としてのもので、新しい使い方である。いまの『古語辞典』にもこの例は出てこないが、一首の中で、たしかに「人」は「われ」以外ではありえないから、②「人」の表現には詩的な余情が生まれている。同じような使用例がなかなか見つからないが、現代にはかえって「人の気もしらないで」とか、「人のことを何と思っているの」というように、よく使われているのが面白い。

もう一つ言葉発見の例をあげよう。*清輔《きよすけ》の『*袋草紙《ふくろぞうし》』では、清輔の父顕輔《あきすけ》の歌を*俊頼《としより》が賞《ほ》めた逸話として載っているが、俊頼はこの歌の面白さを息子の俊恵に語っていたらしい。

(B) 逢ふと見て現《うつつ》のかひはなけれどもはかなき夢ぞ命なりける　顕輔

〔恋人に逢った夢を見ても現実への効果はないが、そのはかない夢が私の命なのだなあ。〕

顕輔が俊頼より三十五歳くらい年下であるから、③大長老に激賞されたことになる。この歌が『*金葉《きんよう》和歌集』に入集した大治《だいじ》二年(一一二七)からみれば俊頼は七十二歳ぐらい、顕輔は三十七歳ということになる。俊頼はこの歌をいたく感銘したらしく、「これは④椋《むく》の葉磨きして、鼻脂引きたる歌なり。世の常の人ならば、『現のかひはなけれどもはかなき夢ぞ嬉《うれ》しかりける』とぞよままし。たがかくはよまんぞ」と賞揚してやまなかった。

「椋の葉磨き」などという比喩《ひゆ》も今日からは珍しくて面白いが、乾かした木賊《とくさ》の葉や桃の核、椋の葉などは、木材などの表面を磨くのに必須《ひっす》のものだった。そういうもので念入りに磨いた上に、多少俗っぽいが職人が「鼻脂引く」というように、最後の仕上げに念を入れ、表現の完璧《かんぺき》を期した歌だという。どこがその「鼻脂引く」に当たるかといえば、ふつうこの歌の下句《しものく》は「はかなき夢ぞ嬉しかりける」となるのが穏当の仕上がりだが、顕輔は「嬉し」の代わりとして「命なりける」という結句を用意した。「誰がこんな言葉を思いつくだろうか」と俊頼が激賞したところをみると、「命なりける」の新しい使い方であったらしい。

大切なものを「命」という比喩で表現することは、『万葉集』の中にも沢山ある。しかし、それはもちろん、本来的な「生命」を表わす言葉を基本としたものである。それが、平安朝和歌の中では、燃焼度の高いエネルギーの比喩として使われるようになってゆくのだ。

(馬場《ばば》あき子『歌説話の世界』より。本文を改めたところがある。)

*晴れの場＝正式の場。

*歌合＝二組に分かれ、和歌の優劣を競う文学遊戯。

*撰集＝優れた歌などを選び、編集すること。

＊因幡＝平安時代の歌人。
＊折ふし合評の歌合＝時折開かれた、優劣を合議で決める歌合。
＊俊恵＝平安時代の歌人。
＊女房＝宮中や貴族の家に仕える女性。
＊清輔＝平安時代の歌人。
＊『袋草紙』＝平安時代の歌学書。藤原清輔《ふじわらのきよすけ》著。
＊俊頼＝平安時代の歌人。俊恵の父。
＊『金葉和歌集』＝平安時代の和歌集。

問一　――線①とは(A)の歌のどの語句に対応した解釈か。該当する語句を(A)の歌の中から抜き出して答えよ。（25点）

問二　――線②とあるが、その内容を説明したものとして最も適当なものを、次の中から一つ選び、記号で答えよ。（25点）

ア　「君」を「人」とすることによって、多くの人々が共感できるような感情の広がりが生まれるということ。

イ　「われ」よりも「人」という明快な言葉を用いることで、品の良い感情のふくらみが生まれるということ。

ウ　「われ」の存在感をきわ立たせないことで、和歌に表現された感情に豊かな広がりが生まれるということ。

エ　「人」という抽象的な表現を用いることで、相手をも含むという感情のふくらみが生まれるということ。

問三　――線③とあるが、その内容を説明したものとして最も適当なものを、次の中から一つ選び、記号で答えよ。（25点）

ア　俊頼が「嬉しかりける」と詠んだ歌を顕輔が「命なりける」と読み替えたことを、清輔が褒めたてた。

イ　清輔が「命なりける」と詠んだことを、俊頼が「だがかくはよまんぞ」とこの上なく褒めた。

ウ　顕輔の歌のできばえを俊頼が「椋の葉磨きして、鼻脂引きたる歌なり」と表現したことを、俊恵が褒めそやした。

エ　顕輔が「嬉しかりける」という言葉の代わりに「命なりける」と表現したことを、俊頼が褒めたたえた。

問四　――線④とは、どういう歌か、本文から現代語で抜き出して答えよ。（25点）

（東京・都立国分寺高・改）

5編

古典の読解

1 古文の理解

★60 次の古文を読んで、あとの問いに答えよ。　**解答** 別冊 P.50

今は昔、小野篁《おののたかむら》といふ人おはしけり。嵯峨帝《さがのみかど》の御時に、内裏《だいり》に札《ふだ》を立てたりけるに、①無悪善と書きたりけり。帝、篁に、「読め」と仰せられたりければ、「読みは読み候《さぶら》ひなん。されど恐れにて候へば、え申し候はじ」と奏《そう》しければ、「ただ申せ」とたびたび仰せられければ、「[Ⅰ]」と申して候《さぶらふ》ぞ。されば君を[Ⅱ]参らせて候《さぶらふ》なり」と申しければ、「おのれ放ちては、誰《たれ》か書かん」と仰せられければ、「さればこそ、申し候はじとは申して候ひつれ」と申すに、御《み》門《かど》、「さて②何《なに》も書きたらん物は、読みてんや」と仰せられければ、「何《なに》にても読み候ひなん」と申しければ、片仮名*の子文字《ねもじ》を、十二書かせて給ひて、「読め」と仰せられければ、「ねこの子のこねこ、しし*の子のこじし」と読みたりければ、御門ほほゑませ給ひて、事なくてやみにけり。

（『宇治拾遺物語』より）

*片仮名の子文字＝当時は「子」を片仮名として用いた。
*しし＝獅子。ライオンにもとづいた想像上の動物。

問一 ――線①を、小野篁は「嵯峨帝がこの世にいらっしゃらないのがよいであろう」という意味でとらえているが、[Ⅰ]に入るこの言葉の読みとして、最も適当なものを次の中から一つ選び、記号で答えよ。

ア さがなくてよからん　**イ** さがなしはあし
ウ さがあるはよからん　**エ** さがよくなきことはなし

問二 [Ⅱ]に入る語として最も適当なものを次の中から一つ選び、記号で答えよ。

ア 呪《のろ》ひ　**イ** 祝ひ　**ウ** 笑ひ　**エ** 喜び

問三 ――線②は「何でも書いてあるものなら、必ず読めるか」という意味であるが、この言葉に込められた嵯峨帝の気持ちとして、最も適当なものを次の中から一つ選び、記号で答えよ。

ア 小野篁のあらゆることに耐え忍ぶ根気強さを試そうとする気持ち。
イ 小野篁の誠実で従順な態度を試そうとする気持ち。
ウ 小野篁の知識、才能の豊かさを試そうとする気持ち。
エ 小野篁の決断力に富む強引な性格を試そうとする気持ち。

問四 難 この文章は、何について述べているか。最も適当なものを次の中から一つ選び、記号で答えよ。

ア 小野篁の嵯峨帝への忠誠心を疑っている。
イ 小野篁の学識あるようすをほめたたえている。
ウ 小野篁の偏屈《へんくつ》で自己本位な態度を批判している。
エ 小野篁の無学で常識はずれなふるまいを非難している。

（神奈川・東海大付属相模高）

着眼 問一「嵯峨帝」が、「いない」に合うもの。 問四 篁の行為が、帝の満足いくものだったことは、「ほほゑませ給ひて」からわかる。

61★ 次の古文を読んで、あとの問いに答えよ。

解答 別冊 P.50

あるらうにん*いはく、備前《びぜん》をかやまにありしとき、山家《やまが》へ行きてあそぶ。そこなる人のかたりしは、殺生のために、あるとき太山《みやま》へわけ入りしに、としのほど二十ばかりの女《にょう》ばう、まみみやびやかにして世にたぐふべきもなし。色めづらしき小袖に、黒髪の尋常《よのつね》ににほやかなるありさま、またあるべき人とも見えず。かかる①たづきもしらぬ山中に、おぼつかなくも思ひければ、てつぱうとりなほし、真正中《まつただなか》をうつに、右のてにこれをとり、ふかみ草のくちびるに、にことゑめるありさま、なほすさまじくぞ有ける。さてふたつ玉にて薬こみ、手まへはやくはなつに、これも左のてについとりて、②さらぬていに笑ふ。このときに、「はや手はつくしぬ。いかがあらん」と③おそろしく、いそぎてかへるに、追かけもせずかへりしなり。そののち、としたけたる人にかたりしに、「それは山姫といふものならん。④よし気にいれば宝などくるるといひふれり」とかたる。や宝は貫はずもあらなん。

（『御伽物語』より）

*らうにん（浪人）＝主君に仕えていない武士。

問一 難▼ ——線①、——線②の現代語訳として最も適当なものを、それぞれあとから一つ選び、記号で答えよ。

① たづきもしらぬ
ア どうしていいか分からない　イ 生活も出来そうにない
ウ 連絡も取れそうにない　エ 獣も見かけない

② さらぬていに
ア 怪しげに　イ にっこりと
ウ 楽しげに　エ 平然と

問二 難▼ ——線③では、なぜそう感じたのか。そのわけとして最も適当なものを次の中から一つ選び、記号で答えよ。
ア 鉄砲の弾がつきてしまったから。
イ できる限りの抵抗はしたから。
ウ 女におそいかかられたから。
エ 逃げていく道の見当もつかなかったから。

問三 ——線④では、どのようなことをいっているのか。最も適当なものを次の中から一つ選び、記号で答えよ。
ア 宝も命も大切だが、女性が最も大切だということ。
イ 助かってよかったが、宝も欲しかったということ。
ウ 宝も大切だが、命のほうがより大切だということ。
エ 余計な殺生はしないのが、一番の宝だということ。

（東京・青山学院高等部）

着眼 問一「たづきもしらぬ」は「方便も知らぬ」と書く。「さらぬてい」は「然らぬ体」と書く。

★★ 62 次の古文を読んで、あとの問いに答えよ。

頻出

解答 別冊 P.51

*筑紫《つくし》の国の守《かみ》の*射部《いべ》の中に、寝言いふ癖《くせ》の侍《はべ》る男ふたりまで侍りける。寒きころは寝《い》ねもよく、*さる癖も、をさまりてあるが、夏にもなりてことにあつき夜などは、うつつの時にもまさりて*口とく物いひ、寝ねなどは*こけありくのみか、後は*おきゐあるいは立ち歩《あり》きなどするを、①たぐひなき癖なりとて国中にきこえわたりけり。されど常《つね》ざまよろしき者どもにて、私の心なく、また*射部のわざはこのふたりにならぶかたもなく、これが*司《つかさ》なる人の心にも万《よろ》づかなひければ、②その癖ひとつは苦しからぬ事とてゆるされたり。さるは後は寝言の*名ぐはし人となり、終《つひ》には守《かみ》にもきこしめしつけて、唯《ただ》をかしき事におぼしたり。またこのふたりは友としよく、はらからのごとく交りて、*夜昼さらで遊び居《を》るままに、夜も*かたみにやどりなどしてあるを、かたはらよりかの癖をきくなむ、いとおもしろかりしかば、「③彼《かれ》がふたりやどりあひてある時はかならずしらせよ」など、その家人《いへびと》どもにいひおきて、皆いきてその寝言をなむききゐて笑ひける。（建部《たけべ》綾足《あやたり》『折々草』より）

*筑紫の国の守の＝九州のある大名の。または、筑紫（福岡県）のある大名の。　*射部＝射手。

*さる＝そのような。

*口とく＝ぺらぺらとよくしゃべるさま。

*こけありく＝（寝相が悪くて）ころがりだす。

*おきゐ＝（眠ったまま）起き上がって座っている。

*射部のわざ＝弓術。　*司なる人＝長である人。

*名ぐはし人＝有名人。　*夜昼さらで＝夜昼区別なく。

*かたみに＝かわるがわる。相互に。

問一　――線①とあるが、どういうことか。その説明として最も適当なものを、次の中から一つ選び、記号で答えよ。

ア　夜中に眠ったままで歩き回るとは、とてもまねできないめずらしい癖だと、国中に知れ渡ったということ。
イ　寝言を言いながらも弓術のことを忘れないとは、並ぶもののない立派な癖だと、国中で評判になったということ。
ウ　夜ごと目覚めて大きな声でしゃべり続けるとは、非常にけしからぬ癖だと、国中で批判されたということ。
エ　寝言を言っていたことに気づいてうろたえるとは、この上なくおもしろい癖だと、国中で話題になったということ。
オ　さかんに寝言を言いながら動き回るとは、見たことも聞いたこともない癖だと、国中でうわさされたということ。

問二　――線②とあるが、なぜ「司なる人」は「その癖ひとつ」は大目に見てよいと許したのか。その理由を説明せよ。

問三　――線③とあるが、どうしてそのように言ったのか。その理由を説明せよ。

（愛媛・愛光高）

着眼

問三「皆いきてその寝言をなむききゐて笑ひける」とある。この部分が理由であることをおさえる。

★★ 63 次の古文を読んで、あとの問いに答えよ。（句読点等も字数に数える。）

解答 別冊 P.52

ある*薬師《くすし》ありけり。病《や》む者あれば、上下《かみしも》選《えら》まず、いと*せちに心を尽くしけり。いといたう賤《いや》しきもの病めるありけり。薬箱いだいて薬調《てふ》ずるに、その母なりける老婆のつくづくと見てゐしが、ゐざり出《い》でて「はばかりなることながら、*ねぎ思ふことこそ侍《はべ》れ」とて、いと言ひかねたるを、「何のことにてもあれ、思ふことはうちあらはして言ひね」と言へば、つつましげに声ふるはして、「①下《した》にくみ置き給ふ箱の御薬を給《たま》はれかし」と言ひけるにぞ、思はずほほ笑みて、「さらば与へん」とて、下にありしがうちの障《さは》りなき薬二つ三つ取り出でて調ぜしが、「必ずその薬はしるしあるべし」と語りぬ。かく愚かなる者に、この病には何といふ*方剤《はうざい》調ずることなり。それは何々の薬を用ふ、この箱の上《かみ》の方におのづから入れ置きたれば、取り出だして調ぜしなり。下にくみたる箱のとて、貴《たつと》き賤しきの隔てはなしと、*まめだちて②言ふとも、いかで聞き分くべき。③障りなくば其《そ》の心にまかするにてこそ、をかしかりけれ。

（松平定信《まつだいらさだのぶ》『花月草紙』より）

*薬師＝医者。　*せちに＝熱心に。
*ねぎ思ふこと＝お願い申したいこと。
*方剤＝調合した薬。
*まめだちて＝本気になって。

問一　――線①と言った理由を、二十五字以上三十五字以内で書け。

問二　難　――線②の内容に当たる個所を、本文中から探して、最初と最後の五字を答えよ。

問三　難　――線③とあるが、筆者はどういうことを言おうとしているのか。最も適当なものを、次の中から一つ選び、記号で答えよ。

ア　愚かな者にいくら道理を解いても理解するはずはないので、何も問題がなければ、相手の気のすむようにさせてやるのが、すぐれた対応である。
イ　愚かな者が、自分の立場をわきまえずあれこれ要求することを、何の支障もないからと言って、言うとおりにしてやるのは、おかしなことである。
ウ　愚かな者が、道理を説かれても理解せずに、自分の思いを通そうとする姿を見るのは、こちらに被害がなければ、おもしろいものである。
エ　愚かな者にものごとの道理を理解させ、自分の判断で状況に応じた行動をとれるようにさせることは、たいへんすばらしい行為である。

（東京・海城高）

着眼

問二　せりふを受ける引用の助詞「と」に注意する。「言ふ」相手は、「母なりける老婆」ではない。　問三　「をかし」の意味に注意する。現代語の「おかしい」ととらえないこと。

★★ 64　次の古文を読んで、あとの問いに答えよ。

解答 別冊 P.53

〔ある冬、北国の寺に、貧しい法師が修行のために籠《こも》った。すると寒さと飢えで死を感じた法師は、仏に助けを求めた。すると――。〕

*戌亥《いぬゐ》の隅の荒れたるに、狼《おほかみ》に追はれたる①猪《しし》、入り来て倒れて死ぬ。

ここにこの法師、「観音の賜《た》びたるなめり」と、「食ひやせまし」と思へども、「年来《としごろ》仏を頼みて行なふこと、やうやう年積りにたり。いかでかこれをにはかに食はん。聞けば、生き物みな前《さき》の世の父母也《なり》。我物欲しと言ひながら、親の肉《しし》を*屠《ほふ》りて食はん。物の肉を食ふ人は、仏の種を絶ちて、地獄に入る道也。よろづの鳥獣も、見ては逃げ走り、怖《お》ぢ騒ぐ。菩薩《ぼさつ》も遠ざかり給ふべし」と思へども、②この世の人の悲しきことは、後の罪もおぼえず、ただ今生きたるほどの堪へがたさに堪へかねて、刀を抜きて、左右の腿《もも》の肉を切り取りて、鍋《なべ》に入れて煮食ひつ。その味はひの甘《むま》きこと限りなし。

さて、物の欲しさも失せぬ。力も付きて人心地おぼゆ。「③あさましきわざをもしつるかな」と思ひて、泣く泣くゐたるほどに、人々あまた来る音す。聞けば、「この寺に籠りたりし*聖《ひじり》はいかになり給ひにけん。人通ひたる跡もなし。*まゐり物もあらじ。人気《ひとけ》なきは、もし死に給ひにけるか」と、口々に言ふ音す。「この肉を食ひたる跡をいかでひき隠さん」など思へど、すべき方なし。「まだ食ひ残して鍋にあるも見苦し」など思ふほどに、人々入り来ぬ。「いかにしてか日来《ひごろ》おはしつる」など、廻《めぐ》りを見れば、鍋に檜《ひのき》の切れを入れて煮食ひたり。「これは、食ひ物なしといひながら、木をいかなる人か食ふ」と言ひて、いみじくあはれがるに、人々仏を見奉れば、左右の股《もも》をあたらしく彫《ゑ》り取りたり。「これは、この聖の食ひたるなり」とて、「いと④あさましきわざし給へる聖かな。同じ木を切り食ふ物ならば、柱をも割り食ひてん物を。など仏を損《そこな》ひ給ひけん」と言ふ。驚きて、この聖見奉れば、人々言ふがごとし。「さは、ありつる猪は仏の*験《げん》じ給へるにこそ有りけれ」と思ひて、ありつるやうを人々に語れば、⑤あはれがり悲しみあひたりけるほどに、法師、泣く泣く仏の御前に参りて申す、「もし仏のし給へることならば、もとの様にならせ給ひね」と返々《かへすがへす》申しければ、人々見る前に、⑥もとの様になり満ちにけり。

（『古本説話集』より）

*戌亥＝西北の方角。
*屠る＝切りさく。
*聖＝法師。
*まゐり物＝食べ物。
*験ず＝祈願に対する利益が現れる。

問一 ――線①を見て、法師が食べるのをためらった理由として適当でないものを、次の中から一つ選び、記号で答えよ。

ア 地獄に落ちることになるから。
イ 親を食べるわけにはいかないから。
ウ 死ぬことが仏の意志だと思ったから。
エ 長年の修行がむだになってしまうから。

問二 難 ――線②とは具体的にどんなことか。最も適当なものを、次の中から一つ選び、記号で答えよ。

ア 重い罰を受けると知りつつも、生きていくことを放棄してしまうこと。
イ 困難が待っているとも知らず、死後に安らぎがあると信じてしまうこと。
ウ 罪が一つで済まなくなるとも思わず、生きていく方法を求めてしまうこと。
エ 死後の罪になるとわかっていながら、今の苦しさを逃れようとしてしまうこと。

問三 ――線③・――線④「あさましきわざ」とあるが、それぞれ具体的にどんなことを指しているか、説明せよ。

問四 難 ――線⑤とあるが、人々は何を「あはれ」がったのか。最も適当なものを、次の中から一つ選び、記号で答えよ。

ア 猪の苦しむ者に対する大きな献身。
イ 観音の人間に対する深い思いやり。
ウ 仏像の悪条件に対する強い忍耐力。
エ 法師の神仏に対する真剣な信仰心。

問五 難 ――線⑥とあるが、これは何がどのようになったことを言うのか。わかりやすく説明せよ。

（東京・成蹊高）

着眼

問一 「『食ひやせまし』と思へども」、以下に述べられている内容を考える。 問二 傍線部の直後に述べられていることから考える。
問四 法師が語ったことに人々は「感動した」のである。ここでの「あはれがり」は「しみじみと心を動かされる」ということ。

★★★
65 次の古文を読んで、あとの問いに答えよ。

頻出

解答 別冊 P.54

[A] ①道心者《だうしんしや》一人、*庵《いほり》を結びて住めり。辺りはみな*茅野《かやの》にて、小さき木所々にあり。さびしさ言はんかたもなし。この道心が庵へ立ち寄り、「さてさてものさびしき住まひにて候《さうら》ふ。②狐狸《きつねたぬき》ならではとひ来たるものあるべからず」といへば、道心が言ふ。「おほせのごとく人気《ひとけ》はまれにて、狐のみ参り候ふ。③馴《な》れ候へば、④人よりは結句むつましくいたいけなるものにてござ候ふ。初めは日暮れ候へば、軒のあたりへこそこそいたし、庵の上などかけ歩き候へつるが、次第《しだい》次第たがひになじみ候へば、後は少しも恐れず、寒き夜は来たりて火にあたり、足を伸ばしてとくと寝入り候へて、明くれば帰り候ふ。私《わたくし》*鉢に出《い》で遅く帰り候ふ時は、火を焚《た》き付け、湯をかけ置き候へて待ち受け候ふ。後々は人のやうに物語もいたし候ふ。

[B] 過ぎし暮れ、大雪降り鉢にも出でられ候はぬ故、一日伏せり候ふ。夜、狐来たり、「坊様は今日《けふ》はさびしくござ候ひつらん。寒く候へば何にでも御ふるまひ候へ」と言ふ。「そのことに候ふ。雪ゆゑ里へ出ることも心ならず、これゆゑ食事もなし。いかがせん」といへば、「さてさていとほしきことかな。しからば少し御待ち候へ」とて、やがて表へ出《い》づるかと思ひたれば、小袋を一つ持ちて来たる。開けてみれば、小豆《あづき》と米なり。「⑤これを粥《かゆ》にてまゐり、我らにも御ふるまひ候へ」などと言ふ。その夜、「寒く寝られ候はぬまま、一つに伏せり候はん」とて、*衾《ふすま》の中に寝て帰る。

[C] さて狐が申しけるは、「かやうに親しく馴れ候へば、今までの御恩の報じに、何にても、私かなへ候はんやうなる⑥御望みも候はば、御申し候へ」と言ふ。「しかれども、かやうに世を捨てのがれたる身に、何の望みもなし。寒き日は暖かに*日影に向かひ、暑き日は涼しき風ならで願ふことなし」といへば、「それは天のなせることにて、この狐などが心にまかす事になく候ふ。かやうに一つ家《や》にござ候へば、だいいち類火のなきやうに守り申すべく候ふ。夏は清水《しみづ》を冷たく、冬はぬるくいたして、朝夕の*垢離《こり》の水、御かかりよくいたし候はん」と申しつるが、そのごとく類火にも会ひ申さず、夏の清水冷たく、冬の清水ぬるくござ候ひて満足いたす」と語る。

（戸田茂睡《とだもすい》『紫の一本』より）

*庵＝小さくて質素な家のこと。
*茅野＝ここでは雑草の野原のこと。
*鉢＝托鉢《たくはつ》。修行僧が、家々をまわって米や金銭のほどこしを受けること。
*衾＝寝る時に体にかける夜具のこと。
*日影＝日光のこと。
*垢離＝水ごり。神仏に祈願するとき、冷水を浴びて心身を清めること。

問一　――線①とは仏道行者のことだが、ほぼ同じ意味の語句を［C］段落から抜き出して答えよ。

問二　――線②の解釈として最も適当なものを、次の中から一つ選び、記号で答えよ。

ア　狐狸以外に訪ねて来るものなどありえません。
イ　狐狸が戸をたたいて訪ねて来たと確信しました。
ウ　狐狸だからこそ訪ねて来ることもあるのです。
エ　狐狸でなければ訪ねて来ることはできません。
オ　狐狸ならば訪ねて来ることもできるでしょう。

問三　――線③とあるが、「狐」が「馴れ」ていく様子は、［A］段落にどう描かれているか。四つの段階に分けて、現代語で答えよ。

問四　――線④の解釈として最も適当なものを、次の中から一つ選び、記号で答えよ。

ア　人間よりは意外に傷つきやすくかわいそうなものでございます。
イ　人間よりはかえって愛情深く子どもっぽいものでございます。
ウ　人間よりは結局のところ扱いにくく難しいものでございます。
エ　人間よりはずっと仲がよく家族愛の強いものでございます。
オ　人間よりはむしろ親しみやすくかわいいものでございます。

問五　難――線⑤の解釈として最も適当なものを、次の中から一つ選び、記号で答えよ。

ア　これを粥にして召し上がり、私にもごちそうしてください。
イ　これを粥にはなさらずに、私にも中身を分けてください。
ウ　これを粥の材料になさって、私に作る様子を見せてください。
エ　これを粥として作っておかれ、私にも持ち帰らせてください。
オ　これを粥の中にお入れになり、私のために残しておいてください。

問六　難――線⑥に対して、「道心者」は何を挙げたか。最も適当なものを、次の中から一つ選び、記号で答えよ。

ア　火災に会わないこと。
イ　季節の風がやわらぐこと。
ウ　清水が清らかなこと。
エ　仏道修行がしやすいこと。
オ　冬暖かく夏涼しいこと。

（東京・お茶の水女子大附属高）

着眼
問五　ここでの「まゐる」は尊敬語であることをおさえる。
問六　「……ならで願ふことなし」は、「……以外には願いはない」という意味。

★★★
66 次の古文を読んで、あとの問いに答えよ。

解答 別冊 P.56

隆房《たかふさ》の大納言《だいなごん》、*検非違使《けびゐし》の別当《べつたう》のとき、*白川《しらかは》に強盗《がうだう》入りにけり。その家にすくやかなる者ありて強盗と戦ひけるが、何となくて強盗の中に紛れ交はりにけり。打ち合はむには、しおほせむことかたく覚えければ、かく交はりて物分けむ所に行きて、強盗の顔をも見、また散り散りならむ時、家をも見いれむと思ひて、①かくは構へけり。

さて、伴ひて*朱雀《すざく》門の辺に至りぬ。各々《おのおの》物分けて、ア［この男］にも与へてけり。強盗の中にいとなまやかにて、声、けはひよりはじめて、よに*尋常なる男の、年二十四五にもやあるらむと覚ゆるあり。*胴腹巻に左右の*籠手《こて》さして、長刀《なぎなた》を持ちたりけり。*緋緒《ひを》くくりの直垂袴《ひたたればかま》に、くくり高くあげたり。もろもろの強盗の首領とおぼしくて、事掟《おき》てければ、みなその*下知《げち》に従ひて、主従のごとくなむ侍《はべ》りける。

さて、散り散りになりける時、この*むねとの者の行かむ方を見むと思ひて、尻《しり》にさし下がりて見隠れ見隠れ行くに、*朱雀を南へ*四条《しでう》まで行きけり。四条を東へ具しけるまでは、まさしく目にかけたりけるを、四条*大宮《おほみや》の*イ［大理《だいり》］の亭の西の門のほどにて、いづちか②失《う》せにけん、かき消つがごとく見えずなりにけり。先にもそばにもすべて見えず。Aこの*築地《ついぢ》を越えて内へ入りにけりと思ひて、そこより③帰りぬ。

朝にとく行きて跡を見れば、B件《くだん》の盗人手を負ひて侍りけるにや、道々血こぼれたり。門のもとにて④とどまりたりければ、「疑ひなく、Cこの内の人なりけり。」と思ひて、立ち帰りてこのやうをウ［主］に語りければ、大理の辺に参り通ふ者なりければ、すなはち参りてひそかにこのやうを⑤語り申しければ、大理聞き驚かれて、家中を*譴責《けんせき》せられけれども、さらにあやしきことなかりけり。件の血、*北の対の車宿りまでこぼれたりければ、「D*局《つぼね》女房の中に、盗人を籠《こ》め置きたるが仕業にこそ。」とて、みな局どもを探されむずる儀になりて、女房どもを⑥呼ばれけり。その中に大納言殿とかやとて、エ*［上臈《じやうらふ》の女房］のありけるが、このほどE風邪のおこりて、えなむ参らぬ由《よし》を言ひけり。重ねて「ただいかにもして人になりともかかりて参り給《たま》へ。」と責められければ、逃るる方なくて、なまじひに参りぬ。その跡を探しければ、血つきたる*小袖《こそで》あり。あやしくて、いよいよあなぐりて*敷板をあけて見るに、さまざまの物どもを隠し置きたりけり。かの男が言ひつるにたがはず、緋緒くくりの直垂袴などもありけり。*面形《おもてがた》一つありけるは、その面をして顔を隠して夜夜に強盗をしけるなりけり。

大理大きにあさみて、すなはち官人《くわんにん》に仰《おほ》せて白昼に禁獄せられける。見物のともがら市をなして、所も避《さ》りあへざりけるとぞ。*衣被《きぬかづき》を脱がせて、面をあらはにして出《い》だされけり。諸人、見、あさまずといふことなし。二十七八ばかりなる女の、細やかにて、丈だち、*髪のかかりすべてわろきところもなく、優なる女房にてぞ侍りける。昔こそ鈴鹿《すずか》山の女盗人とて言ひ伝へたるに、近き世にても⑦かかる不思議侍りけることよ。

（『古今著聞集』より）

＊検非違使の別当＝京都の治安維持にあたる役職の長官。
＊白川＝地名。上流貴族の家が多い所であった。
＊朱雀門＝平安京の大内裏《だいだいり》の正門にあたり、朱雀大路（平安京の中心を南北に貫く道）に面する。
＊尋常＝気品があって立派な様子。
＊胴腹巻＝鎧《よろい》のようなもの。
＊籠手さして＝腕から手先までを覆う防具をつけて。
＊緋緒くくりの直垂袴＝袴の一種。
＊下知＝命令。
＊むねとの者＝首領。
＊朱雀・四条・大宮＝すべて平安京の通りの名。「四条大宮」は、四条と大宮の交差点。
＊大理＝「検非違使の別当」の別の呼び名。
＊築地＝土をつき固め、瓦《かわら》を葺《ふ》いた垣。
＊譴責＝きびしく探索・糾明すること。
＊北の対＝貴族の屋敷の中で、主に女性の居所になっている建物。
＊車宿り＝牛車《ぎっしゃ》の置場。
＊局女房＝局（私室）を与えられた、身分の高い女官。
＊上臈の女房＝身分の高い女官。
＊小袖＝衣服の一種。
＊あなぐりて＝探索して。
＊面形＝お面。
＊衣被＝身分のある女性が外出の際に顔を隠すためにかぶった布。
＊髪のかかり＝髪の垂れ具合などの風情《ふぜい》。

問一 難 ――線①とあるが、これはどのようにしたということか。それを表す部分を、本文中から二十字以内で抜き出して答えよ。

問二 ――線②～⑥の動作を行ったのは誰か。最も適当なものをそれぞれ本文中のア～エの人物から選び、記号で答えよ。ただし、ア～エにあてはまらないものは「×」と答えること。
ア この男　イ 大理　ウ 主　エ 上臈の女房

問三 難 ……A～Eのうち、実際はそのとおりではなかったものを二つ選び、記号で答えよ。

問四 ――線⑦の具体的な内容を、「上臈の女房が……こと。」となるように、三十字以内で説明せよ。（「上臈の女房が」と「こと。」は字数に含めない。）

（兵庫・灘高）

着眼
問二 前後の文脈と敬語表現に注意して判断する。問三 A～Dはいずれも推量としたものである。Eは「えなむ参らぬ由」の内容である。

★★★
67 次の古文を読んで、あとの問いに答えよ。（句読点等も字数に数える。）

解答 別冊 *P.57*

嘉祥寺僧都《かじやうじのそうづ》［海恵《かいゑ》］といひける人の、いまだ若くて病《やまひ》大事にて、①限りなりけるころ、にはかに起きて、「そこなる文、*など Ⅰ取り入れぬぞ」と、②厳しく言はれけれども、さる文なかりければ、うつつならずおぼえて、前なる者ども、あきれあやしみけるに、自ら立ち走りて、明かり障子《しやうじ》を Ⅱあけて、*立文《たてぶみ》をとりて見ければ、者ども、まことにふしぎにおぼえて見る程に、これを広げて見て、しばしうち案じて、［A］書きてさし置きて、またやがて寝入りにけり。起き臥《ふ》しもたやすからずなりたる人の、いかなりける事にかと aあやしみける程に、しばし寝入りて、汗おびただしく流れて、起き上がりて、「ふしぎの夢を見たりつる」とて語られける。

「［大きなる猿］の、*藍摺《あゐず》りの水干《すいかん》着たるが立文を持ちて来つるを、人の遅く取り入れつるに、自らこれを取りて見つれば、歌一首あり。

　たのめつつこぬ年月をかさぬれば朽ちせぬ契りいかが
　　むすばん

（期待させながら、あなたが来ない年月が重なったので、あなたと交わした約束をどうやって守ったらよいのでしょう。）

とありつれば、

　心をばかけてぞたのむ*ゆふだすき*七のやしろの玉のい
　　がきに

と書きて*まゐらせつるなり。これは［山王《さんわう》］よりの御歌を*たまはりてはべるなり」と語られければ、［前なる人］、*あさましくふしぎに覚えて、「これは、ただ今、［B］には*べる事なり。これこそ御文よ。また、書かせたまへる御返事よ」と言ひければ、*正念に住して、前なる文どもを b広げて見けるに、*つゆたがふ事なし。その後、③病怠りにけり。

（『今物語』より）

＊など＝なぜ。
＊立文＝正式な包み方をしてある手紙。
＊藍摺りの水干＝山藍という植物の葉で擦りつけたような模様の衣装。
＊ゆふだすき＝木綿《もめん》で作ったたすき。神事を行う際に神官が身につける。
＊七のやしろの玉のいがき＝山王を祀《まつ》る神社の社殿を囲む神聖な垣根。
＊まゐらせつるなり＝差し上げたのです。
＊たまはりてはべるなり＝頂いたのです。
＊あさましく＝驚いて。
＊はべる事なり＝あったことです。
＊正念に住して＝精神を統一して。
＊つゆたがふ事なし＝全く違わなかった。

問一 [A]・[B]に入れるべき語句を、本文中から抜き出して答えよ。

問二 難 ……線a「あやしみける」、b「広げて見ける」の主語を、それぞれ次の中から選び、記号で答えよ。

ア [海恵]　イ [大きなる猿]　ウ [山王]　エ [前なる人]

問三 ══線Ⅰ「取り入れ」、Ⅱ「あけ」の活用形を、それぞれ次の中から選び、記号で答えよ。

ア 未然形　イ 連用形　ウ 終止形　エ 連体形　オ 命令形

問四 難 ——線①とはどのようなときか。わかりやすく答えよ。

問五 難 ——線②とあるが、それはなぜか。その理由が書かれている部分を、本文中から十字以上十五字以内で抜き出して答えよ。

問六 難 ——線③とあるが、病気が治ったのはなぜだと考えられるか。その理由を、三十字以上四十字以内で記せ。

（大阪教育大附属高平野校舎）

着眼

問一 [B]には、「夢」と対になる言葉が入る。**問四** 「限り」は、ここでは「臨終」の意味。**問五** その理由は、「ふしぎの夢」として語られた部分に述べられている。**問六** 山王からもらった和歌に対する、海恵の返歌の内容を読み取ること。

2 漢文の理解

★**68** 次の漢文(書き下し文)と現代語訳とを読んで、あとの問いに答えよ。

解答 別冊 *P.59*

〔漢文(書き下し文)〕

*蒙《もう》の始め学に就くや、志を篤《あつ》くし倦《う》まず。その①覧見する所は、旧儒も勝たず。後、*魯粛《ろしゆく》上りて*周瑜《しうゆ》に代はり、蒙を過《よぎ》り言議するに、常に屈を受けんと欲す。粛、蒙の背を拊《う》ちて曰《い》はく、「吾謂《われおも》へらく、大弟《だいてい》はただ武略あるのみ、と。今に至れば、学識英博、②また呉下の*阿蒙《あもう》にあらず。」と。蒙曰はく、「士、別れて三日なれば、即《すなは》ち③あらためて刮《かつ》目《もく》して相待《あひま》つべし。」と。

＊蒙＝三国時代の呉の将軍、呂蒙。

＊魯粛・周瑜＝ともに呉の将軍。

＊阿蒙＝蒙くん。「阿」は親しんで呼ぶ言い方。

〔現代語訳〕呂蒙がはじめて学問に取り組むと、志をあつく持って飽きることがなかった。その読んだ書物の量は、年老いた儒学者もかなわないほどであった。後に、魯粛が長江の上流に赴任して周瑜の後を継ぐことになった時、呂蒙の家に寄り議論をしてみたが、ほとんど言い負かされそうになった。そこで魯粛は、呂蒙の背中をポンとたたき、「私は今まで君が武勇だけの男だと思っていた。しかし今こうして話してみると、学識は広く優れており、もう呉の町にいたころの蒙くんとは全然違うなあ。」と言った。すると呂蒙は、「士たるもの、三日も会わなければ、あらためて目をこすってよく見なければならないのです。」と答えた。

(『三国志』より)

問一　――線①に当たる言葉を、現代語訳の中からそのまま抜き出して、七字で答えよ。

問二　――線②という言葉に込められた魯粛の心情として最も適当なものを、次の中から一つ選び、記号で答えよ。

ア　同情　イ　嫉妬《しっと》　ウ　称賛　エ　落胆　オ　感謝

問三　難 ――線③の説明として最も適当なものを、次の中から一つ選び、記号で答えよ。

ア　常によく観察し、敵味方の区別を判断しなければならない。

イ　外見にとらわれず、物事の本質をとらえなければならない。

ウ　もう一度よく点検し、見まちがいを防がなければならない。

エ　従来の見方によらず、新しい目で相手を見なければならない。

オ　必ず礼儀を尽くし、相手の目を見て応対しなければならない。

(愛知)

着眼

問三　どんな時「あらためて～相待つべし」と述べているのかをつかむ。

★★
69 次の漢文と書き下し文を読んで、あとの問いに答えよ。

頻出　解答 別冊 P. 59

孟《まう》孫《そん》猟シテ得タリレ麑《げい》ヲ。使ム二秦《しん》西《せい》巴《は》ヲシテ載セテレ之《これ》ヲ持チ帰ラ一。其《そ》ノ母随《したが》ヒテレ之ニ而啼《な》ク。秦西巴不レシテ忍ビ而与《あた》フレ之 a ニ。孟孫帰リ至リテ而求ムレ麑ヲ。答ヘテ曰《い》ハク、「余不レシテ忍ビ而与フト二其ノ母ニ一。」①孟孫大イニ怒リテ逐《お》フレ之ヲ。

居《を》ルコト三月、②復《ま》タ召シテ以《もつ》テ為《な》ス二其ノ子ノ傅《ふ》ト一。其ノ御曰ハク、「曩《さき》ニハ将《まさ》ニレ罪セントレ之 b ヲ、今ハ召シテ以テ為スハ二子ノ傅ト一、何ゾ也《や》ト。」孟孫曰ハク、「夫《そ》レ不レ忍ビレ麑ニモ、又《また》且《は》タ忍 c ビン二吾《わ》ガ子ニ一乎《や》ト。」

＊孟孫猟して麑《子ジカ》を得たり。＊秦西巴をして《秦西巴に》之を載せて持ち帰らしむ《持ち帰らせた》。其の母之に随ひて啼く。秦西巴忍びずして之に与ふ。孟孫帰り至りて《屋敷に帰ってから》麑を求む。答えて曰はく、「余《私は》忍びずして其の母に与ふ。」と。孟孫大いに怒りて之を逐ふ《追放した》。

居ること三月、復た召して以て其の子の傅《養育係》と為す。其の御《御者》曰はく、「曩には将に之を罪せんとし、今は召して以て子の傅と為すは、何ぞや。」と。孟孫曰はく、「夫れ《そもそも》麑にも忍びず、又且た《まして》吾が子に忍びんや。」と。

（『韓非子』説林より）

＊孟孫＝人名。　＊秦西巴＝孟孫の家臣。

問一　══線a・bの「之」は、それぞれ何を指すか。次の中からそれぞれ選び、記号で答えよ。

ア 孟孫　イ 秦西巴　ウ 麑
エ 母　オ 御

問二　難　══線c「忍」の意味と同じ意味で使われている熟語を次の中から一つ選び、記号で答えよ。

ア 忍耐　イ 忍術　ウ 残忍
エ 忍従　オ 隠忍

問三　──線①とあるが、なぜ怒ったのか。次の文章の空欄[X]・[Y]に適当な語句を入れて完成させよ。ただし、[Y]については十字以内とする。

狩りをして捕らえた子ジカを[X]が、[Y]から。

問四　──線②という行動を取ったのはなぜか。その理由を説明せよ。

（広島大附属高・改）

着眼
問二 「忍」には、「がまんする」「隠れる」「むごい」などの意味がある。

★★70 次の文章を読んで、あとの問いに答えよ。（本文中の二つの漢詩については、本文のあとに〔口語訳〕がある。）

解答　別冊 *P.60*

私の好きな杜甫《とほ》の詩は、さきの『春望《しゅんぼう》』にしても、行く春を惜しむ五言絶句にしても、また七言律詩の『登高《とうこう》』や、五言律詩の『岳陽楼《がくようろう》に登る』にしても、いずれも望郷の念につながれた作品である。

A　1、風急に天高くして猿嘯哀《えんせうかな》し
2、渚《なぎさ》清く沙《すな》白くして鳥飛び廻《めぐ》る
3、無辺の落木は蕭蕭《せうせう》として下り
4、不尽の長江は滾滾《こんこん》として来《きた》る
5、万里悲秋常に客《かく》と作《な》り
6、百年多病独り台に登る
7、艱難苦《かんなんはなは》だ恨む繁霜《はんさう》の鬢《びん》
8、潦倒《らうたう》新たに亭《とど》む濁酒の杯

不運の詩人が高きに登って詩をよむ時、①「景」はいつのまにか「情」に転じ、詩人の「私」は、おのずから読み手の「公」への目を促している。遠近、高低、大小、長短、さまざまの対照美をあらわして寄り合いひびき合う言葉に一文字《もじ》として無駄はなく、緊密に＊渾然《こんぜん》と生かされ合う言葉の奏《かな》でる悲愁は、果てしない望郷に思いを運んで行く。望郷は、文字通り故郷への思慕と読まれるが、同時にそれは、夫婦愛にも、友情にも、一家団欒《だんらん》にも、平和にも、そして永遠なるものにも通じる憧憬《しょうけい》と願望のひろがりをもっている。②同じ猿をうたっても、李白《りはく》のそれとは何という違いであろう。

B　朝《あした》に辞す白帝彩雲の間
千里の江陵《かうりょう》一日にして還《かへ》る
両岸の猿声啼《な》いて住《や》まざるに
軽舟已《すで》に過ぐ万重《ばんちょう》の山

陽画を描こうとしても、陰画にしか仕上《しあ》がらなかったのが杜甫の詩ではなかろうか。国家における個の存在の明暗を、論議によってではなく、作品の感銘のうちに考えさせずにはおかない杜甫の詩が、厳しい制約の中ではじめて行使される言語表現の自由についての尽きない励ましを後代に送っているのも、私には杜甫の有難《ありがた》さの一つなのである。

（竹西寛子《たけにしひろこ》『望郷の詩人杜甫』より）

＊渾然＝異なったものが混じりとけ合っている様。

〔口語訳〕

A「風急に……」の漢詩（杜甫作「登高」）

九月九日高きに登って見ると、秋風ははげしく吹きすさみ、猿の鳴き声も悲しく聞こえる。下を流れる長江は、水《みず》際《ぎわ》の波清らかに沙《すな》は真白く、秋水冷ややかに鳥の飛びかうのが見える。一望はてしなきところ、木々の落葉のものさびしく散る音が聞こえ、限りも知れぬ長江の水は流れ流れて止《や》む時もない。万里見渡す限り皆悲秋の景、わが身は常に異境に客となって、定まった家すらなく、まして生涯とかく多病の身で、ただ一人この台に登った。多病の上に艱《かん》難《なん》を重ねて、悲しいことに頭髪もすっかり白くなってしまった。それにまた老衰もひどいために、近ごろ濁酒を飲むことも絶ったところだ。

（「新選唐詩鑑賞」による）

B「朝に辞す……」の漢詩（李白作「早発白帝城」）

朝早く彩雲の間にそびえる白帝城に暇《いとま》を告げて、千里隔てた江陵《こうりょう》まで一日で還《かえ》って行く。三峡の両岸の猿が一しきり啼《な》いて、まだ啼きつくさないうちに、わが乗る軽舟は早くも千万と重なる山の間を行き過ぎる。

（「漢詩大系」による）

問一 難 ——線①について次のⅠ・Ⅱに答えよ。

Ⅰ Aの漢詩の中で、「景」が「情」に転じた最初の句を、漢詩のそれぞれの句の上に施した1～8の算用数字で答えよ。

Ⅱ ここでいう「情」の内容を具体的に表現している語句を、漢詩を除く本文中より五字以内で抜き出して答えよ。

問二 難 ——線②とあるが、Bの漢詩の中で「猿声」はどのような表現上の効果をあげているか。最も適当なものを次のうちから選べ。

ア 早朝の、身がひきしまるような雰囲気を表現している。
イ 多くの野生動物がいる、自然の豊かさを強調している。
ウ 勢いよく通り過ぎていく、軽舟の速さを印象付けている。
エ 故郷に戻る、旅人の晴れやかな気持ちをたとえている。

（東京・都立両国高）

着眼

問二 「猿声啼いて住まざるに」、「軽舟已に過ぐ」というつながりをとらえる。

★★★
71 次の漢詩を読んで、あとの問いに答えよ。 頻出 解答 別冊 P.60

春風を嘆ず　唐　白居易

樹根雪尽きて花を催《うなが》して発《ひら》かしめ
池岸氷消えて草を放ち*て生ぜしむ
唯《た》だ*鬢霜《びんそう》の旧に依《よ》りて白き有り
春風我に於《お》いて独り情無し

*放ちて＝思うがままに。　*鬢＝耳ぎわの髪の毛。

問一 第二句に「池岸」とあるが、これと同じ成り立ちの熟語として最も適当なものを、次の中から一つ選び、記号で答えよ。

ア 志望　イ 飛鳥　ウ 白雲　エ 山頂　オ 林立

問二 第一句・第二句に「樹根雪尽きて花を催して発かしめ池岸氷消えて草を放ちて生ぜしむ」とあるが、ここにはどのような表現技巧が用いられているか。最も適当なものを、次の中から一つ選び、記号で答えよ。

ア 反語　イ 倒置法　ウ 体言止め　エ 反復法　オ 対句

問三 第三句に「唯だ鬢霜の旧に依りて白き有り」とあるが、その原文は「唯有鬢霜依旧白」である。原文に返り点を付けたものとして最も適当なものを、次の中から一つ選び、記号で答えよ。

ア 唯 有二 鬢 霜 依レ 旧 白一
イ 唯 有三 鬢 霜 依一 旧 白二
ウ 唯 有レ 鬢二 霜 依一 旧 白
エ 唯 有二 鬢 霜一 依二 旧 白一
オ 唯 有三 鬢 霜 依二 旧一 白

問四 難 第四句に「春風我に於いて独り情無し」とあるが、なぜ「春風」は作者にとっては「情無し」なのか。その理由として最も適当なものを、次の中から一つ選び、記号で答えよ。

ア 花や草の間をあてどなくそよそよと吹きすぎていく春風などは、あまりにも弱々しすぎてふがいないから。
イ 春風が吹くとともに農閑期の冬も終わってしまい、またつらく厳しい農作業に励まなければならないから。
ウ 天地に生命の息吹をもたらす春風も、年老いてしまった私にはふたたび若さを与えてくれようとしないから。
エ 新しい年の訪れを告げる春風により、無為に過ごした一年が終わってしまったとの思いを突きつけられるから。
オ 春風は皆を浮き立つような楽しい気持ちにさせるのに、なぜか私にはそのような気分を運んできてくれないから。

問五 難 この漢詩について述べた文として最も適当なものを、

次の中から一つ選び、記号で答えよ。

ア　わが身に訪れてきた老いをすなおに受け入れることができずに嘆き悲しむ態度から、作者の人生に対する強い怒りや深い絶望が浮かび上がってくる。

イ　己の老いをおどけて表現しつつも客観的に見つめている態度には、作者の老成した精神や老いを心静かに受け入れようとする気持ちがうかがわれる。

ウ　日に日に深まってゆく老いに対する感傷的な表現や萌《も》えいづる草花に嫉妬《しっと》する態度から、作者の信念を貫き通すことができなかった人生への悔いが読み取れる。

エ　老いてゆく己の姿を的確に表現しその老いの日々こそ喜ばしいものだととらえる態度から、作者の人生に対する鋭い洞察や深い悟りに達した境地が見いだせる。

オ　迫りくる己の老いを憂えることなくさらなる困難を勇気をもって乗り越えていこうとする態度には、作者の粘り強い精神力と未来に対する強い希望が感じられる。

（東京学芸大附属高）

着眼

問一　「池岸」が「池ノ岸」という「連体修飾→被修飾」の組み立てであることをおさえる。**問二**　第一句と第二句の言葉の組み立てを見ていく。**問三**　「レ点」は、下から上に一字返る時に用い、「一・二点」は、下から上に二字以上隔てて返る時に用いる。**問四**　第一句・第二句で「春風」が「花」や「草」に何をもたらしたと作者が述べているかをおさえる。**問五**　「春風」を擬人化し、「なんで自分だけ」と軽く冗談を交えて表現しているところから、作者の「自分の老い」に対する気持ちを読み取る。

第5回 実力テスト

時間 40分　合格点 70点　得点　/100

1 次の古文を読んで、あとの問いに答えよ。(句読点等も字数に数える。) 解答 別冊 P. 62

①あはれ知る友こそかたき世なりけりひとり雨聞く秋の夜すがら　*為秀《ためひで》

この歌を聞きて、*了俊《れうしゆん》は為秀の弟子になられたるなり。秋の夜ひとり雨を聞きて、あはれ知る友こそかたき世なりけりと思ひたるなり。あはれ知る友あらば、誘はれていづちへも行きて語りも明かさば、かく雨は聞くべからず。②行かむともせぬところが殊勝におぼえはべるなり。ひとり雨聞く秋の夜半《よは》かなともあらば果つべきを、秋の夜すがらと言ひ捨て、果てざるところが肝要《かんえう》なり。ひとり雨聞く秋の夜すがら思ひ居たるはといふ心をのこして、夜すがらとは言へるなり。されば、ひとり雨聞く秋の夜すがらは*上句《じやうく》にて③上句にてあるなり。

*杜子美《としび》が詩に、聞雨*寒更《かんかう》尽、開門落葉深といふ詩の有るを、われらが*法眷《ほふけん》の老僧ありしが、④点《てん》じ直《なほ》したるなり。昔より「雨と聞く」と点じたるを、この点わろしとて、「雨を聞きて」とただ一字はじめて直してけり。一字の違ひにて天地の違ひなり。「雨と」とよんでは、はじめより落葉と知りたるにて、その心せばし。「雨を」とよみつれば、夜はただまことの雨と聞きたれば、*五更《ごかう》すでに尽きて朝に門を開きてみれば、雨にはあらず、落葉深く*砌《みぎり》に散りしきたり。⑤この時はじめて驚くこそおもしろけれ。されば歌もただ文字ひとつにてあらぬものに聞こゆるなり。

(『正徹物語』より)

*為秀＝冷泉《れいぜい》為秀。室町時代の歌壇の指導者。
*了俊＝冷泉為秀の門人、今川了俊。室町時代の歌人。
*上句＝すぐれた句。
*杜子美＝杜甫《とほ》。中国の唐代の詩人。
*寒更＝寒い夜更け。
*法眷の老僧＝仏道のうえで親しくしている老僧。
*五更＝午前三時から五時までの間。
*砌＝軒下の石などを敷いた所。

問一　——線①の現代語訳として最も適当なものを、次の中から一つ選び、記号で答えよ。(10点)

ア　同情してくれる友がありがたい、そんな世の中になったなあ。

イ　風流を解する友がめったにいない、そんな世の中であるなあ。

ウ　情趣を解する友ほど頑《かたく》なである、そんな世の中になったことよ。

エ　寂しさを分かってくれる友が得がたい、そんな世の中であることよ。

問二　――線②とあるが、このように言えるのはなぜか。最も適当なものを、次の中から一つ選び、記号で答えよ。（20点）

ア　もし友を求めて出かけていたら、秋の夜の雨をひとりしみじみと聞くことはなかったであろうから。

イ　もし友を求めて出かけていなかったら、秋の夜の雨という着想を得ることはなかったであろうから。

ウ　もし友に誘われて語り明かしていたら、秋の夜の雨を独り占めして聞くことはなかったであろうから。

エ　もし友に誘われて語り合っていたら、秋の夜の雨が降っていることに気づくことはなかったであろうから。

問三　――線③とあるが、筆者がこのように評価する理由として最も適当なものを、次の中から一つ選び、記号で答えよ。（20点）

ア　この歌を「秋の夜半かな」としたら、言葉に飾り気がなく、情感が一義的になってしまうが、「秋の夜すがら」とすれば、雨と闇夜《やみよ》の風雅が普遍化され、歌意を多義的に感じられるようになるから。

イ　この歌を「秋の夜半かな」としたら、そこで言葉が切れてしまい、文字をおろそかにしてしまうことになるが、「秋の夜すがら」とすれば、夜更けの情趣が強調され、余韻が感じられるようになるから。

ウ　この歌を「秋の夜半かな」としたら、意味が露骨になり、言い過ぎてしまうことになるが、「秋の夜すがら」とすれば、ひかえめな情感となり、歌の味わいに天と地ほどの差が感じられるようになるから。

エ　この歌を「秋の夜半かな」としたら、そこで意味が途切れ、情感が浅くなってしまうことになるが、「秋の夜すがら」とすれば、夜通しの情趣が示唆され、言いきってしまわない余情が感じられるようになるから。

問四　――線④とは、「漢文を訓読するための返り点や送り仮名を付け直したのであった」という意味であるが、この老僧の解釈に従って、傍線を施した漢詩「聞雨寒更尽」に返り点と送り仮名を付けよ。（20点）

問五　――線⑤とあるが、筆者はどんな点を「おもしろけれ」と言っているのか。老僧が詩を訓《よ》み直したことを踏まえ、八十字以内で説明せよ。（30点）

（奈良・東大寺学園高）

JASRAC　出 2009769-001
□　編集協力　編集工房　遼　浜田秀一

シグマベスト
最高水準問題集 特進
中学国語 文章問題

編　者　文英堂編集部
発行者　益井英郎
印刷所　NISSHA株式会社
発行所　株式会社文英堂
〒601-8121　京都市南区上鳥羽大物町28
〒162-0832　東京都新宿区岩戸町17
(代表)03-3269-4231

●落丁・乱丁はおとりかえします。

特進

最　高　水　準　問　題　集

中学国語

［文章問題］

解答と解説

文英堂

1 論説文の読解

1 細部を読み取る

1

問一 植民地（になったか否かの違い）

問二 A 貧しく B 近代文学

解説 問一 筆者がいう「優等生」と「劣等生」の差は、単純な「先進国」と「後進国」との差ではない。西洋に対する「非西洋」としての「東洋」の中での差である点をおさえる。次の段落に、「日本の『優位』とインドの『劣位』が始まっていた。日本は植民地となる運命を逃れたのに、インドは実に長いあいだイギリスの植民地だったからである」（15~18行目）とあり、ここから解答に指定された形に合う一語を抜き出す。

問二 この文章で、筆者はインドの近代文学の状態を、言葉が「命を失う」という比喩《ひゆ》表現で表している。「比喩表現」とは、あることがらを別のことがらにたとえて言い表すこと。

○比喩表現
●言葉は、これからも長いあいだ命を失ったままになるのかもしれない。
⇦
○表現されていること
●言葉が貧しくなり、近代にふさわしいものに変貌できず、近代文学を生み出せないままかもしれない。

●比喩表現が使われている文章では、その比喩表現でどんなことが表現されているかを正しく読み取ることが大切である。

2

問一 イ

問二 ア

問三 ア

問四 僧

問五 エ

解説 問一 6行目に峠道は「事故を起こしたり」「時間がかかったり」とあることから、アとウは説明としてふさわしいので、不適。16行目に「人々は感謝と祈りをささげた」とあることから、エも不適。

問二 ――線②と同義表現を前後の文から探すと、次のようになる。

人間としての生をとじた物どもの世界
＝
死の世界（女は死の大神）
＝
（女が）男を蝙蝠《こうもり》や蟇《ひき》、馬などにかえてしまう世界

青字部分の対応をおさえ、最もふさわしいものを選ぶ。

問三 ――線③は直前に「つまり」という接続詞があることから、前文と同意義であることがわかる。「よみがえりの薬……一種の死をとげる」と同じ内容のアを選ぶ。

問四 ——線④の直後に順接の接続詞「だから」が使われ、『高野聖』の「峠」について述べられている。22〜23行目から、『高野聖』で「峠」を越えることができたのが、僧であることを読み取る。

問五 19〜20行目に「私だけではない。……『高野聖』に同じ思想が見える」とあるように、筆者が考える『高野聖』のテーマとは、筆者の実感した「峠のトポス」である。46〜47行目の「風土の隈々に神々を信じ、……畏敬《いけい》の念によると思われる」という筆者の考えをおさえ、最も適当なものを選ぶ。

3

問一 Ⅰア Ⅱイ

問二 例 現代の形式だけの宗教（十字）

問三 エ

解説 問一 Ⅰは信仰が「疑問の余地のない説得力を持って」いるのが原因で、『私は何を信じたらいいのか』という問い自体が生まれて」こないのが結果となっているので、順接の接続詞を選ぶ。Ⅱは「私はなぜ生まれてきたのか、私はなぜ不幸なのか、なぜ病気になったのか、なぜ人を敬わねばならないのか、なぜ働かねばならないのか、死とは何なのか」は、「人生の中で遭遇する出来事に対して、いちいち疑問を感じたり、自分で意味を探し出したりする」ことの例示となっている。

問二 「それ」が指し示す内容は直前に述べられており、かつての宗教とは対極にあり、人が死ねば葬式をしたり、お盆やお彼岸に墓参りをするような宗教である。現代の私たちもこれらの行動をとるが、必ずしも信仰心をともなったものではない。このような宗教を十字以内で言い換える。

問三 前近代のほうが心を失っていた状態にあったという筆者の主張から考える。筆者のいう「心を失った状態」とは、「自分がやっていることやろうとしていることの意味を自分で考えることをしない状態」と言い換えることができる。

4

問一 ⅰイ ⅱイ

問二 太陽が黄色く見える（こと。）（九字）

問三 例 筆者は、大気中の水蒸気の量が多い日本の風土で育ったため藍色を他の色と区別しており、虹の色も藍色を含めて七色と認識していたが、それは誰でもそうとらえていると思っていたから。

問四 ア

解説 問一 ⅰ「物理」は「物質の構造や性質」の意。ⅱ「彼我」は「ひが」と読み、相手側と自分側を指す。「相手と自分」の意味で人に対しても用いるが、ここでは、あちら側とこちら側、具体的にはアメリカと日本の二つの場所を指す。

問二 「これ」の指示内容は、「太陽が黄色く見えた」であるから、「〜こと。」に続くように言い換える。

問三 筆者はアメリカに滞在するようになってから、そこでは虹の色は六つと思われていることに気づく。六色と七色のとらえ方の違いは、大気中に多くの水蒸気が含まれている日本の風土のために、藍色を強く意識することから生じていることを述べる。

問四 「事実上」とあることに注目する。「（広く認知されていないので、）見えないのと同じである」と筆者は述べているのである。

5

問一　エ

問二　文化間の移動（六字）

問三　同化

問四　想像を絶す～認知の表明（三十九字）

解説　問一　1～3行目に「日本の作家になって……中国大陸に渡り……小説とノンフィクションを書いた」とあることから、アとイは「訳す」が不適。ウは、「英語で」が不適。

問二　「往還」とは「行き来」のこと。「日本と中国の間の長い歴史を持つ行き来」という内容を表すのは、69行目の「文化間の移動という長い伝統」である。

問三　まず、——線②と同義の言い回しを本文中より探す。

他者に対する認知

＝

よそから渡ってきたあなたを認める。（39行目）

＝

同化させたなどというおごりもなく、その出自を尊重しつつ（57～58行目）

——線部がほぼ正反対の意味であることをおさえる。

●文中から反対の語句を抜き出す問題では、文中で取り上げられている対立した考え方と、筆者の考えの違いをとらえる。

問四　33～36行目で筆者が「名誉ある」という語について説明している。制限字数に気をつけて答える。

トップコーチ

細部を読み取る

「これ」「それ」などの語の指示内容を問う問題では、指示内容を「これ」や「それ」の部分に入れてみて、文の意味が通るか、それまでの文の趣旨と食い違いはないかという視点から妥当性を判断する。この場合、間違った部分を選択しても、一見すると文の意味が通っている場合があるので、筆者のそれまでの論旨と矛盾しないか確認しながら読む。

接続詞を挿入する問題では、前後のつながりをおさえて選ぶ。特に順接と逆接の区別に注意する。複数の接続詞を挿入する問題の場合は、出現順に選んでいくのではなく、複数の接続詞のうちのいくつかが挿入できるところは保留にしておき、確実に一つに決められるものから選んでいくほうが考えやすい。

語の意味を問う問題では、語の意味を覚えておくことは基本であるが、複数の意味を持つ語もある。これらの語は、文脈に応じて適切な意味を選べるように、微妙な使い分けができるようにしておきたい。

2 段落・構成をとらえる

6

問一 イ

問二 Ⅰ ウ　Ⅱ ア

問三 エ

問四 例 日常の中で私たちは「英語の学習」のように「学習」を「勉強」の同義語として用い、「知識」は勉強の結果、得られるものとして使う。しかし、近くのスーパーに行くだけでも、私達はさまざまなものを見て聞いてさわってたくさんの「知識」を得るという「学習」をする。つまり、ここでの「学習」は「さまざまな経験に基づいて外界についての知識を獲得すること」であり、「知識」は「個別的な事実についての知識」ばかりでなく、「外界の事物、自分自身、およびその関係についてのある程度体系だった情報・概念的知識」のことである。だから、「日常的用語と意味において一致していない」ということになる。

解説 問一 本文の『 』の範囲を内容のまとまりによって四つに分けると、次のようになる。

第二段落（4～13行目）

大型ほ乳類ははっきりした身体的な特徴を持っているため、限られた環境条件下においてのみ繁栄しうる。

第三・四段落（14～27行目）

サルの仲間は身体構造上の特徴を持っていないので、さまざまな環境に適応する。外界についての知識を得ることが、生存のために不可欠である。

第五・六段落（28～42行目）

ヒトの個体の生存や種族維持は、それぞれの個体ごとの経験に基づく知識ばかりでなく、文化という形で集積された他の個体の経験を摂取しうることにも依存している。

第七・八・九段落（43～54行目）

「学習」と「知識」の本文中における意味。これを持つことによってヒトは生きのび、現在の社会でも有能に行動しうる。

問二 4～20行目では、サルの仲間と大型ほ乳類のちがいを「身体的特徴」と「環境への適応」の二つの観点から比較している。

	身体的特徴	環境への適応
サルの仲間	持っていない	さまざまな環境に適応する
大型ほ乳類	持っている	限られた環境条件下においてのみ繁栄する

問三 直前の接続詞「つまり」から、——線①は前の文の内容を要約したものであることをおさえる。そして選択肢の中から、前の文「他の個体の経験を、言語などを媒介にして利用することもできる」と同じ内容のものを選ぶ。

問四 「学習」と「知識」のここでの意味については、——線②以降にそれぞれ説明してある。日常的用語の意味については、私たちが毎日使っている「学習」と「知識」の具体例を挙げて意味を考えてみると、「学習」が「勉強」と同義で使われていることに気づく。

7

問一 日本＝「世間〜ている
西欧＝一人一〜ている

問二 ウ

解説 問一 「対比的にとらえて述べている」とあるので、西洋との比較が述べられていない「日本には個人が敬意をもって遇される場がない」（1行目）は不適。

問二 ①で「日本の社会はどうなっているのだろうか」と疑問を提起している。②・③はこの疑問を受けて、日本は明治になって近代化したが、人間関係は古いままであったことを述べている。社会という訳語ができてからも、この世を「世間」とみなす考え方が支配的であったことを、④・⑤・⑥・⑦では「贈与・互酬の関係」から述べ、⑧・⑨では「時間意識の問題」から述べている。⑩はまとめとなっている。④の段落の始まりの「では」、⑧の段落の始まりの「次に」、⑨の段落の始まりの「これと関連して」などを手がかりにする。「では」や「次に」などは論点の展開を示しているが、⑧の「次に」は「世間」の説明という大きな論点のなかでの展開であることに注意する。

8

問一 （第一段落）Ⅱ （第二段落）Ⅳ （第三段落）Ⅵ

問二 貨幣を媒介

問三 例 開発が進み、所得のみが人々の幸福の尺度となり、不幸を増大する可能性を持つから。（三十九字）

問四 例 一日の所得額のみを貧困の尺度にするもの。（二十字）

解説 問一 全体の構成を把握するために、「事実を述べた部分」と「意見を述べた部分」を、きちんと区別して読み進める。

序論（問題提起）（1〜11行目）
一日あたりの生活費による貧困の定義は適切か？

本論1（実例）（12〜39行目）
中国の巴馬瑶族、アメリカの原住民の例→貧困とは、金銭を必要とする社会の中で金銭を持たないこと。

本論2（問題点の指摘）（40〜54行目）
「所得」のみを豊かさや幸福の尺度と考えてよいか？

結論（まとめ）（55〜77行目）
「一日一ドル」という貧困のラインの定義はまちがっている。

問二 直前の文に「このことを……『あたりまえ』のことだとさえいうかもしれない」とあることから、——線①とは「このこと」が指す内容である。「このこと」（49行目）が指しているのは、「貨幣を媒介……立ち現れる」（40〜46行目）の一文である。

問三 40〜48行目で筆者は「貨幣を媒介としてしか豊かさを手に入れることのできない生活の形式」に人々が投げ込まれた時、初めて「所得」が人びとの豊かさと貧困、幸福と不幸の尺度として立ち現れると述べている。「所得」のみの向上を目指す「政策」によって開発主義に走ると「幸福のいくつもの次元を失い、不幸を増大する可能性の方が、現実にははるかに大きい」（64〜65行目）と筆者は指摘する。筆者の考え方をふまえて制限字数内にまとめる。

問四 「このような」（76行目）の指示内容は、その前に述べられたドミニカの農民たちの例が示すものである。つまり、以前よりも貧しい生活になっていても、所得が向上していれば「貧困」ではないとする定義で、「所得のみ」を「貧困」の尺度とする定義のことである。

9

問一 境が溶け落ちる

問二 例 文章を書くことは簡単にできるが、それを公にするためにはさまざまな困難やチェックを経る必要があること。（五十字）

解説 問一 抜けている一文は、ネット上では、個人のとりとめない思いなどが、重要な情報と区別されず、大量に流されていることを述べているので、同じような内容が述べられている部分を探す。また、抜けている一文を挿入する問題では、文と文のつながり方にも注目する。抜けている部分の直後の文の「これらは」は、「プライベートとパブリック」を指すとすると、意味が通じなくなる。

問二 「発想」と「発表」の違いをまずおさえる。発想は思いであり、一面的な思念で、発表は思考であり、十分吟味された意見であると筆者は述べている。この違いを生み出していたものについてまとめる。

トップコーチ

段落・構成をとらえる

段落整序問題では、接続語や指示語、語句の言い回しなどを手がかりに、結びつけやすいところから決めていく。並べ替えた後で、指示語の指し示す内容がその前にあるかどうかは必ず確認すること。

形式段落を意味段落に分ける問題では、内容が変わっているところをおさえる。形式段落のはじめにある接続詞を手がかりに考えるとよい。特に、逆接の接続詞（「しかし」「だが」など）や話題転換の接続詞（「さて」「ところで」など）が用いられている場合には、そこが意味段落の分かれ目になっていることが多い。副詞の「さらに」や「つまり」なども意味段落の分かれ目になることがある。

抜けている一文を挿入する問題では、文と文のつながり方に注目する。特に、接続語には要注意。また、指示語がある場合は、一文が抜けていると、指示語の内容が違うものを指すことがあり、不自然な文脈になりやすい。一読してなんとなくしっくりこないところがあれば、ていねいに読み直すとよい。

3 要旨・論旨をとらえる

10

問一 エ

問二 例 下北半島で、野生の猿が増えすぎ、駆除するべきか議論の対象になっていること。

遠景の語り＝かわいらしく見える猿を駆除することに対し、かわいそうだなどの非難の声を上げていること。

近景の語り＝地元の人にとっては、畑の野菜を食べる害獣であり、このまま駆除しないわけにはいかないということ。

問三 イ・オ

解説 問一 ――線③が述べていることは、東京の人が絵のように美しいだけのものとして自然を見ているが、その自然のなかでも人々の暮らしがあるということである。主張を淡々と述べており、アは「激しく迫っている」が不適。また、内部の人たちの具体的な生活の営みは述べられていないので、イも不適。ウは自然保護団体の考え方が実態に合っていないことを暴いてはいないので、不適。

問二 二つの語りは、「立ち位置」の違いに由来する。「遠景の語り」は自然の外部に身を置く人の言説であり、「近景の語り」は自然の内部で生活する人々の言説である。「遠景の語り」では、理念や理想が述べられやすく、「近景の語り」では生活に密着した現実的なものとなる。自然保護について、具体的に知っている事例を述べる。

問三 「シンボル的動物を保護すべき」とは主張していないので、アは不適。遠景の語りをする人と近景の語りをする人の間では、「立場が違うので合意が生まれるはずがない」とは述べていないのでウは不適。「自然も、そこで生きる人にとっては脅威でしかない」とは述べていないのでエも不適。

11

問一 例 かかってくるあてがなくても、そばに置いておきたい（と思う点）（二十四字）

問二 互いに同じ

問三 エ

問四 例 ケータイの発明によって、個と個が直接にしかも顔を合わせずにつながるようになったため、テレビ受像機の前に集まる形で存在していたコミュニティーが完全に失われたから。（八十字）

解説 問一 直後の「常に自分のそばに置いておかないと、落ちつかない気分に陥る」だけでは、「たいへん奇妙」に対して説明不足。「私」の同僚の例から、さらに「奇妙」な点をおさえ、字数に合わせてまとめる。

問二 筆者は11~25行目で「日本人がケータイを肌身離さず持つ理由」を説明している。筆者の主張を図示すると、次のようになる。

昔　［メッセージ］＝［互いに考えを交換し、主張の中に共通点を見出す］

↓

［大事］＝［連帯感の形成］

↑

今　［メッセージがもたらされるチャンネルの確保］＝［互いに同じ回路を共有していること］

問三　問二の図に基づいて選ぶ。筆者がここで述べている昔と今の違いは「連帯感」の形成のあり方であり、メッセージの中身は問題にしていない。

アの「同じ考えを持つ人だけになった」も、イの「相手の考えをうのみにするだけになった」も、ウの「異なる考えも尊重し」も、それぞれ**「相手の考え」＝「メッセージの中身」を問題にしているので、本文の内容とは異なる。**

問四　後半の内容を図示すると次のようになる。

昔　［個と個の情報交換　対面による］

↓

テレビ　［モニターに配信されるメッセージの経路（第一段階）そのメッセージを共有する対面集団（第二段階）※第一段階での情報操作で対面集団をコントロール］

↓

ケータイ　［個と個での情報交換　対面的状況が全くない　※コミュニティーの輪郭が見えない］

「テレビ」→その前に集まる人々によってコミュニティーが作られていた。

「ケータイ」→顔をつき合わすことなく、情報交換ができる。

この二点をおさえ、「テレビ」と「ケータイ」を比較してまとめる。

12

問一　例（森は）自然そのものだから。

問二　意識でコントロール（九字）

問三　寿命

問四　中世の人たちはまだまだ囲いが穴だらけの中に暮らしていた（から。）（二十七字）

解説　**問一**　――線①は直前の段落の内容を受けている。「完全にコントロールできない世界、すなわち自然」（8〜9行目）という筆者の主張をふまえ、「自然」という言葉を用いてまとめる。

問二　都市の中で、「どうしても存在する自然」として筆者が挙げたものが「人間の身体」であり、「一番困る」ものの例として「死んだ人の発生」＝「自然に戻る」を挙げている。6〜9行目で「都市」＝「人の意識でコントロールできる世界」に対して、「自然」＝「人の意識でコントロールできない世界」と定義されており、都市の人にとって「人の意識でコントロールできない」事態は「どう扱っていいかわからない」のである。

問三　直接に人の自然を見ている例として筆者が挙げたのは、平《たいらの》重盛《しげもり》のエピソードである。重病の重盛が、父の申し出を断ったのは、重盛が「自分の寿命を知っているからだ」と筆者はとらえている。このことをふまえて、簡潔に答える。

問四　「さらし首」の話は、「中世の人間と古代人の末裔《まつえい》たる宮廷人の違いが、非常にはっきりと出ている」例として、筆者が挙げたものである。

両者の違いを筆者がどのようにとらえているかを正しく読み取る。

義経《よしつね》と範頼《のりより》　中世の人間

＝

まだまだ囲いが穴だらけの中に暮らしていた
（自然に近い空間）↓さらし首を強行

宮廷の人たち　古代人（平城京・平安京）の末裔

＝

堀を掘ってその中の空間に住む
（人工空間）↓さらし首に反対

13

問一　A イ　B ウ　C エ　D ア

問二　ウ

問三　ちかまつもんざえもん

問四　例　西洋の学問を、その発展に貢献してきた人や社会的背景とは切り離し、単に業績や作品のみを理解したこと。

問五　例　学問は才能のある人だけがするもので、自分とは関係がないものだとする態度。

問六　例　自分の育った社会に根づいた文化・伝統、道徳観や価値観などの影響を受けている人。

問七　例　自分の考えをはっきりと示して相手をそれに従わせる文化ではなく、自分の考えをはっきり示さず相手の気持ちを察する文化。

問八　例　学問に対して親近感や尊敬の念、能動的な自信をもたせるような教育を行い、社会全体が科学技術に理解を示しながらも鋭い批判をすること。

解説

問一　Aは直前の文の例ではないが、文化・伝統、あるいは道徳観や地域社会のもっていた価値観などが受け継がれている例として挙げられているので、イが入る。Bは直前の部分の言い換えであるので、ウが入る。Cは直前の文とは逆の意見が述べられているので、エが入る。Dは直前の部分に追加して述べているので、アが入る。

問二　人間精神の分野が尊重されなかったという文脈であるので、ウが入る。「おざなり」は「その場限りの対応をすること」であり、混同しないように注意する。

問三　近松門左衛門は江戸時代の浄瑠璃・歌舞伎作者。代表作に、「曽根崎心中《そねざきしんじゅう》」、「冥途《めいど》の飛脚《ひきゃく》」、「国姓爺合戦《こくせんやかっせん》」、「女殺油地獄《おんなごろしあぶらのじごく》」などがある。

問四　イギリス人にとってのニュートンやシェイクスピアは業績を知っているだけでなく、親近感を持てる存在である。一方、日本では、近松門左衛門や関孝和は、関係のない存在となっている。この違いをふまえて、「抽象レベル」の意味をおさえる。

問五　「いま」の態度は、直前の仮定の部分がなされなかったために形成されていることから考える。

問六　「土着の教養的背景」とは、個人が育った環境で伝えられてきた文化的な伝統のこと。

問七　ここでの「自己主張」は自分の意見だけを声高に主張するという意。

問八　西洋の学術の取り入れ方や、日本の社会に根付いた文化や学問の伝え方に対する筆者の主張をまとめる。

14

問一　例　食品

問二　A　例　魚種が多くて豊かなビクトリア湖（十五字）

B　例　湖の外のさらに広い人工的な環境（十五字）

問三　例　かつては多彩な種類の魚たちが豊かに生息していたが、ダーウィンの「適者生存」の法則どおり、「適合種」であるナイルパーチばかりが生息するようになった。

問四　例　都市

問五　C　例　肯定的な（四字）

D　例　否定的な（四字）

解説　問一　「住民の多くが慢性的な飢餓状態にある」国にとって最も皮肉な「随一の輸出品」とは何かを答える。指示どおり、二字の品目で答える。

問二　[A]・[B]それぞれの直後の語句から、[A]よりも[B]が広い範囲を指していることがわかる。ダーウィンの「適合種」の法則を「湖の生態」の範囲でとらえた――線①に対し、「悪夢」へと転じる――線③は、「悪夢」の内容が「もともと生息していた魚の死滅」のみならず「周辺の人びとの貧困化や生活状況の荒廃」を示すことから、「湖の外のさらに広い人工的な環境」の範囲をとらえている。

問三　「一変」する前後のビクトリア湖のありさまを対照させてまとめる。「多彩で豊かだったビクトリア湖の様相」とあることから、ここでの観点は「魚種」である。

「一変」する前→さまざまな種類の魚がいた。

「一変」した後→ナイルパーチばかりが生息する。

この二点をおさえる。

問四　「人工のジャングル」とは、「人々の手によって建設された建物が立ち並ぶところ」を比喩《ひゆ》的に表現したもので、つまり都市を表す。そこでは日々子供たちが食べ物を争い、強い者の暴力にさらされている。

問五　48～55行目の段落をまとめると、次のようになる。

肯定的＝「科学の成果」を称揚する言説
企業や雇用の創出を誇示するマネージメントの言説

↓変化↓　⇔

否定的＝**生態系破壊の弊害を訴える言説**
湖の死滅と周辺の人びとの貧困化や生活状況の荒廃を訴える言説

変化について、二つの言説が反対のとらえ方をしていることをとらえる。

トップコーチ

要旨・論旨をとらえる

筆者の主張を読み取るときには、自分の考えと合っているかや、それが正しいかどうかの判断はしない。あくまでも、述べられていることによって筆者の主張をとらえることが大切。「〜と思う（思われる）」や「〜するべきである」などの言い方がされているところは、特に筆者の主張が表れているので、慎重に読み進める。また、価値判断を含む言葉、例えば「良い」や「悪い」、「見事な」などがあるところにも筆者の考えが出ている。

要旨や論旨を問う前に出題された問題も、要旨や論旨と無関係ではないので、そこで整理した読み取りも参考にしていく。たとえばキーワードや筆者独特の言い回しの意味などを問う問題が出されることがあるが、それらの意味も参考にする。さらに問題ではない部分を読むときにも、掘り下げた読み方をするようにしておくと、さらに理解が深まる。

記述式解答では、最小限必要な言葉から肉付けしていく方法と、言いたいことを書いてムダな部分を削っていく方法がある。字数制限に合わせて調整していくこと。この場合も、自分の考えが入らないように気をつける。

4 論説文の総合的読解

15

問一 例 学校の勉強は、授業に加えて予習や復習の積み重ねによって、その体験が脳の中で整理され、明確な意味が生み出され、身につく。（五十九字）

問二 例 個人が生きていくために獲得される性質。（十九字）

問三 例 お腹を空かせて泣くと授乳してもらえたという経験の繰り返し。（二十九字）

問四 例 （天体の運行の中に法則を見いだすためには）私たちの生に結びつけたりせず、惑星や恒星の運動を冷静に観察する必要があったから。（四十字）

解説

問一 「学校の勉強」において「記憶を編集し、整理すること」と「新しい意味を立ち上げる能力」とが何にあたるかを自分の経験に照らして考える。本文中で、「親友」と「言葉」の例がどのように表現されているかをおさえてまとめる。

問二 直前の「私たちがこの世界の中に個として投げ出され、生き延びていく際に獲得する」が「生活知」の説明であると同時に「一人称の知」の説明にあたることをおさえる。

問三 新生児がお腹を空かせて泣くと、次に何が起こるかを考える。「泣くと授乳してもらえる」という経験の繰り返しを通して、新生児は生きていく際に大切な知恵＝生活知を獲得していくのである。

問四　58~61行目に「占星術といった、一人ひとりの生にあまりにも近すぎる知の体系では見えないことが、……冷静に観察していると見えてきます」とあるように、私たちが知の体系を生活に結びつけることをやめて、対象それ自体を冷静に観察しなければ、「世界知」である法則を見いだすことはできない。このことをふまえてまとめる。

●文章中に何度も繰り返し使われる言葉は、キーワードであることが多いので注意が必要。たとえばこの文章の場合、「生活知」という言葉が五回、繰り返し使われている。一般的な言葉ではないが、最後に出てくる「世界知」とともに、主題にもつながっていく。キーワードである「生活知」を含む文に線を引くなどして、確実におさえよう。

16

問一　エ

問二　Ⅰ　技術教育　　Ⅱ　躾

問三　ウ

問四　尊敬される技術のない（状態）（十字）

解説　問一　——線①の後に「躾は、……受ける者はそれに反抗したり、無感覚になったりする……感化のほうは、そういうわけにはいかない。」とあることから、——線①以後の内容は、「受ける者」から見た「躾と感化」の違いであることがわかる。

問二　A の前で、筆者は、技術の習得と躾は一体になったものだと述べている。そして、互いに欠かせないものであることを表すために「躾を欠いたままの技術教育」と A とを、対句的に表現している。

問三　筆者は、「すぐれた料理人を育てる調理場」の例を通して、意図してなされる「躾」と意図せずして与えられる「感化」双方によって、教育の「成果」が生まれると主張している。このことをふまえて選ぶ。

問四　——線③が、直前の「尊敬される人格」の言い換えであり、この先生たちの発言が、「学校には、……感化は起こらない」（44~45行目）への反論であることをふまえて考える。また、「常人の人格は、……何らかの技術と共にしか、よくはならない」（51~53行目）も、「手ぶら」を考える手がかりになる。

17

問一　ウ

問二　例 じぶんをも含め、生活するうえでかかわるものの総体について、じぶんにとってなにが重要で、どう取り扱いどう関係するのかを、解釈し、決定すること。（七十字）

問三　ア　世界がいかなるものであるか
イ　そのなかでいかに身を処していくべきか
ウ　特定の文化や社会
（別解　直面する現実世界）
エ　あらかじめ設置されている解釈装置
オ　じぶんをならしていく

問四　ア

解説

問一　A を含む文の冒頭の接続詞が「あるいは」なので、A を含む文は直前の文の言い換えである。したがって、A に対応するのは「深く、深く規定されている」（11～12行目）である。選択肢の中から、最も意味が近く、A にあてはめたとき文意が通るものを選ぶ。

問二　次の文の「世界の見方だけではない。手の使いかた、……ものの覚えかた、みな」（44～46行目）と、前の段落の「働く、食べる、話す……生活のどの局面をとっても」（19行目）が、同じ具体的状況を示していることをおさえ、前の段落では、解釈の作業をどういうことだと説明しているかをとらえる。

問三　「そう」は、直前の一文を指す。ただし、この段落は段落全体で一つのことを述べているので、——線②は段落全体のまとめとしてとらえる。字数指定をヒントに、適する語句を探す。

問四　——線③を含む段落で筆者は、「宇宙や自然も……文化のなかでとらえられてきたもの」（49～50行目）と結論づけている。すなわち、「文化の差異」は「物体的世界」をとらえるところから、すでに生まれていると考えられる。選択肢のうち、「物体的世界」が「文化」に対して主導権を持っているとするイ・ウ・エは明らかに不適。またオは、「すでに構造化したものとしてそれを変えることはできず」が不適。

18

問一　例　人間が人工化と自然破壊を進める中で、身体は人間に最後に残された自然であり、その自然との交流がスポーツだと気づいたから。（五十九字）

問二　A エ　B ア

問三　エ

問四　「近代の夢」の限界と破綻（十二字）

問五　○「精神（人工）」＝神と理性（四字）

○「精神（人間）を磨く」＝精神の浄化（五字）

解説

問一　……線部の「『身体』の重要性」とは、「身体は、人間の最も身近にある最後に残された『自然』といえる」（43～44行目）点にある。そして、スポーツとは「人間が人工化を進め、自然を破壊した社会のなかで」、「その『自然』との交流」であり、「自然をとりもどし、自然にふれあう行為」であると筆者は述べている。この二点をおさえて、制限字数内にまとめる。

問二　近世のデカルトとパスカルの思想は、「理性中心の思想」で精神と身体を明確に区別し、身体に対する「精神の優越」を主張しているものであることをふまえて、A を選ぶ。それに対し、ニーチェの主張は「身体に対する差別感をくつがえそうとした」ものであり、「身体の解放」であることをふまえて、B を選ぶ。なお、イはキリスト教系の理論で、エマソンの自然論の中で言われている。ウはアリストテレスの言葉。

問三　——線②以降から理由を読み取る。産業革命によって「暮らしにゆとりが生まれ」てはいないので、アは不適。「人間の解放」の新しい思想が生まれたのと「近代スポーツの誕生」は同時期であって、「人間の解放」が実現できているわけではないので、イは不適。ここでは、「身体論」と「近代スポーツの誕生」が同時期であった理由が求められているので、エの「近代社会の矛盾に対する反抗や抵抗」がその理由である。時代の異なるウは不適。

問四　――線③の内容は、「理性による人間解放」という理想実現のために作られたはずの近代社会が、その理想は実現せず、反対に人間を疎外するさまざまな問題点を生んだということ。これと同じ内容の表現を探す。

問五　西洋と東洋、それぞれの伝統的身体観の同義表現を探し、対応づける。

西洋　精神（人工）による身体（自然）の支配（56～57行目）
＝
神と理性による支配（22行目）

東洋　身体（自然）を用いて精神（人間）を磨く（57～58行目）
＝
身体を傷つけるほどの難行・苦行が、精神を浄化させる（50～51行目）

19

問一　ウ

問二　例　ノーベル賞受賞者を国籍で論じたり、その多寡を国単位で比較したりして、科学の世界を歪めたから。（四十六字）

問三　例　ノーベル賞は、純粋に学問の進歩に貢献した個人に与えられるもので、社会への貢献や国家への寄与は顧慮されないということ。（五十八字）

問四　例　自然を愛し、その神秘の一端に触れることだけを生きがいにするような科学者を国家は大切にし、それを唯一のかかわりとするべきだと考えている。

問五　例　自然への畏敬を持ちながら、その隠された真理の一つ一つを解き明かしたい、という熱意を基盤とした個人的な営みから、社会への貢献や国家への寄与を評価されるようになり、研究の目的も賞を獲ることへと変わった。（九十九字）

問六　例　日本から四人のノーベル賞受賞者が出たこと。

解説

問一　「遅きに失する」で、遅すぎて役に立たないという意。

問二　――線①は「そのような取り扱い方」の実例として挙げられているので、どんな取り扱い方をしたために起きたのかをまとめる。

問三　直前の段落の内容を制限字数内でまとめる。

問四　フィランスロピーとは、「人間を愛する」という意味であることをふまえて、科学と国家とのかかわりについての筆者の主張をまとめる。

問五　筆者の考える純粋の科学研究は好奇心に基づく個人的なものである。しかし、現在のノーベル賞を取り巻く状況には、社会的な要素が入り込んでいることをおさえてまとめる。

問六　筆者の、ノーベル賞の受賞をどうとらえるべきかという主張をとらえ、それに反することをまとめる。本文17～22行目の内容もふまえるとよい。

トップコーチ

論理的文章を理解するための基礎知識

・自然…西洋では、近代に入ると、人間が自然を把握《はあく》・統御《とうぎょ》するという見方が成立し、人間と対立する対象としてとらえられるようになる。これに対し、人間は自然の一部であるというとらえ方は、東洋的なものである。

・科学…自然についての人間の知識の学で、明治初期にできた訳語。歴史的にはもともと「哲学」から分派・独立した学で、十六・十七世紀以降、近代科学として確立した。

・技術…自然の客観的な法則性を認識（科学）し、これを利用して自然を主体的に変革し統御する方法。種々の科学技術（テクノロジー）へと展開する。

・理性…人間特有の能力で、本能・衝動・感覚的要求に左右されず、筋道立てた考えや判断に基づいて自己の意志や行為を規定する能力。

・概念…共通でないもの、特殊なものを捨象《しゃしょう》（除去）し、共通なもの、一般的なものを抽象（抜き出す）したもの。

普遍↕特殊、主観↕客観、抽象↕具体、絶対↕相対、分析↕総合、合理↕非合理（不合理）などの対義語も覚えておこう。

第1回 実力テスト

1

問一　A カ　B ア　C オ　D キ　E エ

問二　例 アメリカでは、自分の研究成果を話し、人々と討論するものであるが、日本では、おもに外国の論文を当番制で読んできて、その内容を同僚に紹介する会である。（七十三字）

問三　論文の中の一行、あるいは一語からひらめきが降ってくる（こと）（二十六字）

問四　ひらめき

問五　ウ

問六　ウ・カ

解説　問一　接続詞を選ぶ場合は、順接や逆接などの関係に注意する。副詞を選ぶ場合は、あとに決まった言い方をする呼応の副詞に注意する。

問二　アメリカのセミナー・コロキウムについては、「私が大学院時代を過ごした～」の段落をまとめる。日本については、「ショウドクカイが抄読会である～」の段落をまとめる。

問三　「個性的」は、ここでは、ある個人が他の人とは異なる論文の読み方をすることによって、読み取るものも異なってくることをいっている。これを言い換えた表現を制限字数内でさがす。

問四　「論理を越えた」とあるので、連続した思考ではなく、飛躍することによる発見を指す。これを言い換えた言葉を探す。

問五　——線④が指しているのは、日本人の研究者に独創性がないといわれる原因の一つである。

問六　アは、論理を越えた大きな発見を可能にするのは、「創造力」ではないので不適。また、一見無関係に思えることがらの間に関連を見いだすために必要なのは「創造力」ではなく、「想像力の助け」であるから、イも不適。「たくさんの情報を頭の中に入れておかないと、論理を越えた創造は不可能になる」という記述はないので、エも不適。「創造力」を生み出す力を決定するものとして「想像力と、記憶情報の量と質」とあるので、オも不適。

トップコーチ

論説文でよく出題される著者とテーマ

よく出題される著者とテーマを以下に挙げる。

▽池田晶子《いけだあきこ》（哲学エッセイ）
▽内田　樹《うちだたつる》（構造主義）
▽河合雅雄《かわいまさを》（動物生態学・サルとヒト）
▽黒崎政男《くろさきまさお》（哲学）
▽外山滋比古《とやましげひこ》（言語）
▽日高敏隆《ひだかとしたか》（動物学）
▽福岡伸一《ふくおかしんいち》（生命科学）
▽正高信男《まさたかのぶお》（コミュニケーション論）
▽茂木健一郎《もぎけんいちろう》（脳と意識）
▽森本哲郎《もりもとてつろう》（日本語・日本文化）
▽鷲田清一《わしだきよかず》（哲学）

2　小説文の読解

1　細部を読み取る

20

問一　ウ

問二　エ

解説　問一　アは、不公平感を子供たちが覚えることを心配してはいないので不適。イは、「作品の輝き」については述べられていないので不適。エは、すばらしい画を描くためには「詩人としての視点で世界を見ることのほうが大切である」とまでは述べていないので不適。オは、「画を描く技術を内に秘めており」「段階的に表に現れてくる」という記述はないので不適。

問二　——線②は、画を描こうとしない子供のこわばりをときほぐしたことの例の中で述べられている。叫ぶことによって、画が描けるようになったという記述から、子供の何が解放されたのかを考える。

21

問一　ウ

問二　ア

問三　例　いっしょうけんめい勉強しても、成績が良くないこと。（二十五字）

解説　問一　「ひきょうないい方」や「ひいき」をすることが、「日野くんらしくない」のである。「ひきょう」や「ひいき」と対極にある表現を選ぶ。

問二　同じ段落にある「澄田千穂に学友として好感を持っているが、それ以上のものはない」（21～22行目）という日野の気持ちをおさえる。岩井が言う恋愛感情の「好き」と日野の「澄田千穂のほうが好きだ」の「好き」では、明らかに意味あいが違うのである。ここで日野が強くこだわっている言葉は、「好きな人を負かしたくない気持ち」であって、「ひきょう」ではないことから、「ひきょうだ」という言葉の否定を主眼にしているイ・ウ・オは不適。

問三　――線③は、直前の澄田千穂の言葉を指している。「でも」の後に続く言葉を考え、制限字数内でまとめる。

22

問一　A　例　もし茶々丸が家に来て一週間ぐらいで、「迷い猫」の貼り紙を見つけていたら、（三十六字）

B　例　茶々丸への愛情が深まることなく、すぐ飼い主のところへ返しに行っただろう。（三十六字）

問二　イ

問三　イ

解説　問一　「そんな」の指示内容は、1行目の「来て一週間ぐらいでこれ見てればな」である。見なかったために「三人ともほとんど口をきかずに……歩いた」（18～19行目）り、「息子がしくしく泣き出した」（22～23行目）りする結果となった。どうして三人が悲しい思いをしているのかをおさえたうえで、早く見ていればどうすることができたのかを考える。

問二　「人間の側」＝「前の飼い主」は「心配で心配でしょうがない」のに対して、茶々丸《ちゃちゃまる》自身は「いまの生活を楽しんでいる」のである。つまり、前の飼い主の心情に関係なく茶々丸は存在しているのだから、茶々丸自身の問題ではないのである。エのように、「いまの生活の方が楽しい」とまでは言っていない。

問三　童謡の歌詞は、「サッちゃん」が「ちっちゃいからぼくのことをわすれてしまう」ことを「さびしい」と言っている。ア・エは「かなしく」思うのが「サッちゃん」になっているので不適。ウは「かなしさ」の対象が「思いが通じないこと」とあるので不適。

23

問一　ア

問二　〈母〉例　クリスマスだから持ってきたのに、やっぱりけちをつける。私が何をしたって、この人は気にくわないの。（四十八字）

〈私〉例　そんなことないよ。おばあちゃんの乱暴なもの言いは、いつものことだよ。だから、気にすることはないよ。（四十九字）

問三　イ

解説　問一　――線①の「そう」の指示内容は、前文の「本が見つかることと、このまま見つけられないことと、どっちがいいんだろう」という私の惑いである。その前に「私の考えを読んだように」（20行目）とあるので、おばあちゃんに惑いを気づかれまいと

「私は口を尖《とが》らせた」のである。

問二　母が私に伝えた内容は、その後のタクシーの場面で実際に語っている内容と同じであろう。母が「私を見た」後、私は母をかばう発言をすると同時に「おばあちゃんの乱暴なもの言いに……母はなぜか慣れていないのだ」(43~45行目)と冷静に考えていることから、心の中での母との会話も似た内容であったと考えられる。以上のことをおさえ、会話になるようにまとめる。

問三　「濁った水」とは「涙とともに流れ出てくる母のつらい気持ち」をたとえている。「スポンジ」は水をよく吸い上げるので、ここでは母の気持ちがどんどん私の心の中に入り込んでいる様子を表す比喩《ひゆ》表現に使われている。

24

問一　例　十松爺さんの跡を継いで打桶ができれば、村の人の元助を見る目が変わると期待する（気持ち。）（三十八字）

問二　例　打桶の水が作物の生育にいかに大切か（十七字）

問三　例　川の中では他の子供と同じことができ、誰からも笑われなかった（から。）（二十九字）

解説　問一　元助に笑顔を見せたという描写と、直後にある発言から、いとが喜んでいることがわかる。右足が不自由である、我が子元助が、人から笑われることがなくなる良い機会だと、いとが思っている点をまとめる。

問二　伊八が田畑の方を見ることで、元助の視線も自然に田畑に向かう。「何のことはない……雑草の生えるがままになっていた。」(47~49行目)の部分に表されている、元助に見えた風景からわかることをまとめる。

問三　足が不自由な元助が、川の中ではどういう行動をとれたのか、――線③の二つあとの段落に描かれていることをまとめる。

トップコーチ

細部を読み取る

小説を読むときには、特に慣用句や語義を正しく理解する必要がある。多様な意味を持つ言葉であれば、その文脈ではどの意味でつかわれているかを判断することが、正確な読み取りにつながっていく。

いくつか慣用句の例を挙げる。

〈身体の部分を使ったもの〉
・目を丸くする（驚く）　・肩を持つ（味方になる）

〈動植物に関係のあるもの〉
・馬が合う（気が合う）　・瓜二つ（そっくりなこと）

〈その他〉
・気がおけない（心を開いてつきあえる）

また、「手」という漢字には、「手」、「腕前（例 手腕）」、「仕事をする人（例 働き手）」、「きず（例 深手）」などのさまざまな意味がある。そのような視点から漢字を覚えておくと、理解できる熟語が増え、読解の助けとなる。

2 場面・心情をとらえる

25

問一　ア

問二　例 殺され放置された「ポチ」の様子を想像して、飼い主として後ろめたく重苦しい気持ち。

問三　例 「ポチ」を殺そうとしたが、たまたま薬が効かず生き延びた以上は、このまま潔く「ポチ」を受け入れてやろうという、さばさばとした気持ち。

問四　イ

解説　問一　「赤毛は卑怯だ！　思う存分やれ！」（1～2行目）、「よし！　強いぞ」（17行目）から、「私」は明らかに「ポチ」の勝利を強く願い、「手に汗して眺めていたのである」（10～11行目）。そして、結果は「ポチ」の勝利である。この二点をおさえ、選ぶ。

問二　「猫背」とは「頭が前に出て、背中がまがっている」ことで、「私」の落ち込んだ気持ちがうかがえる。その原因をふまえてまとめる。その時、「一分たたぬうちに死ぬはずだ」（26～27行目）が、どういう状況を表しているのか考える。

問三　「私が何かを白紙還元した」のではなく、「私は、白紙還元である」とあることに注意する。「白紙還元」する私の気持ちをおさえ、その変化の理由を説明する。

問四　「適当でないもの」を選ぶことに注意。「浮かぬ顔」とは「心配事などがあって晴れ晴れしない顔」の意。イのように納得して「仕方がないとあきらめる気持ちになった」のなら「浮かぬ顔」にはならないことをおさえる。

●人物の心情について答える問題では、様子や場面に注意する。

〈問二の場合〉
様子…「猫背」「のろのろ」
場面…飼っていた犬に毒を与え、置き去りにした。
→このときの人物の心情は？

26

問一　A エ　B ウ

問二　イ

問三　例 規則的に流れる日常の時間とは違った、妻と自分のあいだだけにある、流れているのかどうかもわからない静かで満ち足りた時間。（五十九字）

解説　問一　A「しきりと」には他に「しばしば。ひっきりなしに」の意味もある。B「月並み」は「平凡なこと」。

問二　「家内」は——線①のように言ったが、「私」がしたのは「家内」のしびれていないほうの手を握りしめていることである。それでも満足そうにしているという描写から「家内」の心情を考えると、アの「心苦しさ」やウの「後ろめたさ」は不適である。オの「雑然とした身の回りを夫が片付けてくれる」という実際の行動をとったわけではない。また、「この時間は、～」の段落（31～35行目）にも同じような描写があるが、そこにある感情は静かで二人をひたひたと満たしてくれるようなものであることから、エの「ひたむきさ」ではなく、イの「安らぎ」だと判断できる。

問三　「日常的な時間」との対比で考える。「日常的な時間」と「生と死の時間」は、――線②に続く二つの段落に記述がある「何と甘美な経験であることか。」（29～30行目）という描写から、「私」が「生と死の時間」を避けるべきものとしてとらえてはいないことを読み取る。

27

問一　ア

問二　ウ

問三　簡単な

解説　問一　生徒の「さっぱりわかりません」という答えを上田さんは悲しみ、「面白い」という反応に「いかにもホッとしたような表情」になる。上田さんが生徒に伝えたかったのは「現代詩の面白さ」である。これは、二回目の授業であるから、イのように「生徒たちの不満や反撥」はまだ出ていない。それ以降の授業をみても、ウのように「生徒たちの国語力のレベルにあった」授業展開を考えていたとは思えない。また、この場面で「コミュニケーションが取れた」とまでは言えない。

問二　「こんな風に」（40行目）の指示内容は、直前の「自分とほぼ同じ年齢のときに愛犬の死を謳《うた》った……素直に共感できる」（38～39行目）である。したがって、アのように「多くの人に理解してもらう必要はなく」とも、イのように「とにかく難解なものでなくてはならず」とも考えていないので、どちらも不適。エも不適。「世に広めていけばいい」とまでは書いていない。

問三　第一段落（5～17行目）の中で生徒が「面白い」と積極的な反応を見せたのは、「きわめて簡単な構造をもった詩」（14行目）に対してである。「難解であること」という判断基準に比べて、「面白いか、面白くないか」という判断基準は、だれにでも判断可能な単純な基準である。

28

問一　エ

問二　②　例　そのうち清人はひとりで生きていかなければならなくなり、自分たちは手を貸すことができなくなることを自覚している。

③　例　清人の存在はお荷物ではなく、自分がリストラ研修に耐えることができたのも清人がいたからだと思っている。

解説　問一　「そういう」が指しているのは、直前の「正しいことがいくつもあり、それがときにぶつかりながら、世のなかがまわっていく」ことである。これと同じ趣旨のものを選ぶ。

問二　――線②は、真由子の「いっちゃったわねえ」という発言を受けて、自分の気持ちを整理するために黙っていたのであるから、謙太郎の直後の発言から考える。清人が自分たちから自立しつつあることを受け止めている気持ちをまとめる。――線③は、直前の段落で描写されている謙太郎が感じたことを整理するための沈黙である。清人を「お荷物」ではなく、リストラに耐える力を出させてくれた存在としてとらえなおしていることをおさえる。

29

問一　例　千枝子が石井と婚約したこと。（十四字）

問二　例　無意識に千枝子の好きな曲を口笛で吹いており、孤独な生き方を誓った「僕」が、まだ彼女を

愛し続けていることを意味する。（五十七字）

問三 ア

問四 ア・エ

解説

問一 「それでいいのだと思い続けた」から、「僕」が「それ」を無理に納得しようとしていることがわかる。直前の会話とその後の展開から、「それ」の指示内容を考える。

問二 問題文の後半部から、「ショパン」の楽曲が「千枝子」の好むものであることがわかる。その曲を無意識に口笛で吹くということは、「僕」がまだ彼女を忘れることなく愛し続けていることを表している。

問三 ――線③の直前の、「せめてもの」に続く語句を考える。「ささやかな」は「小さな、こぢんまりとした」の意。

問四 「僕」は（失敗した）芸術家として、「最後の一ページ」は「小説に」ではなく、「現実の上」に書きたい（＝千枝子とともに千枝子の好きな曲を聴くこと）と願っている。その気持ちから小説の草稿を焼いたのである。イでは「新たな自己を模索」が無関係。ウでは「自分の孤独を確立」が不適。オでは「戦争も愛も無意味」が不適。カでは「千枝子にも……思いを断ち切り」が不適。キ・クの内容はここでは述べられていない。

トップコーチ

場面・心情をとらえる

小説を読む場合、その描写の意味することを、文字通りの意味だけでなく、象徴的な意味も含めて考えることが必要である。人物の行動しか描写されていなくても、その行動にその人の気持ちが託されていることがある。

たとえば「うつむいた」という行動には、その人が悲しんでいたり、迷っていたりする気持ちが表現される。うつむいた姿の人が口では「うれしい」と言った場合、発言内容と行動の示すものが違ってくる。そのような場合は、どうしてそう言わなければならなかったのか、その理由も考えることで、より深い読み方ができるだろう。

このように、人物の行動によってその人の感情を表現することがあるので、その行動にはどのような意味があるのか、想像しながら読むことが大切である。また、行動でなくても、たとえば「手がふるえていた」という描写では、その人の気持ちが動揺していることを表しているし、「低い声で話す」という描写では、他の人に聞かれたくない会話であるか、もしくはその人の気持ちが沈んでいることを表す。はっきりと心情が述べられていなくても、こうした描写を手がかりに読むことが大切である。

3 主題をとらえる

30

問一 例 ただの白い紙に文字を書き続けた疲労感とそれに意味を与えたのが自分だという優越感。（四十字）

問二 敬意さえ払っていた

問三 例 まわりで万年筆を使っている子など一人もいなかったので、万年筆を使うことで、自分が大人になったような気がし、特別な力が発揮できると思ったから。

解説 問一「疲労感」は、ノートを文字で埋めつくす作業の結果である。「優越感」は、ただの白い紙に意味を与えたという思いによるものである。特にそのもととなったのは、「それを授けたのは自分自身なのだ」（48~49行目）という自負であることをおさえる。

問二 他の大人は、「私」の〝書き物〟に対して、干渉しないで、勉学のようなものだと思い込んでいた。キリコさんは干渉しないが、どうとらえていたのか、制限字数におさまる記述をさがす。

問三 お土産で万年筆をもらった「私」がどう思ったかをまとめる。「私」は十一歳であることが重要で、他の子どもより大人になったような気がしたという部分が中心となる。

31

問一 例 父に会いたく

問二 例 自分と姉のひと月分の生活費を受け取ること。（二十一字）

問三 オ

問四 例 父は、吾郎が訪ねてくるのは生活費を受け取るためだけではないと思いたいのに、それを否定することになるから。（五十二字）

解説 問一 直後に「早くこの家に着きたくて」とある。家を訪ねるのは、そこに父親がいるからである。

問二 「封筒の中には、吾郎と姉の時子の、ひと月分の生活費があるのだ。」（48～50行目）の部分からわかることを、制限字数内でまとめる。

問三 吾郎が時間をかけて靴のヒモを結ぶのは、父が生活費の入った封筒を渡しやすくするためである。少しでも長く父と一緒にいたいとは思っていないのでアは不適。イの「父がますます機嫌を悪くしてしまう」は、父の機嫌は悪くないので不適。吾郎は、父をつらい気持ちにさせようと考えているのではないのでウも不適。吾郎は、女の人に会いたいとは思っていないのでエも不適。

問四 大仰に頭を下げて感謝すれば、お金を受け取るのが目的で吾郎は父の家を訪ねていることになる。「『忘れるとこだった』さり気なく言うことで、父は吾郎がこの家を訪ねるのは、決してこの封筒のためだけではないのだ、ということを自分に納得させているようでもあった。」（45~48行目）の部分からわかるように、父親はそれだけが目的ではないと考えたがっているのである。

32

問一　エ

問二　(1)　例　これまでに同じ光景を何度となく見た（十七字）

(2)　イ

解説　問一　「おふくろ」が炉端で独りでいる光景を子供のころから何百回も見てきた「私」は、何をしているのだろうと思いを巡らせていた。しかし、「おふくろの鼻の先に水玉が宿る」＝「涙が落ちる」のを見た時、「おふくろ」の「人生が悲しみに満ちた日々の積み重ねだったこと」を、「私」は思い知ったのである。文章全体を読んで考える。

問二　(1)　「帰省している学生の私」は「都落ち」して郷里に帰る前の学生時代の「私」の意。つまり、子供時代から学生時代までの時間的経過の中で何回となく繰り返されてきたことを表している。「この文の中でどういうことを表しているのか」が問われているので、文末の「ただ眺めているほかはなかった」に結びつくよう、繰り返されてきたことを答える。

(2)　35行目〜38行目に「同情」も「慰め」も「おふくろの心を傷つける」だけで、「ただ黙って見守っているだけ」とある。「おふくろ」は「近寄りがたい静寂を嘆いて」いるのではないのでアは不適。「習字の稽古をしている」のではないのでウも不適。

33

問一　例　ぼくが聞きたかったのは、ひとを嫌いになるのもいじめになるのかということだったが、会話をするなかで石野先生に詰問するような聞き方になってしまったから。

問二　例　「ケンカ」は単なる争いであり、「ひとを嫌いになること」は個人の感情である。これに対して「いじめ」は、ある特定のひとを集団で継続して一方的に傷つける点で「ケンカ」や「ひとを嫌いになること」とは異なる。

解説　問一　「先生は腕組みをして窓の外を向いたまま、目をつぶっていた。」（2〜3行目）や「先生は、まだ目を閉じていた。眉間に皺を寄せ、さっきより機嫌が悪そうに――悩んでいるようにも見えた。」（24〜26行目）という描写から、村内先生は一連の出来事に慎重に対処しようとする態度をもっていることがわかる。また、――線①の発言に続いて「みんな、間違っている」（80行目）とも発言していることから、「ぼく」だけを非難しているのではないこともわかる。したがって、村内先生が間違っているとした点は、ぼくの発言の内容そのものではなく、発言の仕方であると判断できる。

問二　「ひとを嫌いになること」は、行動ではなく、感情である点が、「いじめ」や「ケンカ」とは異なっている。「いじめ」も「ケンカ」も外に現れる行動であるが、「いじめ」は、長期的・継続的に相手を傷つけ、いじめる側といじめられる側の立場が入れ替わらない。問題に入っている本文中の引用部分では、ケンカや人を嫌いになることを絶対してはならないことだとは言っていない点に注意。そうしたこともふまえてまとめる。

トップコーチ

主題をとらえる

小説の主題は、登場人物がどういう行動をし、どういう感情をみせるかというところに表れてくる。

登場人物を理解するためには、その人の行動と発言内容を手がかりにして、その人がどういう人かを考えていくとよい。このとき、外に表れた発言だけでなく、その人が自分自身に向き合って黙って考えている場面にも、主題が表れてくることが多いので特に注意して読みたい。登場人物の内的な思考が描写されている部分を読み取ることが重要である。

会話がとぎれるところは、話している人たちの感情がかみあわない場所である。そこでお互いの感情を推測したり、次の行動が生み出されていく転換点になったりすることもある。感情がかみあわない理由は何かを考えることが、登場人物の考え方や心情を深く理解できることにつながる。

また、**独特の言い回しや何度も出てくる言葉**はキーワードとなる。出てきた場所に傍線を引くなどしておくと、展開が理解しやすい。

---

4 小説文の総合的読解

34

問一　イ
問二　イ
問三　ウ
問四　ア

解説

問一　「自分」という言葉は、名詞として「その人自身。自己。おのれ」という意味で使われる場合と、一人称の代名詞として「私。僕」として使われる場合がある。「暗い自分」とは「暗い自分自身」の意なので、「僕(浩)」と置きかえることができないものを選ぶ。なお、6行目の「自分から自分が脱け出る」とは、「自分自身から私(浩)が脱け出る」という意味である。

問二　「テもなく」は「簡単に」の意。自分の絵の前に立つ前と後では「浩」の様子がどうかわったかを「暗い自分」との関わりでみていくと次のようになる。

暗い自分

↑「脱け出ることはできなかった」（6行目）
←
↑「引きずりながら」（7行目）
←
↑「テもなく」「 A 」しまった」（8～9行目）
←
↑※脱け出せていない
←
↑「そそくさと眼《め》を逸《そ》らし」「逃れ出た」（14～15行目）

●空所挿入の問題は、本文中に必ずヒントがあるので、空所の前後をしっかり読むこと。最後に空所に答えを入れて、確認することも大切。

問三 ——線②前後の「自分の絵を眺めて、自信がついたんじゃないか」「喜びの色を見て取ろうと努めていた」という祖母の言動から、このたびのできごとを浩が喜んでいるはずだと信じている祖母の気持ちが読み取れる。だから、「がっかりした」という浩の言葉を、本当の気持ちと「反対のこと」を言っていると祖母はとらえたのである。その祖母の気持ちを正確にとらえたものを選ぶ。

問四 感じ方が「倒錯」した結果、「この行水の慰めを得るため」に「あんなことをした」と「浩」は考えている。まとめると次のようになる。

「この行水の慰めを得るため」（57〜58行目）
↓ ⇒
「索然《さくぜん》とした（＝興ざめする）結果」（56〜57行目）
↓ ⇒
「あんなことをした」（58行目）

本来の流れは「⇒」であるので、「索然とした結果に終わった」のは、「浩」のどんな行動だったかをつかむ。

35

問一 イ

問二 例 その言葉によって、久美子は博正の自分への思い（好意）をはっきりと知ってしまったから。

問三 エ・オ

解説 問一 一回目に頭を叩いたときから、久美子は本気で腹をたてて叩いているのではない。「これで風をふせいだら？」と「前方を向いたまま」セーターを渡してくれる博正の久美子への優しい気遣いはわかったが、それはスカートを相当まくりあげている久美子の格好を博正が気にしているということでもあるので、急にまた恥ずかしくなったのである。博正を「鈍感」と考えたわけでも「なじりたかった」わけでもないので、アは不適。ウにあるように「博正の優しさ」を「すぐに認めたくなかった」ということではなく、イのように「恥ずかしさ」を「ごまかしたかった」のである。

問二 同じ段落に「それは図らずも博正の心を、如実に久美子に伝えていた」（53〜54行目）とある。その「博正の心」とはなにか。本文の中から博正の久美子への思いの述べられた箇所を探す。

問三 ——線③は、その前の博正の言葉である「じゃあ、夢も目標も持ってねェ男と結婚するの」（49行目）を受けた言葉である。博正のこの言葉から、久美子は初めて博正の自分への思いに気づき、そのことによって久美子自身もまた、博正を急に意識し始めたと考えられる。その久美子の気持ちをおさえたうえで、久美子の言葉の意図を選ぶ。アのように「二つの言葉」の「全く違う意味」を、学問的に理解させようとしたのではない。むしろ、先の博正の言葉に対する感情的な言葉であり、「夢ではなく目標を持った男となら結婚を考える」という意思表示になっている。イのような「忠告」でも、ウのような「励まし」でもない。

36

問一 例 みんながいつか死ぬ現実を、死ぬ日という目的地に向かってみんなが列になって並んで進んでいくとした点。（四十九字）

問二 例 死ぬことへの恐怖におびえきっていたが、頭がいいとほめられて誇らしく思い、さらに大人なのに死を恐れるおじに優越感すら感じ、気持ちが晴れてきた。（七十字）

問三 オ

解説 問一 「甥」は「みんながいつか死ぬ」ことを「みんな死ぬ日にむかって行列している」ととらえている。二つの共通点をおさえ、この表現によって、どのような場面が思い浮かぶかを考える。

問二 「甥」の表情は、「おびえきった眼《め》」（4行目）から「眼を輝かせると、……笑った」（67～68行目）まで大きく変化している。その変化のきっかけになる言葉は、「私」の「こわいさ」（51行目）と「お前は、頭がいいんだ」（55行目）である。それぞれの言葉が「甥」の心情にどのような変化を与えたのかを、前後の表情を比べながら読み取る。

問三 「いつものように私と甥の間で何度かくり返された会話がかわされた」（20～21行目）、「私は、甥の頭を指の関節で軽くたたいた」（56行目）、「甥はその体を私の腕にさらにもたせかけた」（57～58行目）から、私が甥とスキンシップをしながら対話の中で甥の心の不安をとりのぞこうとしている様子が読み取れる。アでは、「正しい方向に導こう」が不適。イでは、「わざとおびえた卑屈な態度」が不適。ウでは「自分自身の人生に意義」の表現が文中にまったくないので不適。甥の問いに対して「そうとも」「その通りだ」「そうだろうな」等の答え方をしており、これはオのように「理解を示そう」としているのであり、エの「理性的に判断し、的確に答える」は不適。

37

問一 A 落ち　B 落とし　C かざし　D こたえる　E うかがっ　F とらわれ　G 占め　H つい　I 違っ

問二 ・（脳の）血管が破裂する（ため）　・しびれた足

問三 例 命にかかわる深刻な病気である（ということ）（十四字）

問四 例 これからも生きていける自信が持てた（ということ）（十七字）

問五 例 病後初めて家の外に出て自分の足で歩けたので、命があることへの感謝の気持ちも交じって、月の姿に感動した（ため）（五十字）

問六 イ

解説 問一 「眠りに落ちる」、「味を占める」、「勝手が違う」などの決まった言い方は覚えておく。「かざす」は、何かを高く上げる動作を表す。ここでは、火鉢の上に手をさしのべて暖をとるようすを表している。

問二　「溢血」は、体の組織内部で出血が起こること。「医者の話でも、そうやたらに血管が破裂するものではないと聞かされていた」(8～9行目)という描写から、「私」は以前に血管が破裂したことがあると判断できる。また、病気の症状としては、具体的な症状ではない「絶対安静」は不適。

問三　「事が事」という言い方で、その事柄が深刻な状態にあることや、気軽に話題にできない状態にあることを表す。同様に「病気が病気」と言えば、深刻な病気であることを表している。

問四　直前に「自分の蘇った命をしみじみ感ずるのだった。」(12行目)とあることから、「私」は、生死の境にあったことがわかる。「命をつかむ」とは、生の側に命を引き戻したという実感を表している。「私」は、病気によってもしかしたら死ぬかもしれないと思っていたが、生きていけるという自信をもつことができる状態になっている。

問五　通常は、「この世界には、月というものがあったんだ」という感慨をもつことはない。「私」がそれほど新鮮な気持ちで月を見た理由を考える。「私」が大病した後初めて外へ出た夜の出来事であり、病気からの回復を実感していることをとらえる。

問六　「所在」は、人や物が存在する場所をさす。「所在ない」で、することがなく退屈なさまを表す。

38

問一　イ

問二　ウ

問三　例　勝手に古義人の人生を自分の人生に引照し、初対面で内面的問題を問う織田に惑い、答えに困っている心情。（四十九字）

問四　例　古義人ではなく、ローズさんが答えたのでとまどったが、開業医としてさまざまな人に接した経験から、臨機応変に対応できたこと。（六十字）

解説

問一　いかにも「古風な町医者」＝「町の名士」に見える服装で土産も自分では持たず、後ろの運転手に持たせていることをおさえて選ぶ。「古風な町医者」にはイのような「威厳がある」が、アのように「親しみやすく」はないので、アは不適。また、運転手に土産を持たせることは、「威厳」を感じさせてもオのような「ぞんざいな」＝「いいかげんな」振る舞いとはならないので、オも不適。この度の訪問は古義人《こぎと》から話を聞くのが目的であって、ウのように「相手を威圧し、思い通り事を運ぶ」必要はないし、エのように「患者」を「治療する」のでもないから、ウとエも不適。

問二　——線②の「積極的な性格」と、その前の「いかにも良家に生まれ育って……思うように生きて来た」(8～9行目)から考えて選ぶ。アの「屈託もない」ことは「積極的な性格」と言えないので、不適。——線②前後の文に、イにある「分析力に富み……他人への配慮が不十分なため」が読み取れる内容はないので、イも不適。エにある「思いつくまま辛辣《しんらつ》な意見を述べ」ることも、本文の育ちの良さからくる「積極的な性格」とは異なるので、エも不適。エやオのように「周囲に不快感を与えるタイプ」とまでは、言うことはできない。

問三　——線③の「留保の目つきを——それも複雑に——」から、

織田の発言に惑っている古義人の様子が読み取れる。織田は古義人の生き方を自分の生き方に引照（他の事柄を引き参照すること）し、初対面にもかかわらず古義人の内面にふみこむ質問をしている。**そのために起きた古義人の惑いを制限字数内でまとめる。**

問四 ——線④の前後の織田の言動、つまり、「とまどった様子」から「願ってもないことです」と切りかえる臨機応変な対応を「開業医としての永い経験に鍛えられてもいる」からと理由づけているのである。何による「とまどい」なのか、それを切りかえることができたのはどんな「経験」からなのか、**より具体的にまとめる。**

トップコーチ

小説文の総合的読解

小説を読む場合、いつの時代の話で、登場人物にはどういう人がいるかを正確にとらえることが必要である。

その人が生きている時代がどのような時代であるのかは、登場人物の心情を考えるうえでも重要である。それは、時代によって、人が生きていくうえでの規範や理想となる人物像が異なるからである。当然、登場人物の感情や行動も時代の影響を受ける。戦国時代と現代では、期待される行動や、人物像も異なるであろう。したがって小説の時代設定に応じて、その時代の人々の生活や感情を理解しようとすることが大切になる。また、よく知らない時代の出来事であっても、現代に生きている自分の常識だけで判断しないようにするとよい。

比喩《ひゆ》表現や抽象的な表現がある場合は、具体的にそれを言いかえたところがないか、探してみるとよい。また、登場人物の気持ちを何かに託して表していないかという視点でも読んでみるとよいだろう。

第2回 実力テスト

1

問一 ところが、

問二 ア

問三 例 自己顕示欲があるからこそ、自分の作品を発表して認められたいという思いが生まれ、それがより良いものを作ろうとする努力につながるから。

問四 (1) 例 父に聞こえないようにするため。（十五字）

(2) 例 熱が出ると思われるから。（十二字）

解説

問一 前年一月の父の米寿の祝いの場面と、病院の場面の二つに分かれる。「ところが～」（66行目）以前は、米寿の祝いの時のことを回想している部分。

問二 「面映ゆさ」は、恥ずかしさや照れくささの意。直前の「子どもや孫に米寿の祝いなどされている」のが、その原因である。イの「何もやり遂げなかった自分」という認識は「父」にあったが、ここはそれが原因ではない。

問三 「父には自己顕示欲というものがなかった」（55～56行目）とあり、「父」が俳句を作るのは、**誰かに認められたいからではなく、**

あくまで作りたいからであったと「私」は考えている。そのため父の俳句は句誌の仲間に理解されないのである。したがって、「自己顕示欲」がなければ、他人から認められず、作品を世に出すこともできないという点をおさえてまとめる。

問四 (1) 担当医は、父には聞かせたくない内容であったから、「私」にだけわかるように「小さな声」で話したのである。

(2) 担当医は、熱が出る可能性は高いと思っており、その望ましくない事態が起こることに対する懸念が、この発言の繰り返しという行動に表れている。

トップコーチ

入試問題の傾向と入試頻出作家 ―― 小説

入試問題の設問傾向は散文が70％を占める。最も出題率が高いのは論説文、続いて小説文、随筆文の順となっている。実際には論説文一題と小説文一題（随筆文一題）が中心となっているものが多い。次に挙げるような作品に触れ、国語力を養っておいてほしい。

▽芥川龍之介《あくたがわりゅうのすけ》
『猿《さる》』『蜜柑《みかん》』など。
▽井上靖《いのうえやすし》
『しろばんば』『夏草冬濤《なつぐさふゆなみ》』など。
▽新田次郎《にったじろう》
『富士山頂』『劔岳《つるぎだけ》〈点の記〉』など。
▽吉行淳之介《よしゆきじゅんのすけ》
『子供の領分』『食卓の光景』など。
▽山田詠美《やまだえいみ》
『風葬《ふうそう》の教室』など。
▽重松清《しげまつきよし》
『気をつけ、礼』『きみの友だち』など。
▽あさのあつこ
『火群《ほむら》のごとく』『がんじっこ』など。

このほか、古くは川端康成《かわばたやすなり》、志賀直哉《しがなおや》、太宰治《だざいおさむ》、堀辰雄《ほりたつお》などから、現代のものでは三浦哲郎《みうらてつお》、開高健《かいこうたけし》、小川洋子《おがわようこ》、伊集院静《いじゅういんしずか》、角田光代《かくたみつよ》、江國香織《えくにかおり》などの作品が多く取り上げられている。

3 随筆文の読解

1 細部を読み取る

39
問一 東京圏というには田舎じみており、田舎というには中途半端な（場所）（二十八字）
問二 イ
問三 ウ
問四 敗戦時（三字）

解説 問一 「界面」とは、二つの異なったものが接している境界面のこと。松戸市を、東京と郊外が接している境目としての地理的な面から説明している部分を探す。
問二 「そんな小さな感傷」は、具体的には直前の段落での筆者の気持ちを指している。述べられているのは練馬に対する愛着であるから、アかイが該当するが、「小さな」という表現から、アの「強い愛着」は不適。
問三 「ワンダーランド」は「不思議の国」のこと。少年にとってのワンダーランドであるから、わくわくさせてくれるものがたくさんある興味のつきない場所を指す。
問四 直後に「止まったままの時間」の断片が挙げられている。「防空壕」は戦時中の施設である。その前に「時間的には、戦後がなお戦前と接している界面でもあったのだ。」（26~27行目）とあることからも判断できる。

40
問一 いただけた
問二 Ⅰ エ Ⅱ エ
問三 例 精神的な意味も含めて、未知の場所に足を踏み入れることで不安や心配を感じ、問いをつきつけられ、心を揺さぶる何かに向かいあう体験をすること。（六十八字）
問四 例 生まれたばかりの子どもにとっての世界は、見知らぬ異質なものであふれ、五感すべてを刺激する様子。（四十七字）
問五 エ

解説 問一 「いただく」は、「もらう」の謙譲語。
問二 Ⅰ 「上回る」や「下回る」は良い方にそれているか、悪い方にそれているかを表すが、「逸脱」はその判断はせず、ただそれていることだけを表す。 Ⅱ 同音異義語の「普段」は「いつもと同じこと」の意。
問三 筆者は、「冒険」や「旅」を「観光旅行」とは違うものとしてとらえている。それらを分けているのが、「冒険」や「旅」の持つ意味である。問題文の直後の段落に述べられていることを制限字数内でまとめるが、肉体的、空間的に移動するだけではなく、精神的な面での活動であることについてもふれること。
問四 「光の洪水」にさらされているのは、「生まれたばかりの子ども」(31行目)である。その子どもにとって、「世界は異質なものに溢れて」(31〜32行目)いるということを言い換えたのが、「光の洪水」である。「光」とあるので、単に「異質なもの」ではなく、良い意味あいを帯びたものとしてとらえ、「人を好きになることや新しい友だちを作ること、はじめて一人暮らしをしたり、会社を立ち上げたり、いつもと違う道を通って家に帰ること」(21〜23行目)の部分から読み取れる新しいことをする楽しさにもふれる。

問五　「そのこと」を筆者は否定しないし、自分もそうならないとも限らないが、「最後の最後まで旅を続けようと努力したい」(47〜48行目)と思っていると述べている。つまり、「そのこと」とは、旅をすることをやめてしまうことである。したがって、直前の部分にある、成長するに従って世界との出会いを求めることもなくなり、異質なものを避けるようになる姿についてである。

41

問一　A　あげく　B　しゃく

問二　ア

問三　例　他の本はなくなったり捨てられたりしていき、新しい本も買ってもらえなくなり、この本だけが存在感を増してきたこと。

問四　例　本はドイツ語で書かれていたから、私と妹が読むことはないということ。

問五　例　小学生ができる範囲での精一杯の内容の理解。

解説　問一　A「あげくのはて」は「挙げ句の果て」と書き、「最後には」の意味。　B「しゃくにさわる」は「癪に障る」と書き、「腹が立つ」の意味。

問二　直前にある「ハイカラ」とは逆の意味の言葉が入る。「ハイカラ」は西洋風でしゃれているさま。さらに西洋風に限らず、新しいさまを表すこともある。

問三　「本がいばる」というのは擬人法で、本の存在感が増したことを表している。これは、他の本が、返ってこなかったり、捨てられたりして少なくなったために起こったことである。

問四　本であるのに「読まれる」危険がないということは、最初の段落にある「説明文のドイツ語が、私たちにはまったく読めなかった」(4〜5行目)ためである。

問五　「寸法」は長さのこと。ここでは、小学生の身長という意味ではなく、大人の理解に比べると広さや深さに限りがあるという理解の仕方の限界を、比喩《ひゆ》的に表している。

トップコーチ

細部を読み取る

文章中の語句について説明する問いの場合、文章中に簡潔な同義表現がある場合が多いので、探してみるとよい。また、繰り返し出てくる言い回しはキーワードとなることが多いので、その言い回しによってどういうイメージが浮かんでくるのか考えながら読み進めるとよい。

比喩表現が使われている文章では、その比喩によってどんなことが表現されているかを正しく読み取ることが大切である。そのためにはその言葉の単純な意味だけでなく、象徴的な意味も考える必要がある。
たとえば「雨」は、一般的には避けたいもの・嫌なものの象徴として使われる。ただし、「何かをうるおすもの」という文脈で使われたならば、歓迎すべきもの・喜ばしいものとして使われていることになる。このどちらの象徴として使われているのかを見極めることが、正確な読み取りにつながる。そのためにはさまざまな角度から物事を見ることが有効である。

2 事実・経験をとらえる

42

問一　ウ
問二　肉類を口に
問三　ア
問四　生きも〜変える

解説　問一　Aは、直前の文はスーパーの食材の豊かさを述べているが、それに続く文でスーパーでは生きた食材はお目にかかれないといっているので、食材の豊かさはある条件のもとでのことであるとわかる。したがって、「けれど」あるいは「ただし」が入ると判断する。「子どもたちが口に入れるものがどこから来ているかを知らない」を説明する理由として「スーパーに行けばたいていの食材は手に入る」(3行目)が挙げられているので、「しかも」や「まして」を入れると前後のつながりが不自然になる。Bは、口に入れるものの原形を知らないことと食材の豊かさについての話題だけなので、「いつも」は文脈上、不適。また、食材の豊かさとその原形を知らない現象は進行しているので、「いまだ」も不適。Cに「いまや」を入れても不自然ではない。

問二　アメリカ映画もフランス映画も、飼っていた動物が肉となることを知った子どもたちの衝撃を描いている。**人は生きるために肉を口にするが、その肉もかつては命をもった存在であったという現実がある。**筆者も、「絞める」という言葉が特定の生きものの命をもらって人間の血肉に変えるために用いられることを知ったときの驚きと恐怖をいまだに忘れられないと述べている。これらのことをふまえて筆者が出した結論は、肉を食べるときには、命を奪っているという現実を知ったうえで感謝の気持ちをもつべきだということである。

問三　問題の部分に続いて「前述のような映画との再会の機会も、命の連鎖を身近に感じることもなくなりつつあった」(46〜48行目)とある。「命の連鎖」は、「特定の生きものの命をもらって人間の血肉に変える」(18〜19行目)ことである。言い換えれば、生きた動物を肉にし、それを食べることで命をつなぐことである。これを身近に感じられないということは、**生きた動物と食材との間のつながりを感じないということである。**肉の塊から世界の真理を感じ取るということは述べられていないので、イは不適。ウは、食卓を飾ることまでは考えていないので不適。エは、動物の悲しみについては書かれていないので不適。

問四　「連鎖」はつながりのこと。命の連鎖は、他の生き物を食べることで自分の命を保つこと。具体例のなかから制限字数内で同じ内容を述べている部分を抜き出す。

43

問一　ア

問二　〈ある体験〉例 同じ桜で染めても同じ色がでなかったこと。（二十字）

〈自然界のあるべき姿〉例 自然界ではこうなるはずだというただ一つの答えはないということ。（三十一字）

問三　ウ

解説

問一　「思い上がる」とは、「うぬぼれて自分を実際以上に評価すること」の意。

問二　この生徒は手紙の中で、「私が一番心に残ったことは、」という書き出しで、「ある体験」を述べて、「自然界のあるべき姿」＝「これが本当の色なんだっていうのがないこと」（25~26行目）を知ったことを喜んでいる。「ある体験」はこの生徒の体験を具体的に答えればよいが、「自然界のあるべき姿」は対象が「自然界」なので、抽象的にまとめる。「これが本当の色なんだっていうのがないこと」を抽象的にまとめると、「こうなるはずだという答えが一つではないこと」となる。

問三　筆者は「子どもたちの染めた色をそのまま縞《しま》に」（55行目）したとある。筆者は生徒たちから「芽吹きの匂い」を感じ、「生徒たちの染めた糸にこめられたもの」を何よりも大事にしたいと思っていることをおさえて選ぶ。

44

問一　いるのが見えた

問二　ウ→イ→エ→ア

問三　エ

問四　例 その後の人生においても、大切な時に何度も補助線によって救われ、導かれてきたとわかったから。（四十五字）

解説

問一　「解法は光よりはやく脳裏にひらめいた」とは、「その瞬間、問題の解き方がわかった」ということである。試験中の回想部分の、「私」の行動を時の流れに従って追い、「問題の解き方がわかった瞬間」がどの時点かをおさえる。

問二　この文章の全体の構成は、次のようになる。

文章上の構成	古い順
現在	4番目
↓	
卒業式の日、及びそれ以降の回想	2番目
↓	
入学試験の日の回想	1番目
↓	
試験の日から今日までの回想	3番目

ア~エの出来事が右の構成の中でどこに入るかをおさえ、古い順に並べ替える。

問三　――線①は実際の光ではなく、回想の中の眩《まぶ》しい光を抽象的に表現している。「一条の光」が筆者が繰り返し述べている人生の「補助線」と同義であることをつかむ。

問四　自分の意思にもとづいて行動したことであれば、「補助線」が見えたことは他人の答案を盗み見たこととなり罪である。しかし、その後の人生で自分の意図とはかかわりのないところで突然あらわれた「補助線」のようなものに数知れず救われ、幸運へと導かれてきた経験を思うと、入学試験の時の「補助線」も明らかに意図的なものではないので、自分に「与えられた」救いの手の一つであったと感じることができるようになったのである。

トップコーチ

事実・経験をとらえる

随筆文の場合、筆者が昔の出来事を回想する形式で書かれていることがしばしばあり、文章上の構成が実際の出来事の順序と一致していないことがある。このような場合は、文章全体の構成をおさえたうえで、実際の出来事の順序を考えると筆者の経験を理解しやすい。

また、書かれる内容が次々と関連のあるものへ展開していくこともある。たとえば「旅」について書かれていても、好きな光景から始まり、その土地で食べた思い出に残っている食べ物、そこで出会った人というように、展開することがある。言い換えれば、論説文が筆者の主張に沿って、直線的な構成となっているのに対して、随筆文は点と点が結びつきながら次々に展開していく構成になりやすいといえる。

随筆文を読む場合は、要旨だけをおさえれば述べられている内容がだいたい理解できるというものではないので、文章の展開を細かく追って、筆者の述べている事実や経験を注意深くとらえながら読み進めるとよい。

3 意見・心情をとらえる

45 **問一** 例 迷った飼い鳥を見つけたのが、ペットばかを自称する筆者であったこと。

問二 ア

問三 例 愛は絶対的で無償のものではなく、だれかと比べたり何かと引き替えにしたりするものであること。

問四 例 筆者は結婚せずに子どもがほしいという友人に、子どもを自分に従属させたいというエゴイズムを感じており、それは子どもにとってかわいそうなことだと思っているから。

解説 **問一** 筆者の動物好きは、以下の部分に詳しく述べられている。そういう筆者のもとへ偶然、飼い鳥が迷ってやってきたいきさつを、筆者は「運命」の出会いととらえている。

問二 Aの部分が、筆者がスーパーに走った理由である。前の段落に、小鳥はひっきりなしに餌を食べていないとあっけなく死ぬことを筆者が知っていたという記述があることから、このときもすぐに餌を与えないと小鳥が死ぬと考えたと思われる。したがって餌を手に入れるためにスーパーに走ったのである。

問三 問題の部分が述べているのは、大人になってからの異性からの愛についてであり、親子の間の絶対的な愛とは対照的なものである。したがって、親子の愛について述べた「子どもなら絶対の愛、だれかと比べたり何かと引き替えにしたりしない、かけ値なしの信頼を与えてくれる」（51～53行目）の部分を用いて、これとは対極にあるものとして説明するとよい。

問四「なぜって」（59行目）以下の段落に、その理由が述べられている。子どもを持ちたいという気持ちのなかには、無償の愛情だけでなく、自分に絶対的に従属する存在がほしいという身勝手な動機があると筆者は感じているので、子どもを持つことを勧めないのである。

46

問一 例 突出した特徴や個性の持ち主で、思わぬ生産性や才能に結びつくこともありえたから。（三十九字）

問二「自分はどこにでもいる人間だと認めたくない」（という考え。）（二十二字）

問三 エ

解説 問一「かつてのビョーキ」についての説明は、26～28行目に述べられている。

問二「オレ、ビョーキ」は「オレは個性的なんだ」という自負の表れである。制限字数をヒントに「個性的でありたい」と同義表現を探す。

問三「まわりとの同化を自ら拒否すること」と41～42行目の「仲間の元を離れるということにもつながる」こととは異なるため、アは不適。イの「みんな同じように見えてしまっている」のは、今の若者たちが好んで使う「心の傷」のことであって「今の若者の多く」のことではないので、イも不適。「心の傷」を表す言葉は、かつての「ビョーキ」とは異なるのでウも不適。エは、文末が「かもしれない」という表現になっているため、「個性を築いていくのは容易なことではない」（38～39行目）という筆者の考えと異なってはいない。筆者はどちらかを「すばらしい」と述べてはいないので、オも不適。

47

問一 例 父が死んだことは悲しかったが、同じような経験を多くの人がしており、自分の気持ちもその時々の状況によって変化していくものとしてとらえ、それに振り回されまいとする思い。

問二 例 筆者の書くという行為は、父が戦争で亡くなり二度と会えなくなったことをきっかけに始まったので、戦争を知らない読者が増えて理解されにくくなっているが、父への気持ちを伝えるためにも俳句を書き続けていかなければならないという思い。

問三 選択A 例 夏の夜、蛍がはかなく光りながら飛んでゆく。もしかしたら蛍に生まれるのは自分であったかもしれず、その運命を分けたのは、「じゃんけん」に勝つか負けるかのような小さな違いだったのではないか。作者の弱い存在に対するやさしさが表れている句。（百十五字）

選択B 例 親子で歩いていると泉があった。絶え間なくわき出る水を見ていると、原爆が落とされたときにどれほど多くの人が水を求めながら死んでいったのか、子どもに説明せずにはいられなかった。原爆の惨状を忘れてはいけないという作者の気持ちが表れた句。（百十五字）

選択C 例 夏の青葉を風が揺らして吹く日に、神社の前を通りかかり、思わず祈ったことだった。戦時中に少女時代を過ごし、戦争の悲惨さを知っている作者が願ったのは個人的な事柄ではなく、世の中の平安だったのではないだろうか。強く平和を願う気持ちが表れた句。（百十八字）

解説 問一 筆者は小学生時代に父を戦争で亡くしている。人が死ぬということを通して、人生には絶対に取り返しのつかないことがあることを知るが、当時は同じような経験をした人が多く、自分を悲劇の主人公と思うことはなかった。「その時代のその場所に、人に生まれて生きている」（50～51行目）ことが偶然であることを意識すると、自分の喜びや悲しみも「雲の形」のようなものだと当時の筆者は思っている。そこからは、父の死の悲しみを多くの悲しみの中の一つとしてとらえている筆者の気持ちが読み取れる。

問二 「私の書く行為が戦争に関わって始まった」（59行目）と書かれている。それは、戦争で亡くなった父への思いが書くことの動機となっていることを表している。同じ段落に、戦争を俳句で表現することの困難さが述べられているが、その困難にも負けずに書き続けようとする筆者の思いをまとめる。

問三 二つの条件に留意してまとめる。俳句の場合、情景は簡潔に描写されることが多いので、季語を手がかりに情景をふくらませるとよい。また、その情景には作者の思いや人柄が投影されるが、その句が詠《よ》まれた場所やいきさつが、それを推測する手がかりになる。ここでは、問題文から作者の主題が戦争であるとわかるので、鑑賞の参考にするとよい。

トップコーチ

意見・心情をとらえる

随筆文の場合、論説文に比べて、「わたし」や「ぼく」といった一人称で書かれることが多い。また、はっきりと主語が書かれていない場合でも、筆者の気持ちや行動を表していると考えてよい。このように随筆文は、筆者の考え方が前面に出てくることが多い。そして、その意見や心情は、一般的なものというよりも、どちらかといえば個人的なものである。

随筆文では、筆者の意見は「○○だと思う」「○○な気持ちがする」という表現で表される。また、正しいか間違っているかという視点ではなく、好きかきらいかという視点から、意見が述べられることが多い。

筆者が子どものころに経験したことが述べられている場合は、大人に比べると生活している世界が狭い分、身近にあるありふれたものが重要な意味を持っていることがある。それは文房具であったり、洋服であったりする。当時の筆者にとって何が大切なものであったのか、また、なぜそれを大切に思っていたのかを理解しながら、読むとよい。

4 随筆文の総合的読解

48

問一 イ

問二 ウ

問三 例 自分の人生は過去の或る状景の積み重ねであり、そこに確かに残っている記憶が私だけの楽しみであること。（四十九字）

解説 問一 筆者は「川の流れは、流れさってゆくと同時に、みずからうつすものをそこにのこしてゆく」（16～17行目）ととらえている。比喩《ひゆ》として「流れ」が使われる時、「流れさってゆく」という単純な意味でのみ使われることに、筆者は「ちがう」と感じている。それをふまえて、選ぶ。アにあるように「抽象的な表現」となることを問題にしているのではないので、アは不適。ウでは「複雑な意味」や「修飾語」が不適。エにある「人生の実体から無縁な形式表現」の記述は本文にないので不適。

問二 後の段落に「その一場面をとおして、そのときの日々の記憶が確かなものとしてのこっている」（40～41行目）、「明るくのこっているものだけが手がかりというしかたで」（42行目）とあることから、「川面のかがやき」が手がかりとなって「幼い日の記憶」をよみがえらせてくれたととらえる。

問三 最後の段落の「人生と呼ばれるものは、わたしには、……或る状景の集積だ」（57～58行目）、「自分の時間としての人生というものは……影像としてのこる他の人びとによって、明るくされている」（59～62行目）から、「自分の時間としての人生」を筆者がどうとらえているかをつかむ。「秘密」とあるのは、自分の記憶に残るものが自分だけのもので、他の者に伝えないからである。直後の詩に「埋もれながら」の「無名」と「沈黙」を「楽しめ」とあることから、「秘密」をここでは「自分だけの楽しみ」ととらえる。以上のことをおさえて、制限字数内でまとめる。

49

問一 ア

問二 イ

問三 生きる～ていく（十九字）

問四 自由への逃走

解説 問一 ドーナツの真ん中の「空白」とは、精神のなかの「ブラックボックス」の言い換えで、「生きるという問題＝生きる意味」が失われていることを比喩的に表現している。「ドーナツの輪の上」で生活することは「生きる意味」を見いだせないままの状態で生活することを表していることをふまえて、適するものを選ぶ。

問二 ――線②の直前の、「どんなに追いつめられた精神を持っていたとしても、それでも人は生きていける」事実が、僕の落胆の理由である。その例として「戦争のなかで敵を殺したときに喜びを感じるような悲しさ」（44～45行目）を挙げていることをふまえて、選ぶ。

問三　「人間の精神も」とあるので、その前段落の人間の体について述べているところから、「同じこと」を制限字数をヒントに探す。
問四　「海に向かってアスファルトの道を歩いていったヤドカリの姿」が描かれているのは、第一段落のみである。筆者がヤドカリの行動をどうとらえていたかを、第一段落の中から探す。

50

問一　例　この石灯籠はかつて諸侯から東照宮に献上されたものであるのに、今では邪魔者にされて棄てられたように薄暗い辺りに並べられており、江戸から明治へと時代が変わったことも考えるといっそうその光景に寂しさが感じられる。
問二　イ
問三　例　残された人生の時間が長いとは思われない老婆が、それでも運試しをしようとするのが予想外の行動であったため、おかしく思う気持ち。
問四　ウ
問五　例　筆者は老婆の行動をこっそり見ていたので後ろめたさがあり、老婆がこっそりとずるいことをし、それを筆者に見られてきまり悪そうにしているのが気の毒になったから。
問六　例　浅ましい＝年老いているのに、なおも、ずるいことをしてでも運を呼び寄せるような行動をとった点。
羨ましい＝死ぬ間際まで、あきらめないで将来の幸運を願う点。

解説
問一　直前に「上野の森というのが、既に一種の感を起こさせるのに」とあるので、「その感」もこれに類するものであることがわかる。さらに問題に続いて「私は寂しさと賑わしさを一緒に見せられるような気がし」（21～22行目）とあるが、石灯籠を運試しの的にするのが「賑わしさ」であると考えられる。したがって、「寂しさ」が「その感」にあたる。石灯籠について筆者が寂しさを感じている部分をまとめる。
問二　直前にある「この石灯籠をば、運試しというかりそめの心すさびの的にしている多くの人がある」ことが、筆者が賑わしさを感じる原因となっているので、イが適当。
問三　筆者は、「年老いた老婆」と「運試し」という組み合わせにおかしみを感じている。未来を占っても仕方がないと思われる老婆が、運試しをしているからこそ微笑したくなったのである。
問四　運試しの石を棚へ載せたところを見られたので、恥ずかしくなったのである。「きまりが悪い」は、恥ずかしいの意。
問五　「しては悪い」の悪いと思うのは、老婆に対してである。この状況は、老婆だけが引き起こしたものではなく、筆者が運試しをする老婆をこっそりと見ていたことも一因である。筆者には、きまりの悪い思いをさせた責任の一端があるので、老婆に申し訳ない気持ちになり、微笑を返して一緒に笑うことがすんなりとはできなかったのである。
問六　筆者は老婆に浅ましさと羨ましさを感じている。「浅ましい」

は、卑しく、下品なさまを表す。筆者の老婆に対する思いは直前の「老婆よ、御身の皺にも服装にも、既に運の賽は幾十度となく投げられ、試み尽くされた跡が見えるではないか、それを今にして更に試みるべく、いかなる残る運を夢みているのであるか。棺桶の中にまでも夢を連れ込もうとする人よ」（51～55行目）という呼びかけに表されている。この部分をまとめる。

トップコーチ

随筆文の総合的読解

随筆文で取り上げられることが多いテーマには、身近な自然、日本語を中心とした言語、動物などさまざまなものがある。

自然をテーマとしたものは、**日本特有の季節の移り変わりをとらえたものや、身近にあるこまやかな風景について書かれたもの**が多い。その風景が、現在ではなくなっていて、現実には見られなくなっている場合は、とくに懐かしい気持ちをともなって描写される。

日本語について書かれたものは、**日本語のもつ特徴を他の言語と比較して述べたものや、ある言葉を中心にして、その言葉がもつ独特の意味を述べたもの**などがある。筆者の経験からとらえられた言葉には、書き手の特別な思いも含まれ、またさまざまなイメージを喚起《かんき》するものが多い。

動物について書かれたものには、**動物と暮らした筆者の思いが表れやすく**、それまでとは違った筆者の一面を知ることもできるだろう。

第3回 実力テスト

1

問一　イ

問二　例　かわいくてたまらないしろを、どうにかして姉や兄を出し抜いてひとり占めしてみたいという気持ち。

問三　エ

問四　イ

解説

問一　「くすぐったい」には、手などがふれてこそばゆい状態を表す場合と、照れくさく感じる状態を表す場合があるが、ここでは身体の感覚ではなく、照れくさい気持ちを表す。

問二　「虎視眈々」は、獲物を狙って、油断なく身構えているさまを表す。「この驚くべき玩具」は子猫のことを指している。子猫はおもちゃと違って生きており、その相手をするのが楽しくて仕方がない気持ちを表現している。姉や兄たちの目を盗んで子猫をひとり占めしようとねらっている「明雄」の気持ちをまとめる。「目を盗む」は、見つからないようにこっそり行動すること。

問三　直前の部分にある「子猫自身の生存のあたたかさは、私達の生活の中に思いがけぬあたたかい嵐を吹き」（27～28行目）こむという描写から考える。ここは、幼いしろの存在が、家族にぬくもりをもたらすことを述べている。したがって家族の暮らしに焦点が当てられており、しろが生きていることに焦点を当てたアとイは不適。「生きている」の生きるは、ただ命のある状態を指すのではなく、自覚的に生きている状態を指すと考えられる。また、「生きていることを喜ぶ気持ち」は、しろの命を喜ぶのではなく、自分の命を喜ぶ気持ちである。したがって、しろが命を取り留めたことだけを述べているウは不適。また、オには「生きている」ことに対する記述がないので不適。

問四　穂高については、続いて「**そういわなくてはやりきれない心配をじっと胸に湛えているにちがいない**」（74～75行目）という描写がある。やりきれない心配というのは、しろが死んでしまったかもしれないという心配である。ここから、「死んだよ」という穂高の発言は本心からのものではないことがわかる。アは、「心配したってしようがない」が不適。エは、冬樹は「私」の愛情を求めているのではないので不適。オは、しろに裏切られたと感じているという描写はないので不適。穂高は「**しろが生きているはずはない**」という気持ちと「**生きていてほしい**」という気持ちを**同時に経験している**。「死んだよ」という発言は、「生きていてほしい」という気持ちに整理をつけるためのもので、自分自身にも向けられていることをおさえると、ウではなくイが適切である。

トップコーチ

入試頻出作家——随筆

▽森本哲郎《もりもとてつろう》
『日本語　表と裏』『読書の旅』など。
▽白洲正子《しらすまさこ》
『西行』『無言の言葉』など。
▽吉本隆明《よしもとたかあき》
『優れた詩の条件』『13歳は二度あるか』など。
▽内山節《うちやまたかし》
『自由論』『怯えの時代』など。
▽堀江敏幸《ほりえとしゆき》
『正弦曲線』『彼女のいる背表紙』など。

このほか、古くは小林秀雄《こばやしひでお》、加藤楸邨《かとうしゅうそん》、幸田文《こうだあや》などの古典的作家から、竹西寛子《たけにしひろこ》・池澤夏樹《いけざわなつき》など現代作家もマークしておきたい。

また、平山郁夫《ひらやまいくお》（画家）、東山魁夷《ひがしやまかいい》（画家）、志村《しむら》ふくみ（染織家）、香山《かやま》リカ（精神科医）といった、作家でない人たちの随筆もよく出題される。

4 韻文の読解

1 詩の理解

51

問一 ウ

問二 ア

問三 イ

問四 Ⅰ いまは亡き（五字）　Ⅱ いない（三字）　Ⅲ 不思議（三字）

解説 問一 1で用いられている表現技法が倒置であることをおさえて選ぶ。アでは省略、イでは押韻《おういん》（脚韻《きゃくいん》）、エでは対句《ついく》が、それぞれ用いられている。

問二 2では「この言葉を繰りかえして唱え」（10行目）、3では「この言葉を呟き」（13行目）、4では「この言葉をぼんやり考え」（19行目）とあるので、2と3と4の関係は並列である。また、1の内容は、イにあるような「丸山《まるやま》が詩を作った理由」にも、ウにあるような「個人的な印象」にもあたらない。また、5は1を反復してはいない。これらのことをふまえて選ぶ。

問三 「泡のはじけが……きこえる」とあるので、「泡のはじけ」は「泡のはじける音」のこと。アにあるような「様子」やエにあるような「輝き」のことではないので、アとエは不適。また、ウにあるような「激しい音」とも違うので、ウも不適。

問四 Ⅰ の後の「中原とはもう会うことも話すこともできません」は中原がすでに死んでいることを意味するため、その同義語を探す。Ⅱ は「存在が逆に浮かんでくる」とあるので、「存在がない」と中原が言っている言葉を探す。Ⅲ は「……な感動」の前に続く語であるから、形容動詞の語幹を探す。そのとき、「感動を呼ぶ」と同義の表現の「私の胸に生き生きしている」が2にあることをおさえる。

52

問一 エ

問二 イ

解説 問一 三連とも「桜」のある美しい風景が描かれていることから、季節は「春」であり、イのように「夏に向かう」季節ではない。「あけぼの」「夕ぐれ」「おぼろ月」が一日の時間の経過を表していることをつかむ。

問二 「郷愁をおぼえさえする」（54行目）とイの「懐かしい心持ちすら浮かんでくる」は一致している。「すでに何度も見たことがあるような気がし」（53行目）とイの「かつて見たことがある風景のように切なく感じられ」も一致している。それは、「二度と味わえない」ことに感動しているのではないので、アは不適。「歌えば」「隅田の景」を懐かしく思うのであって、ウにあるような「さまざまな思い出がよみがえってくる」ことではないので、ウも不適。「当時の人々と同じような美的感情が生み出されてくる」とは述べられていないので、エも不適。

●詩の問題は、鑑賞文がついた読解問題となっていることが多い。その場合には、鑑賞文の解釈に従って、詩を読み取る。鑑賞文を読み取る散文の読解力も必要になってくる。

トップコーチ

詩の表現技法

詩によく使われる表現技法には、次のようなものがある。

① 比喩《ひゆ》（たとえ）…イメージに具体的な広がりと豊かさを与える。
▽直喩《ちょくゆ》（明喩《めいゆ》）「～ようだ（ように）」でたとえる。
▽隠喩《いんゆ》（暗喩《あんゆ》）「～ようだ（ように）」を使わずにたとえる。
▽擬人《ぎじん》法　人でないものを人にたとえる。
② 倒置…語順を普通とは逆にすることで、強調の効果を生む。
③ 体言止め…行末を体言（名詞）で止め、余情・余韻を与える。
④ 反復…同じ語句の繰り返しでリズム感を出す。
⑤ 対句…相対する語句を用いて、リズムとイメージをつくる。
⑥ 省略…あるべき言葉を省《はぶ》くことで、余情・余韻を与える。
⑦ 韻律…行の初めの音をそろえたり（頭韻《とういん》）、終わりの音をそろえたり（脚韻《きゃくいん》）して、リズム感を出す。
⑧ 象徴…心情を具体的な情景や事物を通して暗示する。

53

問一 ア
問二 エ
問三 エ
問四 生を肯定しようとする（姿勢。）

解説 問一 宮城野が筆者にとってどういう場所であるかは、二連目から考える。宮城野では、北風の音は琴の音に聞こえ、石が花のように見えるとあるので、筆者にとっては楽しい場所ということがわかる。したがって、アの「うれしけれ」があてはまる。一連目の「草枯れて」「荒れたる野」は実景であって、筆者の感じ方は違っていることに注意する。

問二 「色なき石も花と見き」は、色のない石でさえ、花のように美しく見えたということ。「石」は、どこにでもある平凡なものの象徴として挙げられており、アの「純粋で清いもの」やイの「醜いもの」の象徴ではない。「悲しみ深き」は、ウの「悲しみに目を曇らせている」ではなく、エの「悲しみを経験し続けている」様子を表している。

問三 直前に「青年時代の私にはこれを書く前に、既に長い冬の背景があった。ある人は私の旧い詩を評して、私の詩の心は否定の悩みでなくて、肯定の苦に巣立ったものだと言ってくれた。」（23～26行目）とある。冬は、青年時代の筆者が置かれていたつらく厳しい状況を表しているが、そうであっても否定的にとらえない姿勢が詩からもうかがえる。

問四 筆者は「深い雪」を厳しい冬を表すものとしてではなく、「早春の先駆」ととらえている。また、前の段落には「眼前の暗さも、幻滅の悲しみも、冬の寒さも、何一つ無駄になるもののなかったと思うような春の来ることを信ぜずにはいられないでいる。」(46～48行目)とある。この生きる姿勢を表した語句を字数をヒントに探す。

トップコーチ

出題される詩の内容と形式

詩は内容から分類すると、叙情詩・叙事詩・叙景詩に分けることができるが、出題されるのは叙情詩のみといってよい。ある出来事や風景が描かれていても、そこに何らかの詩人の意見や感情の反映が読み取れれば、叙情詩に分類する。

また、形式から分類すると、定型詩・自由詩・散文詩に、用語から分類すると、文語詩・口語詩に分けられる。出題されるのは、ほとんどが口語自由詩である。

2 短歌の理解

54 問一 B
問二 E
問三 紺の泉

解説 問一 「憂なく」とは「予測される悪い事態に対する心配や気づかいをすることなく」の意。Bは日々、憂なくすごせますようにという作者の願いが最初に述べられている。そして、作者の見ている対象はその願いとは対照的に美しい花を咲かせた後、寒《かん》の戻りで寒々とした姿に戻った紅梅の木である。

問二 「今を盛りと咲き誇る花の姿」は、Eの「桜ばな いのち一ぱいに咲く」にあたる。また「一心に花を見つめ、花との一体感を覚えている」は、やはりEの「生命《いのち》をかけて わが眺めたり」と一致する。

問三 鑑賞文中の「咲き始めようとしている花の様子」をとらえている短歌は、Cの「しづかに……展《ひら》く」だけである。Cの句の中から、「あさがほ」の花をたとえている語句を探す。なお、それぞれの短歌の作者は、以下の通りである。

A 武川忠一《むかわちゅういち》　B 佐藤佐太郎《さとうさたろう》
C 小島《こじま》ゆかり　D 窪田空穂《くぼたうつぼ》
E 岡本《おかもと》かの子《こ》

55 問一 をら
問二 イ
問三 A 実景　B 物が呼び起こす観念の重ね合わせ

解説 問一 「をらばや」の「ばや」は接続助詞「ば」＋係助詞「や」で、ここは「もし～だとしたら」という仮定条件を表している。「をらばや」は筆者の通釈の「もし折るのなら」(5行目)にあたる。

問二 和歌のすぐ後の筆者の通釈を参照する。「初霜が降りて、……真っ白な白菊の花が見分けもつかず紛らわしくされてしまっている」(6～8行目)に一致するものを選ぶ。

問三 [A]の前後の内容は「霜と菊が紛らわしいというふうな実

景の上での面白さにあるわけではない」（19〜20行目）と一致することをおさえ、適する二字を抜き出す。一方、B の直前に「つまり」という接続詞があることから、その前の「作者が、霜や菊から呼び起こされたものを同じ場所に置いている点」が B の言い換えである。これと同義の語句を鑑賞文から探す。B の直後の「詩的な情趣を感じている」も手がかりとなる。

トップコーチ

短歌(和歌)の形式と伝統的修辞法

短歌(和歌)は、五・七・五・七・七の三十一音からなり、古来三十一文字《みそひともじ》と呼ばれ親しまれてきた。この字数より多いものを字余りという。また、初めの三句(五・七・五)を上《かみ》の句、あとの二句(七・七)を下《しも》の句という。

伝統的な修辞法には次のようなものがある。

① 枕詞《まくらことば》…特定の言葉につながる通常五音の意味をもたない言葉。代表的なものは、かかる言葉とともに覚えておきたい。

あかねさす→日・紫・君・照る　あしひきの→山・峰
あをによし→奈良　からころも→袖《そで》・裾《すそ》・ころも
くさまくら→旅・露・むすぶ　たらちねの→母・親
ぬばたまの→黒・夜・闇　ひさかたの→天・光・月・空

② 掛詞《かけことば》…一つの言葉に二重の意味をもたせたもの。

③ 縁語《えんご》…一首の中に互いに意味のうえで関係の深い言葉を用いるもの。

56 問一　A 対象化
B 自然現象としての風ではない（十三字）
問二　ア

解説　問一　A は「〈心〉というものを A しよう」という表現にまとめられているように〈心〉とともに筆者の主張に関わるキーワードである。〈心〉同様、繰り返し用いられている可能性が高いことに留意して考えよう。万葉集の時代の人々が〈心〉をどうしたいと望んでいたかが述べられた箇所を本文中から探す。

B は〈風〉について書かれた文の一部なので、〈風〉が繰り返し出てくる1〜26行目に注目する。直前の「単なる」に呼応して、B は「〜ない」という表現である可能性が高いことをふまえ、適する表現を探す。

問二　「秋の田の稲穂の上にかかっている朝霞《あさがすみ》のように、いつになったら私の恋は晴れるのだろうか」と晴れない想《おも》いを霞《かすみ》にたとえて詠《よ》んだ歌。イにあるように「消えてしまう」ことへの「不安な心情」でも、ウにあるように「迷いのない心情」でもない。まして、エのように明るい「期待する心情」ではない。

トップコーチ

三大和歌集

『万葉集』『古今和歌集』『新古今和歌集』の、文学史的知識をおさえておこう。

『万葉集』…日本最古の歌集。奈良時代の末に成立。
五七調で力強く、素朴で男性的な歌が多い。
〈代表的歌人〉柿本人麻呂《かきのもとのひとまろ》・山上憶良《やまのうえのおくら》・大伴家持《おおとものやかもち》・額田王《ぬかたのおおきみ》

など。
『古今和歌集』…最初の勅撰《ちょくせん》和歌集（朝廷の命令で編まれた）。
平安時代の初期に成立。七五調で繊細、優美な歌が多い。
〈代表的歌人〉紀貫之《きのつらゆき》・藤原敏行《ふじわらのとしゆき》・凡河内躬恒《おおしこうちのみつね》・在原業平《ありわらのなりひら》など。
『新古今和歌集』…藤原定家《ふじわらのさだいえ》らによって編さんされた勅撰和歌集。
鎌倉時代の初期に成立。七五調で余情を重んじた歌が多い。
〈代表的歌人〉藤原定家・藤原俊成《としなり》・西行《さいぎょう》・式子内親王《しょくしないしんのう》など。

3 俳句の理解

57 問一 エ
問二 (1) 季語＝涼しさ　季節＝夏
(2) イ

解説 問一 「子規」は「ほととぎす」とも読む。「正岡子規へ送りたる句稿」の中の句であることからも、「時鳥」は、同じ読みの俳号を持つ正岡子規を指していることがわかる。「たつた一声」は、子規と漱石が「ほんの短い会話」しかできなかったことを表現したもの。アの「ほんの少し読んだだけで子規の俳句はこの物語の影響を受けていることがわかった。」ということは、この句からは読み取れないので不適。イの「松山ではほととぎすの声が自分の心に残っている。」という部分が、ほととぎすの声を実際の声としてとらえているので不適。ウの「八月十五夜」の場面が一番印象的であったということは、この句からは読み取れないので不適。

問二 (1) 季語は季題ともいい、季節を表す言葉。季節感を表すだけでなく、感動の中心となることも多い。時候、天文、地理、生活、行事、動物、植物などの下位区分がある。「涼しさ」は秋の季語ではないので、注意すること。なお、「暖かさ」は春の季語。「暑さ」は夏の季語。「寒さ」は冬の季語。
(2) アの「うららか」は春の季語。ウの「天の川」は秋の季語。エの「節分」は冬の季語。なお、季語の中には現代の生活の感覚とずれているものがあるので、注意が必要。

トップコーチ
俳句の季語と季節
俳句は五・七・五の定型で、原則として陰暦の季節に基づく季語（季題）を入れて詠《よ》む約束がある。陰暦の季節は、春（一・二・三月）、夏（四・五・六月）、秋（七・八・九月）、冬（十・十一・十二月）となっているので、現在との季節のずれに注意する。
季語の問題は頻出。代表的な季語を覚えておこう。
春…行春《ゆくはる》・陽炎《かげろう》・霞《かすみ》・残る雪・花曇《はなぐも》り・水温《ぬる》む・蛙《かわず》・燕《つばめ》
夏…短夜《みじかよ》・麦秋・雲の峰《みね》・五月雨《さみだれ》・蚊帳《かや》・青菜・牡丹《ぼたん》・蛍《ほたる》
秋…夜寒《よさむ》・夜長《よなが》・天の川・稲妻《いなずま》・露《つゆ》・野分《のわき》・七夕《たなばた》・朝顔・萩
冬…小春《こはる》・枯野《かれの》・時雨《しぐれ》・霜《しも》・咳《せき》・落葉《おちば》・山茶花《さざんか》・大根・鴨《かも》
また、定型にとらわれない自由律俳句《じゆうりつはいく》や、季語のない無季俳句《むきはいく》もあるので注意する。

58

問一　俳諧

問二　(1) 切れ字

(2) D 枯野・冬　E さみだれ・夏

(3) ウ

(4) イ

(5) ア

解説 問一　I を含む段落の中にある「その一筋の道を、芭蕉《ばしょう》はただひとり歩みます」(10〜11行目)をふまえて、芭蕉が「ひとり歩んで行く」道は何の道かを答える。

問二　(1) おもな切れ字については、トップコーチで確認しておこう。

(2) 《D》の「枯野《かれの》」や類似する「落葉」は、秋ではなく冬の季語。《E》の「さみだれ」は漢字で「五月雨」と書き、夏の季語。おもな季語は覚えておこう。

(3) 当時、旅をする人は笠《かさ》をかぶって草鞋《わらじ》をはいていたことをふまえて選ぶ。また、《B》《C》《D》の句の直後に「芭蕉の句のどれをとっても、旅人ならざる姿はなく」(26行目)とあることからもわかる。

(4) 《D》の句は「旅中病にたおれ、うとうと眠るなかでみる夢は、あちらの枯野、こちらの枯野と寒々とした枯野をかけ回る夢である」という意。芭蕉が亡《な》くなる四日前に詠《よ》んだ句。死の床にあっても、なお旅を慕《した》い、俳諧《はいかい》を思い続ける芭蕉の芯《しん》の強さが表われているとされる句である。

(5) 「古人」とは「昔の人」の意。《E》《F》《G》の句の前に「蕪村《ぶそん》の心を常に領していたのは、……旅人芭蕉の姿でした」(47〜49行目)とあるように、三句は心の師「芭蕉」を意識した句であり、ここでの「古人」とは、具体的には蕪村より七十年近く先に生まれた「芭蕉」のことである。

トップコーチ

切れ字の例

切れ字の問題は頻出。意味を強め、感動を深める働きをする。次の十八字があるが、特に「や」「かな」「けり」は覚えておく。

助詞…や・かな・ぞ・よ・か・もがな
助動詞終止形…けり・ず・じ・ぬ・つ・らん
動詞命令形語尾…け・せ・へ・れ
形容詞終止形語尾…し
副詞・感動詞…いかに

59

問一 例 灯火があると視覚で桜をとらえるが、灯火が消えると嗅覚が鋭敏になり、かすかな桜の香りを感じ取れること。（五十字）

問二 ウ

問三 ア

解説 問一 直前に「灯光がなくなってみると、香りがほのかにただよってくる。視覚性を封印してようやく、嗅覚の鋭敏さによってやっととらえられるほどの香りなのだ。」とある。A、B、C、Dの句は、灯火のあかりがあるからこそ感じ取れる繊細なものである。一方、Eの句は、灯火がないからこそ感じられる桜の花のかすかな香りを詠《よ》んでいる。視覚があるととらえられないかすかな香りを、灯光がないからこそ嗅覚でとらえられることを、筆者は「灯火」の存在を裏返したと表現している。

問二 Cの「ゆかし」は、昔のことがしのばれて、懐かしく思う気持ちを表す。古道具市であるから、並べられた品物はきらびやかに輝くものではないので、ウが正しくない。

問三 イは「雪の夜に貸してもらえぬ宿にともるあかりを叙事的に描き」の「叙事的」が不適。ウは、灯火から直接わびしい秋の季節感を感じ取るとしている部分が不適。灯火はわびしいこころにぬくもりを与えるものとして表現されている。エは、「ねたましさを主観的に表しており」の部分が不適。

トップコーチ

古典三大俳人

松尾芭蕉《まつおばしょう》・与謝蕪村《よさぶそん》・小林一茶《こばやしいっさ》は、有名な句とともに文学史的知識もおさえておきたい。

松尾芭蕉…江戸時代前期の俳人。『おくのほそ道』『猿蓑《さるみの》』など。

・古池や蛙《かはづ》とびこむ水の音

・夏草や兵《つはもの》どもが夢のあと

与謝蕪村…江戸時代中期の俳人。「仮名書きの詩人」と呼ばれた。

・春の海ひねもすのたりのたりかな

・菜の花や月は東に日は西に

小林一茶…江戸時代後期の俳人。『おらが春』など。

・雀の子そこのけそこのけお馬が通る

・やせ蛙《がへる》負けるな一茶これにあり

第4回 実力テスト

1

問一　空頼め
問二　ウ
問三　エ
問四　最後の仕上げに念を入れ、表現の完璧を期した歌

解説 問一「空頼め」は、あてにならないことを頼みに思わせること。同じ意味で「空」が使われた言葉に、「空事」や「空泣き」などがあり、それぞれ「うそ」、「泣きまね」の意味。「頼み」は、あてにすること。

問二「君」を「人」とするのは、百人一首でのことであり、因幡の歌には該当しないので、アは不適。合評の歌合では、「人」よりも「われ」の言葉のほうを明快として、「春をばわれに」としたほうがよいという意見が出されているので、「われ」よりも「人」のほうを明快な言葉とするイは不適。因幡の歌の中の「人」は、「われ」の代名詞としての使い方であり、「相手をも含む」とするエは不適。

問三　激賞した大長老が俊頼であり、激賞されたのは顕輔である。「逢ふと見て現のかひはなけれどもはかなき夢ぞ命なりける」という歌について、世の常の人ならば「嬉しかりける」と詠《よ》むだろうところを、顕輔は「命なりける」と詠んだ。それを俊頼がほめているのである。アは、俊頼が「嬉しかりける」と詠んだとしているところと、顕輔が「読み替えた」としているところ、「清輔」が褒めたというところが不適。ふつうは「嬉しかりける」と詠むところを、顕輔が「命なりける」と詠み、それを俊頼が褒めたのである。イは「清輔」が「命なりける」と詠んだとするところが不適。詠んだのは顕輔である。ウは、「俊恵」が褒めそやしたとするところが不適。俊恵がよいとしたのは、因幡の歌である。

問四　次の段落に「鼻脂引く」の具体的な説明があるので、条件に合うように抜き出す。

トップコーチ

入試によく出る短歌・俳句の鑑賞文とその作者

〈短歌〉
▽馬場《ばば》あき子『短歌その形と心』『歌説話の世界』
▽渡部泰明《わたなべやすあき》『和歌とは何か』
▽竹西寛子《たけにしひろこ》『古今集の世界へ』
▽白洲正子《しらすまさこ》『古典の細道』など

〈俳句〉
▽大岡信《おおおかまこと》『折々のうた』『百人百句』
▽宮坂静生《みやさかしずお》『季語の誕生』
▽藤田真一《ふじたしんいち》『蕪村』
▽外山滋比古《とやましげひこ》『省略の文学』など

5 古典の読解

1 古文の理解

60

問一 ア
問二 ア
問三 ウ
問四 イ

解説 問一 ――線①は、「無《なクテ》悪《さが》善《よカラン》」と読める。「悪」を「さが」と読ませ、「嵯峨《さが》」と掛けたものである。

問二 「嵯峨帝がこの世にいないほうがよい」というのであるから、帝《みかど》を呪《のろ》った言葉であることがわかる。

問三 帝は、小野篁《おののたかむら》の博学ぶりを試そうとしたのである。篁は当時、博識で有名な人物であった。また、この世とあの世を行き来する道を知っており、夜は閻魔《えんま》大王に仕えていたという伝説をもった人物でもある。

問四 同じ字を並べたものを、当意即妙に意味の通るように読んでみせた篁に対して、帝がほほえんだことから、帝が満足していることがわかる。

〈現代語訳〉今となっては昔のことだが、小野篁という方がいらっしゃった。嵯峨天皇の御代に、宮中に札《ふだ》が立てられていて「無悪善」と書いてあった。天皇が篁に「読め」とおっしゃったが、（篁は）「読むことは読みましょう。しかしながら恐れ多いことですので、申し上げますまい」と申し上げたところ、「ありのままに読め」とたびたびおっしゃったので、「さがなくてよからん（嵯峨天皇がこの世にいらっしゃらないのがよいであろう）と書いてあるのでございます。つまり天皇を呪《のろ》い申し上げているのでございます」と申し上げたところ、「お前以外に誰が書こうか（書くはずはない）」とおっしゃったので、「そのように（おっしゃると）思いましたので、申し上げますまいと申し上げたのでございました」と申したところ、天皇は、「ところで（お前は）何でも書いてあるものなら、必ず読めるか」とおっしゃったので、「何でもお読みいたしましょう」と申し上げたところ、片仮名の「子」という文字を十二字お書きになって、「読め」とおっしゃったので、「猫《ねこ》の子《こ》の子猫《こねこ》、獅子《しし》の子《こ》の子獅子《こじし》」と読んだので、天皇はほほえみなさって、大事にならずに終わったことだった。

61

問一 ①イ ②エ
問二 イ
問三 ウ

解説 問一 ①「たづき（方便）」は生活していく方法のこと。②「さらぬていに」は「さりげないようすで」という意。つまり、鉄砲で撃たれそうになったのにもかかわらず、「平然と」していたのである。

問二 「はや手はつくしぬ」（11～12行目）とある。鉄砲の弾《たま》が尽きたこともあるが、それだけではなく、「やれることはやってしまった」と思ったのである。つまり、この話をした男が、「もう抵抗する手段がなくなった」と思ったことがわかる。

問三　「宝をもらわなくてもよかった」と書かれていることから考える。「宝」よりも「命」のほうが大事だということが述べられている。

〈現代語訳〉ある浪人が言うには、備前国《びぜんのくに》岡山（今の岡山県東南部）にいた時、山里に気晴らしに遠出した。そこに住んでいる人が語ったことには、狩りのために、ある時奥深い山に分け入ったところ、年ごろ二十歳ぐらいの女（がいたがその女）は、目もとが上品でこの世に並ぶ者もいない（美しさである）。見たこともないような見事な小袖《こそで》に、黒髪の美しく映えるさまは、この世に二人と存在する人とも思えない。このような生活も出来そうにない山中に、（なぜこんな女がいるのか）不安に思ったので、鉄砲を持ち直し、（女の）真ん中を撃ったところ、（女は）右の手でこれ（弾）をつかみ、牡丹《ぼたん》の（ようにまっ赤な）唇《くちびる》で、にっこりとほほえんでいる様子は、さらにぞっとする恐ろしさだった。そこで弾を二つ詰めて火薬を込め、手早く撃ったところ、これも左の手でひょいとつかんで、平然と笑う。このときに、「もはや手は尽くした。どうしよう」と恐ろしく、急いで（逃げ）帰ったが、（女は）追いかけてくることもせず（私は無事に）帰ったのだった。その後、年をとっている人に（このことを）語ったところ、「それは山姫というものであろう。気に入ると宝などをくれると世間で言っている」と語った。たとえ宝はもらわなくとも生きていたいものだ。

トップコーチ

古語と歴史的仮名遣い

古文の読解には古（典）語の理解は不可欠である。ただし、高校入試では基本的な重要語を理解・把握しておけばよい。その際、古今異義語（現代語と形は同じだが意味の異なる語）には特に注意する。

また、古文は歴史的仮名遣いで書かれている。現代仮名遣いとの違いを把握しておくこと。

62

問一　オ

問二　例　二人はふだんは普通の人で、私心はなく、弓術は並ぶ者がないほどすぐれており、これらのことを気に入っていたから。

問三　例　一人が寝言を言うのを聞くだけでも楽しいのに、同じ癖のある二人がそろって寝言を言うのをそばで聞くのはさらに楽しいから。

解説　問一　「たぐひなし」は、「比べるものがない」、あるいは「とてもすぐれている」の意。「たぐひなき癖」は、「寝言いふ癖」（1行目）であり、具体的には問題部分の直前に述べられている「口とく物いひ、寝ねなどはこけありくのみか、後はおきゐあるいは立ち歩きなどする」（4～5行目）である。アは「まねできない」が不適。イは「弓術のことを忘れない」が不適。ウはけしからぬ癖だと批判されたとするところが不適。エは「寝言を言っていたことに気づいてうろたえる」とするところが不適。

問二　「司なる人の心にも万づかなひければ」（8〜9行目）の「心にかなふ」には、思い通りになると、気に入るの二つの意味があるが、ここでは気に入るの意。つまり司なる人が二人をたいへん気に入っていたから大目に見ていたのだが、気に入られた理由を書く。「されど」（6行目）以下が、その理由。

問三　特に「ふたりやどりあひてある時」に知らせるように言ったのは、どうしてか。一人が寝言を言うのを聞くだけでもおもしろいのに、仲のよい二人がそろって寝言を言うのであるから、さらにおもしろかったためである。

〈現代語訳〉筑紫《つくし》のある大名の射手の中に、寝言を言う癖《くせ》のある男が二人もいた。寒い時期はよく寝られるので、そのような癖もおさまっているが、夏になって、特に暑い夜などは、起きているときよりもぺらぺらとよくしゃべり、寝ていてもころがりだすばかりか、のちになると眠ったまま起き上がって座ったり、歩いたりするのを、見たことも聞いたこともない癖だと国中でうわさされていた。しかし平素はよい者たちで、私心はなく、また弓術はこの二人に並ぶ者はなかったので、これを上役がたいへん気に入っていたので、その癖一つは差し支えない事として大目に見られていた。そういうわけで、のちには寝言の有名人になり、ついには大名も聞きつけられて、ひたすらおもしろいことにお思いになった。またこの二人は仲がよく、兄弟のように親しくして、夜昼の区別なく遊んでいるので、夜もかわるがわるお互いの家に泊まったりしていたが、そばであの癖を聞くのがとてもおもしろかったので、「彼らが二人で泊まる時には必ず知らせてくれ」とその家の人たちに言い置いて、皆で行ってその寝言を聞きながら笑った。

63

問一　例 身分の低い者には、良い薬は使ってもらえないのではないかと思ったから。（三十四字）

問二　この病には〜隔てはなし

問三　ア

解説　問一　老婆が「必ずその薬はしるしあるべし」（10〜11行目）と語ったことから考える。下に入れてあった薬はきっと効能があるに違いないのに、医者は処方してくれないので、自分の子どもにもぜひ処方してほしいと頼んだのである。

問二　「まめだちて言ふとも、いかで聞き分くべき」（15行目）とあるのは、「正論を熱心に説いても理解しないであろう」というのである。「まめだちて言ふとも」の前に述べられている部分は、医者が実際に言った言葉ではないことに注意する。

問三　ここでの「をかし」は「すぐれている」という意味。作者は、医者が愚かな者に対してとったどのような対応を評価しているのかを考える。

〈現代語訳〉ある医者がいた。病気をした者がいると、身分の上下を選ばず、たいへん熱心に誠意を尽くした。たいへん身分の低い者で病気にかかった人がいた。（医者は）薬を抱えて（出向き）、薬を処方していると、その母である老婆で座ってじっと見ていた者が、はい寄ってきて「恐れ多いことですが、お願い申したいことがあります」といって、とても言い出しにくそうにしていたので、「何のことであっても、思うことははっきりと言いなさい」と言うと、遠慮がちに声をふるわせて、「下に組み入れていらっしゃる薬箱のお薬をくださいませんでしょうか」と言ったので、（医者は）ほほえんで「それならばあげましょう」と言って、下に入れてあった薬の中で、差し障りのない薬を二、三種類取り出して処方したが、（老婆は）「きっとその薬は、効き目があるに違いない」と言った。このように愚かな者に、「この病気には、このような薬を調合して処方するのである。それにはこれこれの薬を使う。薬箱の上の段にたまたま入れてあったので、取り出して処方したのだ。下の段に組み入れている箱の薬だからといって、身分の上下によって区別はしないのだ」と、本気になって言ったとしても、聞いて納得するだろうか。（するはずがない。）（愚かな者には）差し障りがなければ、その人が思うようにさせてやるのが、すぐれた対応だ。

64

問一　ウ

問二　エ

問三　③ 例 法師が猪の肉を食べたこと。
④ 例 法師が木の仏の股を食べたこと。

問四　イ

問五　例 股を彫りとられた仏がもとの姿にもどったこと。

解説 問一 「いかでかこれをにはかに食はん」（8行目）の「いかでか」は反語を表すから、「どうして食べられようか（食べることはできない）」という意味になる。この言葉に続いて、法師はその理由を述べている。

問二 「猪の肉」を食べることは殺生であり、その罪は死後にかかわってくる。

問三 ――線③は、法師が自分のしたことに対して感じたものであり、――線④は、「左右の股をあたらしく彫り取りたり」（28～29行目）という仏の姿を見て、人々が思ったことである。

問四 「あはれがる」は、「しみじみと心を動かされる」という意。人々は仏が猪に身をかえて法師を救ったことにしみじみと心を動かされたのである。

問五 仏像が、もとの完全な姿にもどったということ。

〈現代語訳〉家の西北の隅《すみ》の荒れた所に、狼に追われた猪が、入ってきて倒れて死んだ。

ここでこの法師は、「観音様がくださったものであろう」「食べたいものだ」と思ったけれども、「長年の間仏様を頼って修行して、やっと年を重ねてきた。どうしてこの猪を急に食べられようか。聞くところでは、生き物は皆前世の父母であるという。私は食べ物がほしいと言うけれど、父母の肉を切りさいて食べられようか。生き物の肉を食べる人は、仏法の発生する縁を失い、地獄におちる道をたどるのである。あらゆる動物も、（それを）見ると逃げ去り、恐れ騒ぐ。菩薩《ぼさつ》もきっとお見捨てになるだろう」と思うけれども、この世に生きる人間の悲しいことには、のちの罪も考えずに、ただ、今生きるときの堪《た》えがたさに堪えることができなくて、刀を抜いて、（猪の）左右の腿《もも》の肉を切り取って、鍋《なべ》に入れて煮て食べてしまった。その味わいのおいしいことはこの上ない。

そして、食べ物への欲もなくなった。力もついて、人心地がついた。「驚きあきれたことをしてしまったものだな」と思って、泣く泣く座っていると、人々がたくさんやって来る音がする。聞くと、「この寺に籠《こも》っていた法師はどうなられただろうか。人が訪ねた跡もない。食べ物もないにちがいない。人の気配がないのは、もしや亡くなられたのか」と口々に言っている声がする。（僧は）「この肉を食べた跡をどうにかして隠そう」などと思うが、どうしようもない。「まだ食べ残して、（肉が）鍋にあるのも見苦しいことだ」などと思っているうちに、人々が入って来た。「どのようにして何日もの間、過ごしていらしたのか」など（と言って）、まわりを見ると、鍋に檜の切れ端を入れて煮て食ってあった。「これは、いくら食べ物がないと言っても、どのような人が木を食べるだろうか（食べる人などいない）」と言って、ひどく気の毒がるが、人々が仏を拝見すると、左右の股をもったいなくも彫り取ってある。「これは、この法師が食べたのだ」と言って、「本当にあきれたことをなさった法師だな。同じ木を切って食べるなら、柱でも割って食べてしまうだろうに。どうして仏を傷つけなさったのだろうか」と言う。驚いて、この僧が拝見すると、人々が言うとおりである。「それでは、さっきの猪は仏が（姿をかえて）現れなさったのだろう」と思って、あったことを人々に話すと、（人々は）しみじみと心を打たれ感動していたが、法師は泣く泣く仏の御前に行って申し上げる。「もしも仏がなさったことならば、もとのようにおなりくださいませ」と何度も申し上げたところ、人々が見ている前で、仏の股はすっかりもとのようになった。

トップコーチ

係り結びの法則

62から64の文章を見ても、

62「皆いきてその寝言をなむききゐて笑ひける。」（16～17行目）

63「障りなくば其の心にまかするにてこそをかしかりけれ。」（15～16行目）

64「木をいかなる人か食ふ」（27行目）

など、古文や短歌では、係り結びが多く登場する。よくこの係り結びの法則が問われるので、必ず覚えておくこと。

〈係り〉	〈結び〉
ぞ・なむ（強意）	連体形
や・か（疑問・反語）	連体形
こそ（強意）	已然《いぜん》形

65

問一　世を捨てのがれたる身

問二　ア

問三　例　○日が暮れると軒のあたりへ来てこそこそし、庵の上を歩く。○寒い夜は庵に来て火にあたり、ぐっすりと眠って、夜が明けると帰る。○道心者が托鉢に行って遅くなる時には、火を焚き付け、湯を沸かして待っている。○人のように会話をする。

問四　オ

55 —— 65（本冊 *p.146~p.147*）

問五　ア
問六　オ

解説 問一「世を捨てる」は、出家すること。

問二「狐狸ならでは」は、「狐狸以外には」の意味で、下に打ち消しを伴うこともある。イは「戸をたたいて訪ねて来たと確信」したが不適。ウは「訪ねて来ることもある」が不適。エは「訪ねて来ることはできません」が不適。オは「訪ねて来ることもできるでしょう」が不適。

問三「初めは……かけ歩き候へつる」（7～9行目）、「次第次第たがひになじみ候へば、……明くれば帰り候ふ。」（9～11行目）、「私鉢に出で……待ち受け候ふ。」（11～12行目）、「後々は人のやうに物語もいたし候ふ。」（12～13行目）の四つの段階に分けられる。「初めは」や「次第次第」、「後々は」などの言葉を手がかりに、時間の経過をおさえる。時間がたつにつれて、狐が道心者になれていくのがわかる。

問四「結句」は「かえって、むしろ」の意味。「むつましく」は「親しく」、「いたいけなる」は「かわいらしい」の意味。

問五「まゐる」は、ここでは謙譲語ではなく、「食べる」の尊敬語で、「召し上がる」の意味。道心者に対する狐の敬意を表す。

問六「寒き日は暖かに日影に向かひ、暑き日は涼しき風ならで願ふことなし」（28～30行目）が、道心者が願ったものである。寒い日の暖かな日光、暑い日の涼しい風以外には、願うものはないと言ったのである。「影」は光のことで、「日影」といえば、「日光」のこと。


〈現代語訳〉仏道修行者が一人、粗末な家に住んでいた。あたりは雑草の生えた野原で、小さな木が所々に生えている。さびしさは言い表せないほどである。この修行者の庵《いおり》に立ち寄った人が、「さてもものさびしいお住まいでございますね。狐狸《こり》以外には訪ねて来るものもないことでしょう」と言うと、修行者が言った。「おっしゃるとおり人の気配がすることはまれで、狐《きつね》だけがやってきます。馴《な》れますと、人よりもかえって親しみやすく、かわいらしいものでございます。初めは日が暮れますと、軒のあたりへ来てこそこそし、庵の上などを歩いておりましたのが、しだいにお互いになれ親しんできますと、それからは少しも恐れずに、寒い夜は来て火にあたり、足を伸ばしてぐっすりと眠り込みまして、夜が明けると帰ります。私が托鉢《たくはつ》に行って遅く帰ります時には、火を焚《た》き付け、湯を沸かして待っております。後からは人のように話もいたします。

　この前の暮れ、大雪が降って托鉢に出られませんでしたので、一日中寝ておりました。夜、狐が来て、「お坊様は今日はさびしくしていらっしゃったでしょう。寒いので何でもいいですから、何かください」と言う。「そのことだが、雪が降ったので里に出ることもできず、それで食事もない。どうしようか」と言うと、「それはまあお気の毒なことです。それなら少しお待ちください」と言ってすぐに表に出たかと思うと、小袋を一つ持って来た。開けてみると、小豆と米である。「これを粥にして召し上がり、私にもごちそうしてください」などと言う。その夜、「寒くて眠れませんので一緒に寝ましょう」と言って、同じ夜具の中に寝て帰る。

　さて狐が申したことには、「このように親しくさせていただきましたので、今までのご恩のお返しに、何でもかなえられますようなお望みがございましたら、おっしゃってください」と言う。「そうはいってもこのように世を捨てて出家した身には、なんの望みもない。寒い日は暖かな日光に向かい、暑い日は涼しい風以外は望むものはない」と言うと、「それは天がなさることで、私のような狐の思い通りになることではありません。このように一つの家でございますので、まず類火のないように注意いたします。夏は清水を冷たく、冬はぬるくして、朝夕の水ごりの水を、かけやすくいたしましょう」と申したが、そのとおり、類火にもあいませんし、夏の清水は冷たく、冬の清水はぬるくて満足しています」と語る。

66 **問一** **何となくて強盗の中に紛れ交はりにけり（十八字）**

問二 **②エ ③ア ④× ⑤ウ ⑥イ**

問三 **D・E**

問四 **例（上臈の女房が）面をつけるなどして変装し、強盗の首領として仲間を率いていた（こと。）（二十九字）**

解説 **問一** その行動をとったのは、「強盗の顔を見て、その家も見ようと思った」からである。

問二 「上臈《じやうらふ》の女房」を別にすれば、身分の高い順に「大理」「主」「この男」となる。——線⑤の「語り申し」は、「主」が「大理」に語ったため謙譲の敬語「申す」が使われている。——線②は「むねとの者」の動作であるが、これは「上臈の女房」と同一人物。

問三 強盗の首領は大理の屋敷の上臈の女房であったから、AとCは事実。そして、上臈の女房の部屋には血のついた小袖《こそで》があったからBも事実。Dは、女房が強盗をかくまったのではなく、強盗そのものであったから、事実ではない。また、上臈の女房は「風邪がひどくなった」と言ったが、これは大理の前に出ないためについた嘘《うそ》である。

問四 「もろもろの強盗の首領」（12行目）として「面をして顔を隠して」（41行目）「強盗を働いた」ことをまとめる。

〈現代語訳〉 隆房大納言《たかふさのだいなごん》が検非違使《けびいし》の長官のとき、白川《しらかわ》に強盗《ごうとう》が入った。その家にしっかりした者がいて強盗と戦ったが、どういうわけか強盗たちの中にまぎれ込んでしまった。（強盗と）斬り合っても、勝ち残ることは難しいと思われたので、このようにまぎれ込んで盗品を分ける所に行って、強盗の顔も見、また散り散りになるときに、家も見つけようと思って、このように思慮をめぐらした。

そして一緒に朱雀門《すざくもん》のあたりに着いた。各自に物を分けてこの男にも与えた。強盗の中にたいそう優雅で、声、立ち居振る舞いをはじめとしてきわめて気品があって立派な様子の男で、二十四、五歳ぐらいであろうかと思われる者がいる。胴腹巻を着て、左右に籠手《こて》を付け、長刀を持っていた。緋《ひ》のくくりひもの直垂《ひたたれ》袴《はかま》に、くくりひもを高くくくってある。多くの強盗の首領と思われ、仕事を言いつけると、皆その命に従って、主人と家来のようであった。

そして散り散りになったとき、この首領が行く所を見ようと思って、後ろにいて見えがくれしながら行くと、朱雀大路を南へ四条まで行った。四条を東へついていくまではたしかに目にとめていたのに、四条大宮の検非違使の長官の家の西の門のあたりでどこに消えてしまったのだろうか、かき消すように見えなくなってしまった。先にも付近にもまったく見えない。「この土塀を越えて中に入ったのだ」と思って、そこから帰った。

翌朝早く行って跡を見ると、例の盗人は傷を負っていたのだろうか、道々に血がこぼれていた。(血は)門のところでたまっていたので、「間違いなくこの家の人だろう」と思って立ち帰って、子細を主人に語ったところ、(主人は)検非違使の長官のもとに参上する者であったので、ただちに参上してこっそりこの子細をお話ししたところ、検非違使の長官は聞いて驚かれて、家中をきびしく探索し、糾明なさったけれども、まったく不審なことはなかった。例の血は、北の対の車宿りまでこぼれていたので、「局《つぼね》女房の中に盗人をかくまっている者のしわざに違いない」と思って、すべての局をお探しになろうということになって、女房たちをお呼びになった。その中に大納言殿とかいって身分の高い女房がいたが、その者はこのところ、風邪《かぜ》がひどくなってどうしても参上することができないということを言った。重ねて「ともかくなんとかして人に寄りかかってでも参上なさい」ときびしく追及したので、のがれる方法もなくてしぶしぶ参上した。そのあとを探したところ血のついた小袖《こそで》があった。不思議に思ってさらに探索して床板をあけて見ると、さまざまな物を隠しておいてあった。あの男が言ったとおり、緋のくくりひもの直垂袴などもあった。お面が一つあったのは、そのお面をつけて顔を隠して夜な夜な強盗をしていたのだろう。

検非違使の長官は(この意外な出来事に)たいそう驚いて、すぐに役人に命じて白昼に(女房を)牢《ろう》に入れなさった。見物人が大ぜい集まって身うごきもできなかったということだ。衣被《きぬかづき》も脱がせて、顔を見えるようにして外にお出しになった。人々は見て驚きあきれないということはなかった。二十七、八ぐらいの女で非の打ちどころがないほど美しく、背丈《せたけ》、髪の垂れ具合など悪いところはなにひとつなく、上品な女房でありました。昔は鈴鹿《すずか》山の女盗人といって(世間は)言い伝えていたが、近ごろでもこのような不思議なことがあったことだ。

67

問一 A 返事　B うつつ
問二 a エ　b ア
問三 Ⅰ ア　Ⅱ イ
問四 例 いよいよ亡くなってしまいそうになったとき。
問五 山王よりの御歌をたまはりて（十三字）
問六 例 日ごろから信仰していた山王神社の神からの和歌に対して、信仰を示す返歌をしたから。（四十字）

解説 **問一** Aは、立文《たてぶみ》をいただいたので、海恵《かいえ》は返事を書いた。「前なる人」が語った部分では、「御返事」となっているが、ここでは海恵の行動であるので「返事」でよい。
Bの「うつつ」は「現実」の意。
問二 「大きなる猿」は、海恵の夢の中にだけ登場していることに注意する。また「山王」は登場していない。
問三 「取り入れ」も「あけ」も、下二段活用の動詞。「取り入れ」は打ち消しの助動詞「ず」の連体形「ぬ」に続いているので、未然形。「あけ」は接続助詞「て」に続いているので、連用形。

問四　命が尽きようとしている際をさしている。

問五　「大きなる猿」が持ってきた立文は、山王からいただいたものであるから、海恵は取り入れるように言ったのである。「猿」は「山王」の眷族《けんぞく》（配下の者）とされるので、「大きな猿」を見た海恵は、すぐにこの猿は山王からの使者であることを理解している。

問六　海恵は山王からいただいた歌に、自分の信仰心を表す返歌をしている。これによって病気は治ったと考えられる。

〈現代語訳〉嘉祥寺《かしょうじ》の僧都《そうず》で、海恵という人が、まだ若い頃に、病気が重くて、いよいよ亡《な》くなってしまいそうな時、急に身を起こして、「そこにある手紙を、なぜ取り入れないのか」と厳しくおっしゃったけれども、そのような手紙はなかったので、正気ではないように思って、前にいる者たちは、茫然《ぼうぜん》として不思議に思っていると、自分から立って走っていって、明かり障子をあけて、立文をとって見たので、皆が実に不思議に思って見ていると、（海恵は）これを広げて見て、少しの間考えて、返事を書いて置いて、またそのまま寝入ってしまった。寝たり起きたりするのも容易ではなくなってしまった人が、どうしたことかと不思議に思っていると、少し寝入って、汗をひどくかいて、起き上がって、「不思議な夢を見た」と言ってお話しになった。

「大きな猿で、藍摺《あいず》りの水干《すいかん》を着た猿が、（山王からの）立文を持ってきたのだが、人がなかなか取り入れないので、自分でこれを取って見たところ、歌が一首ある。

　期待させながら、あなたが来ない年月が重なったので、あなたと交わした約束をどうやって守ったらよいのでしょう。

とあったので、

　山王神社の七つの社の社殿を囲む神聖な垣根に木綿のたすきをかけるように、あなたに心をかけて頼りにしています。

と書いて差し上げたのだ。これは山王の神様からの御歌を頂いたのです」と語られたので、前にいる人々は驚き不思議に思われて、「それはたった今、本当にあったことです。これがそのお手紙ですよ。また、これがお書きになったお返事ですよ」と言ったので、（海恵は）精神を統一して、前にある手紙を広げて見たが、全く（夢と）違わなかった。その後、病気はよくなったということだ。

トップコーチ　**敬語表現**

登場人物の身分関係を知る上でも、敬語表現は大切。基本語をおさえておこう。

・言ふ――→のたまふ・仰《おほ》す（尊敬）―申す・聞こゆ（謙譲）
・思ふ――→おぼす・おぼしめす（尊敬）―存《ぞん》ず（謙譲）
・行く・来《く》→おはす（尊敬）―まかる・参《まゐ》る（謙譲）

　補助動詞では、～給ふ（尊敬・謙譲）、～奉《たてまつ》る（お～申し上げる、謙譲）、侍《はべ》り・候《さぶら》ふ（～です・～ます、丁寧）など。

2 漢文の理解

68

問一 読んだ書物の量

問二 ウ

問三 エ

解説 問一 ——線①を含む漢文と現代語訳の二番目の文を対照させ、「その覧見する所は」に対応する語句をおさえる。

問二 ——線②の現代語訳は「もう呉の町にいたころの蒙《もう》くんとは全然違うなあ」（19~20行目）である。その「全然違う」ことを「学識は広く優れており」と肯定的に評価していることと「蒙くん」と親しんで呼びかけていることをふまえて選ぶ。

問三 ——線③は現代語訳の「あらためて目をこすってよく見なければならないのです」（21~22行目）にあたる。これは魯粛《ろしゅく》が今の蒙と昔の蒙を比べていることに対して、蒙が返答したものである。「士たるもの」は「三日も会わなければ」別人のように成長すると、一般的・教訓的に述べている。

69

問一 a エ　b イ

問二 ウ

問三 X 秦西巴　Y 例 勝手に母ジカに返した

問四 例 シカにさえ思いやりがある秦西巴だから、わが子にひどい仕打ちをすることはないだろうと考えたから。

解説 問一 a 直後に秦西巴《しんせいは》が、「其ノ母ニ与フト」と言っていることも併せて考える。b「将ニ之ヲ罪セントス」は、「孟孫大イニ怒リテ之ヲ逐フ」と同じことを指す。したがって、之は孟《もう》孫《そん》から追放された秦西巴を指す。

問二 孟孫の言った内容は、秦西巴は麑《げい》（＝子ジカ）にも「忍」できなかったのであるから、吾が子に「忍」できるだろうか、できるはずがないということである。したがってcの「忍」は、「むごいことをする」の意味で、ウと同じ。アとエとオは「がまんする」、イは「隠れる」の意味。

問三 怒ったのは孟孫である。秦西巴が、狩りの獲物の子ジカを孟孫の許しを得ずに母ジカに返したので、怒ったのである。Yについては秦西巴の行動を制限字数内でまとめる。

問四 秦西巴が子ジカを逃がしたのは、母ジカと子ジカをかわいそうに思ったことによるものである。この気持ちをもっている秦西巴は子どもにむごいことをしないだろうから、養育係としてふさわしいと、孟孫は考えたのである。

〈現代語訳〉 孟孫は狩りに行って子ジカをつかまえた。秦西巴にこれを乗せて持ち帰らせた。その母ジカが秦西巴の後をついてきて、泣く。秦西巴はがまんできなくなって、子ジカを母ジカに返した。孟孫が屋敷に帰ってから子ジカをつれてくるように言った。（秦西巴は）答えて、「私はがまんできなくてその母に返してしまいました」と言う。孟孫はたいへん怒って、秦西巴を追放した。三月たって、呼び戻して、子どもの養育係にした。御者《ぎょしゃ》が、「以前は秦西巴を罪人にして、今度は呼んで子どもの養育係にするのは、どうしてですか」と言った。孟孫は、「そもそも子ジカにもつらくあたれなかったのだから、まして我が子にむごいことができようか（いやできまい）」と答えた。

トップコーチ

漢文のまとめ

書き下し文、返り点がそれぞれ答えられるようにしておく。

・覆水不《ず》レ返ラレ盆ニ。 ↕覆水盆に返らず
・夢ニ為《なル》ニ胡《こ》蝶《てふ》ト一。 ↕夢に胡蝶と為る
・百聞ハ不レ如《しカ》ニ一見ニ一。 ↕百聞は一見に如かず
・他山之石、可《ベシ》ニ以《もっテ》攻《をさム》レ玉ヲ一。 ↕他山の石、以て玉を攻むべし。
・如シ下揮《ふるヒテ》ニ快刀ヲ一断ツガ中乱麻ヲ上。 ↕快刀を揮ひて乱麻を断つがごとし。

また、おもな再読文字の読み方と意味をおさえよう。

・将…まさニ～（ント）す〈今にも～しようとする〉
・当…まさニ～ベシ〈当然～すべきである〉
・未…いまダ～ず〈まだ～ない〉
・盍…なんゾ～ざル〈どうして～しないのか〉

70

問一 Ⅰ 5　Ⅱ 望郷の念（四字）
問二 ウ

解説 問一 Ⅰ「景」から「情」に転ずるというのは、単に景色を表現していたのが、気持ちをその景色に込めるようになるということ。律詩は二句で一聯《れん》となり、首聯《しゅれん》、頷聯《がんれん》、頸聯《けいれん》、尾聯《びれん》の四聯にわけられ、頷聯と頸聯はそれぞれ対句となることが多い。5句から、「客と作《な》り」や「多病」など作者自身を描写した言葉が出てきていることをおさえる。

Ⅱ 漢詩の直前に「望郷の念につながれた作品」という説明がある。「情」は感情のことであるから、「望郷」だけでなく、「思い」を表す「念」も含めて、「望郷の念」で抜き出す。

問二 杜甫《とほ》の詩の中では、猿の声は悲しく聞こえるとうたわれている。李白《りはく》の猿の声は、それとはまったく異なるものであるというところから考える。李白の詩の中の猿の声は、杜甫の詩とは違い、感情を交えないで表されている。「軽舟已に過ぐ万重の山」（30行目）と続くので、猿の声は船の速さを表すものとして効果的に使われている。

71

問一 エ
問二 オ
問三 ア
問四 ウ
問五 イ

解説 問一「池岸」は「連体修飾→被修飾」の関係で組み立てられている。これと同じ型はイとウとエ。次に「連体修飾語」の品詞で、分類すると「池岸」の「池」は「名詞」である。イの「飛（ブ）」は「動詞」、ウの「白（キ）」は「形容詞」、エの「山」は「名詞」であることをおさえる。

問二 第一句と第二句の言葉の組み立てをみると、次のようになる。

第一句　樹根　雪尽きて　花を催して発かしめ

⇔　⇔　⇔

第二句　池岸　氷消えて　草を放ちて生ぜしむ

二つの句が、言葉の組み立てや意味の上で対応関係にあることをおさえる。

問三　漢字を読む順番は「唯」「髪霜」「旧」「依」「白」「有」。原文と語順が異なるものは、「有」と「依」。「有」は二字以上隔てて語順が違うので、返り点の「一・二点」を用いる。「依」は「旧」一字と語順が違うので、返り点の「レ点」を用いる。

問四　第一句・第二句では、「春風」が花や草に生命の息吹をもたらす様子がいきいきと描かれている。それに対して、第三句では、自分の白髪だけは、春になってももとのままだと述べている。「春風」を擬人化して第四句では「私に対してだけ情けがないじゃないか」と嘆いている。

問五　「春風」を擬人化して、「なんで私にだけ」と軽い冗談を飛ばしている様子からは、アの「強い怒りや深い絶望」やウの「人生への悔い」は感じられない。また、自分の老いを少しおどけて嘆いているのであって、それはエにあるような「老いの日々こそ喜ばしいものだととらえる態度」でも、オにあるような「さらなる困難を勇気をもって乗り越えていこうとする態度」でもない。

〈現代語訳〉　樹木の根元の雪がなくなって（春風は）花をせきたてて開かせ、

池の岸辺の氷が消えて（春風は）草を思うがままに生じさせる。

ただ、（私の）耳ぎわの髪の毛だけは元のとおり白いものが目立つ。

春風は（天地に生命の息吹をもたらすが）私にだけは思いやりがないのである。

トップコーチ

漢詩のまとめ

漢詩の形式は、一句（一行）の中の文字数と、その詩全体の句数（行数）によって、次のように分類できる。

・五言絶句《ごごんぜっく》…五字からできた句が、四句ある詩。
・七言絶句《しちごんぜっく》…七字からできた句が、四句ある詩。
・五言律詩《ごごんりっし》…五字からできた句が、八句ある詩。
・七言律詩《しちごんりっし》…七字からできた句が、八句ある詩。

また、漢詩には、「押韻《おういん》（韻をふむ）」というきまりがあり、同じ母音、または同じ母音で始まる部分を持つ漢字を句末に用いなければならない。押韻する場所は、詩の種類によって原則が決まっている。

・五言詩…偶数句の最後の字で押韻する。
・七言詩…第一句と偶数句の最後の字で押韻する。

唐代の代表的詩人として、李白《りはく》、杜甫《とほ》、白居易《はくきょい》が挙げられる。李白は絶句に優れ「詩仙」と呼ばれ、杜甫は律詩に優れ「詩聖」と呼ばれる。白居易の詩は日本の古典（『源氏物語』『枕草子』など）に多大な影響を与えている。

第5回 実力テスト

1

問一 イ

問二 ア

問三 エ

問四 聞《キテ》レ雨《ヲ》寒更尽《キ》

問五 例「雨と」では、初めから落葉だと知っており驚きはないが、「雨を」に直すと、朝になって外を見て、雨だと思っていたのは落葉の音だったとはっと気づいたことになる点。（七十八字）

解説 問一 「あはれ」には、「かわいらしい、美しい、わびしい」などの意味もあるが、ここは「情趣・風流」の意味。したがって、アの「同情」やエの「寂しさ」は不適。「かたき」は「難き」と書き、何かをすることが難しいさまを表す。ここでは友達を容易には見つけられないの意味。ウの「頑な」は不適。

問二 「ひとり雨聞く秋の夜すがら」がすぐれた句である理由として、「秋の夜ひとり雨を聞きて」（4行目）以下に述べられている。たとえ情趣を解する友がいたとしても、その友に誘われて出かけて行って語り明かしたなら、このようにしみじみと雨の音を聞くことはなかったであろうというのが、その理由。イは「出かけていなかったら」という仮定が不適。ウは「秋の夜の雨を独り占めして聞く」が不適。エは「秋の夜の雨が降っていることに気づくことはなかった」が不適。

問三 理由は直前に「ひとり雨聞く秋の夜半かなともあらば果つべきを、秋の夜すがらと言ひ捨て、果てざるところが肝要なり。」（8～10行目）と書かれている。「秋の夜半かな」とすると、「かな」は切れ字なので、そこではっきりと句が終わってしまう。そうしないで「秋の夜すがら」と体言止めにしたことで余韻が広がる、そこがよいとほめているのである。アは「言葉に飾り気がなく、情感が一義的になってしまう」が不適。イは「文字をおろそかにしてしまう」が不適。ウは「意味が露骨になり」が不適。

問四 「雨を聞きて」となるように送り仮名をつけること。

問五 「この時」は、朝になって門を開いたその時を指す。「雨と聞く」では、落葉の音を雨の降る音のようだと聞いていたとなり、雨の音ではなく、落葉の音だと知っていたことになるが、老僧のように「雨を聞きて」とすると、夜の間は本当に雨の音だと思って聞いていて、門を開いてみたら落葉の音だとわかって驚いたということになる。筆者も、後者のように解釈するほうがおもしろいとしている。

〈現代語訳〉あはれ知る友こそかたき世なりけりひとり雨聞く秋の夜すがら　為秀

（風流を解する友がめったにいない、そんな世の中であるなあ。ひとりで雨の音を一晩中聞いているよ。）

この歌を聞いて、了俊《りょうしゅん》は為秀《ためひで》の弟子におなりになった。「ひとり雨聞く秋の夜すがら」はすぐれた句である。秋の夜、ひとりで雨の音を聞いて、情趣をわかる友はめったにいない世の中だなあと思ったのだ。情趣のわかる友がいたら、誘われてどこかへ出かけて語り明かしたならば、この歌のように雨の音を聞くことはできないだろう。行こうともしないところが立派だと思われた。「ひとり雨聞く秋の夜半《よは》かな」とでもしたら、そこで終わってしまうのを、「秋の夜すがら」として言い切らず、終わってしまわなかったのが大切である。「ひとり雨聞く秋の夜の間ずっと思っていたのは」という気持ちは残しながら、「夜すがら」と言っているのだ。だから、「ひとり雨聞く秋の夜すがら」はすぐれた句なのである。

杜甫《とほ》の詩に「聞雨寒更尽、開門落葉深」という詩があるが、私が仏道のうえで親しくしている老僧がいたが、この詩の返り点や送り仮名をやり直した。昔から「雨と聞く」と送り仮名を送っていたのを、この送り方はよくないと言って、「雨を聞きて」とただ一字を新しく直したのであった。一字の違いだが、天地の違いである。「雨と」と読むと初めから落葉と知っていたことになって、その風情には広がりがない。「雨を」と読んだならば、夜の間は本当の雨の音だと聞いていて、五時を過ぎて朝、門を開けてみると、雨ではなく、砌《みぎり》に落葉が深く散り敷いている。

この時に初めて、雨の音と思っていたが、落葉であったのかと驚くのが、趣がある。そうであるので、和歌もただ一字で別のものに聞こえるのである。

トップコーチ

説話文学は入試頻出

伝説や民話や昔話などを材料とした説話文学の作品は入試に頻出している。『今昔物語集《こんじゃくものがたりしゅう》』『宇治拾遺物語《うじしゅういものがたり》』『古本説話集《こほんせつわしゅう》』『古今著聞集《ここんちょもんじゅう》』、ジャンルがやや異なるが『御伽草子《おとぎぞうし》』『伊曾保物語《いそほものがたり》』などは毎年出題されている。

③